DEUTSCHE AKADEMIE DER WISSENSCHAFTEN ZU BERLIN

SCHRIFTEN DES INSTITUTS FÜR GESCHICHTE

REIHE I: ALLGEMEINE UND DEUTSCHE GESCHICHTE

BAND 5

GERHARD BONDI

DEUTSCHLANDS AUSSENHANDEL 1815—1870

AKADEMIE-VERLAG · BERLIN · 1958

Erschienen im Akademie-Verlag GmbH, Berlin W 8, Mohrenstraße 39
Lizenz-Nr. 202 · 100/20/58
Satz und Druck: Druckhaus „Maxim Gorki", Altenburg
Bestell- und Verlagsnummer: 2083/I/5
Printed in Germany

INHALTSVERZEICHNIS

VORBEMERKUNG

Ein Versuch, die Entwicklung des deutschen Außenhandels vom Beginn des 19. Jahrhunderts bis zur Reichsgründung darzustellen, ist bisher unterblieben. Die Unzuverlässigkeit und Lückenhaftigkeit des statistischen und sonstigen Tatsachenmaterials, die durch die deutschen politischen Zustände bedingte Uneinheitlichkeit und Widersprüchlichkeit der Entwicklung in den einzelnen deutschen Gebieten mußten bei jedem Anlauf, sich mit diesem Thema zu beschäftigen, entmutigend wirken. So stieß nach 1945 die sich auf das 19. Jahrhundert konzentrierende wirtschaftshistorische Forschung auf eine Lücke, die um so spürbarer wurde, als die Entfaltung der Außenhandelsbeziehungen eine erhebliche Aussagekraft über Eigentümlichkeiten und Tempo der Entwicklung des deutschen Kapitalismus und über seine Stellung im System der kapitalistischen Weltwirtschaft hat. Die sehr lehrreiche Geschichte des deutschen Kapitalismus im 19. Jahrhundert, die so vieles zum Verständnis des Geschehens unseres Jahrhunderts beizutragen imstande ist, mußte so lange einige unbeschriebene Blätter aufweisen, als der auswärtige Handel Deutschlands jener Periode, wenigstens im Rahmen der durch das vorhandene Material beschränkten Möglichkeiten, nicht eine systematische Behandlung erfahren hatte.
Als der Verfasser, einer Anregung von Nationalpreisträger Prof. Kuczynski folgend, sich der Aufgabe unterzog, die Geschichte des deutschen Außenhandels zwischen 1815 und 1870 zu schreiben, wurde ihm die Vielzahl der Fragen, die auch nach Abschluß der Arbeit unbeantwortet bleiben mußte, sehr bald bewußt. An verschiedenen Stellen der Arbeit mußte er sein Unvermögen bekennen, auch nur eine ungefähre Antwort auf sich präsentierende Probleme zu geben und zu wiederholten Malen vor der Unzulänglichkeit des Materials kapitulieren.
Wenn nach erfolgter öffentlicher Verteidigung der Arbeit und ihrer Annahme als Habilitationsschrift an der Martin-Luther-Universität Halle-Wittenberg sie nunmehr veröffentlicht werden kann, so geschieht es in der Überzeugung, daß sie trotz mancher unerfüllt gebliebener Wünsche einen Beitrag zur Geschichte der ökonomischen Entwicklung Deutschlands im 19. Jahrhundert darstellt, der einiges Neue an Material und Einschätzungen enthält.

Halle/S., im Januar 1957

Gerhard Bondi

KAPITEL I

DIE ALLGEMEINEN GRUNDLAGEN FÜR DIE ENTWICKLUNG DES DEUTSCHEN AUSSENHANDELS IM 19. JAHRHUNDERT BIS ZUR REICHSGRÜNDUNG

DIE STELLUNG DES AUSSENHANDELS IN DER ÖKONOMIK DES VORMONOPOLISTISCHEN KAPITALISMUS

Der Außenhandel, d. h. der Handel eines Landes mit anderen Ländern, ist nicht nur der kapitalistischen Produktionsweise eigentümlich, sondern er findet sich bereits in den vorkapitalistischen warenproduzierenden Gesellschaftsformationen. Er spielte, je nach der Produktionsweise, innerhalb deren er sich entwickelte, eine bedeutende oder auch unwesentliche Rolle für die Entwicklung der ökonomischen Basis der Gesellschaft. Während er innerhalb der Sklavenhaltergesellschaft dadurch, daß Hauptgegenstand des auswärtigen Handels die Aus- und Einfuhr des wichtigsten „Produktionsinstruments", der Sklaven, war, einen bedeutenden Platz einnimmt und großen Einfluß auf die Gesamtentwicklung der antiken Gesellschaft ausübt, rückt er unter feudalen Produktionsbedingungen in den Hintergrund. Die feudale Produktionsweise, durch das Überwiegen der Naturalwirtschaft gekennzeichnet, entwickelte weder die Notwendigkeit für einen entfalteten Außenhandel, noch hatte sie in ihrem Rahmen für einen solchen Raum. Obwohl Warenproduktion und -zirkulation selbst in den Frühstadien des Feudalismus weiterhin existieren, begrenzt die vorwiegend naturalwirtschaftliche Basis die Entwicklung der Handelsbeziehungen sowohl innerhalb als auch außerhalb des Landes stark. Da der auswärtige Handel fast ausschließlich der Luxuskonsumtion der feudalen Oberschicht diente, blieb auch sein Einfluß auf die Entwicklung der feudalen Produktionsweise gering. Das Handelskapital im allgemeinen und der Außenhandel im besonderen aber werden zu einem Faktor von erstrangiger Bedeutung für die Entwicklung der ökonomischen Struktur der Gesellschaft mit der Ausbreitung der Warenbeziehungen in der Spätperiode des Feudalismus, indem sie zersetzend auf die feudale Produktionsweise wirken, ohne jedoch allein aus sich heraus imstande zu sein, die ökonomischen Grundlagen der neuen Gesellschaft zu schaffen. Der Außenhandel im besonderen spielt eine erhebliche Rolle bei der Schaffung der Bedingungen für die neue kapitalistische Produktionsweise, indem er wirtschaftliche Beziehungen von einigermaßen stabilem Charakter zwischen den Nationen knüpft und das Geld in seiner Funktion als Weltgeld entwickelt.

Während unter den für den Feudalismus typischen Produktionsbedingungen der Außenhandel innerhalb der Ökonomik eine verhältnismäßig unbedeutende Rolle spielt, wird er im Kapitalismus ein integrierender Bestandteil dieser Produktionsweise ebenso, wie ein notwendiger Faktor ihrer Entwicklung. Welches sind nun die wesentlichen Merkmale für den Außenhandel innerhalb des kapitalistischen Systems, die seinen Charakter und seine Notwendigkeit für ein kapitalistisches Land bedingen?

Eine allgemeine Voraussetzung für die Entstehung eines auswärtigen Handels ist die Existenz einer, wenn auch noch so groben und embryonalen Arbeitsteilung zwischen verschiedenen Ländern. In den vorkapitalistischen Wirtschaftsformen mit ihren in nur geringem Ausmaß entwickelten Außenhandelsbeziehungen existiert diese Vorbedingung auf der Grundlage der unterschiedlichen natürlichen Produktionsbedingungen einzelner Länder, die im allgemeinen durch den Menschen nicht verändert werden, und der durch sie bedingten Lebensweise. Die in ihrer Masse agrarische oder, soweit sie handwerklicher Art war, auf Verarbeitung landwirtschaftlicher Rohstoffe beruhende Produktion war im allgemeinen abhängig von den klimatischen und Fruchtbarkeitsbedingungen der Produktionsländer, deren Unterschiede die reale Basis für den Außenhandel jener Zeit abgeben. Erst mit der Entwicklung der kapitalistischen Produktionsweise entsteht eine entwickelte internationale Arbeitsteilung, die sich weitgehend von ihren konservativen, natürlichen Grundlagen löst und sie in großem Ausmaß entwickelt. Sie schafft sich selbst die ihr adäquaten Bedingungen der Produktion auch im internationalen Maßstab durch die Vernichtung bisheriger Produktionsformen und deren Produkte, setzt an ihre Stelle neue Produktionszweige unter veränderten Bedingungen und stellt so eine internationale Arbeitsteilung her, die eine gewaltige Erweiterung des Umfangs des Außenhandels zu einer Notwendigkeit für die Kontinuität des kapitalistischen Reproduktionsprozesses macht.

> „Andrerseits sind Wohlfeilheit des Maschinenprodukts und das umgewälzte Transport- und Kommunikationswesen Waffen zur Eroberung fremder Märkte. Durch den Ruin ihres handwerksmäßigen Produkts verwandelt der Maschinenbetrieb sie zwangsweise in Produktionsfelder seines Rohmaterials. So wurde Ostindien zur Produktion von Baumwolle, Wolle, Hanf, Jute, Indigo usw. für Großbritannien gezwungen. Die beständige ‚Überzähligmachung' der Arbeiter in den Ländern der großen Industrie befördert treibhausmäßige Auswandrung und Kolonisation fremder Länder, die sich in Pflanzstätten für das Rohmaterial des Mutterlands verwandeln, wie Australien z. B. in eine Pflanzstätte von Wolle. Es wird eine neue, den Hauptsitzen des Maschinenbetriebs entsprechende internationale Teilung der Arbeit geschaffen, die einen Teil des Erdballs in vorzugsweis agrikoles Produktionsfeld für den andern als vorzugsweis industrielles Produktionsfeld umwandelt."[1]

Der Außenhandel wird nunmehr, durch die gewaltige Entwicklung der von ihm im Embryonalzustand vorgefundenen internationalen Arbeitsteilung und unter Vernichtung früherer Produktionsformen und -zweige, zu einer Bedingung der kapitalistischen Produktion.

[1] Marx, Karl, Das Kapital. Dietz Verlag, Berlin 1955, Bd. I, S. 474/475.

Die Außenhandelsbeziehungen entstehen normalerweise in einem bedeutend erweiterten Umfang bereits in der Vorperiode des Kapitalismus, in der Phase des Übergangs von der feudalen zur kapitalistischen Produktionsweise. Sie bilden bei bestimmten Nationen – bei den Holländern und Engländern – die wesentlichste Quelle der Anhäufung von Geldkapital in diesem Stadium und beeinflussen Tempo und Besonderheiten der Entwicklung des Kapitalismus maßgeblich. Der Außenhandel dehnt sich von jenem Zeitpunkt an durch die gesamte Manufakturperiode in jeder Hinsicht aus, sowohl was sein Volumen und die Warenarten, als auch, was die Einbeziehung neuer Märkte anbetrifft. Dieser Prozeß der Ausdehnung ist bei den einzelnen Nationen je nach Lage der Dinge verschieden, wird gelegentlich unterbrochen durch Mißernten und Handelskriege, d. h. also nicht ausschließlich ökonomisch bedingte Faktoren, erreicht jedoch, dem Charakter der Manufakturperiode entsprechend, nicht einen solchen Umfang, daß von einem stürmischen oder sprunghaften Wachstum gesprochen werden könnte. Insgesamt jedoch findet beim Übergang von der Manufaktur zur maschinellen Großindustrie das Kapital den Außenhandel bereits als einen in der Gesamtökonomik des Landes fest verankerten Faktor vor, ohne den die Reproduktion nur mit äußersten Schwierigkeiten oder aber zunächst nur eingeschränkt vor sich gehen könnte. Unter den Bedingungen, die der industrielle Kapitalismus bereits bei seiner Herausbildung vorfindet, ist also eine der bereits in früheren Perioden entwickelte Außenhandel als ein Teil des Fundaments, auf dem der Reproduktionsprozeß sich vollzieht. Der Außenhandel ist demnach durch die Genesis der kapitalistischen Produktionsweise in diesem Zeitpunkt bereits historisch zu einer Notwendigkeit der im nationalen Rahmen sich entwickelnden kapitalistischen Wirtschaft geworden.

Die Entwicklung der kapitalistischen Produktion geht bekanntlich ungleichmäßig, anarchisch und unter ständiger Verschärfung der ihr innewohnenden und von ihr unaufhörlich reproduzierten Widersprüche vor sich. Einer der wesentlichsten Widersprüche ist das Mißverhältnis zwischen den einzelnen Zweigen der Produktion und innerhalb derselben zwischen den einzelnen Zweigen der Industrie, der Landwirtschaft usw., das sich innerhalb des Kapitalismus bildet und verschärft, je weiter die kapitalistische Entwicklung eines Landes fortschreitet. Bei dieser ungleichmäßigen Entwicklung spielen vorhandene natürliche Bedingungen der Produktion eine untergeordnete oder überhaupt keine Rolle für die übermäßige Entfaltung des einen und das Zurückbleiben des anderen Zweiges.[2] Was die größere oder geringere Entwicklung der Produktionszweige bestimmt, ist das kapitalistische Profitstreben, nicht aber die naturgegebene Produktionsgrundlage. Ebensowenig wie der große Umfang der englischen oder sächsischen Textilindustrie in erster Linie aus dem Vorhandensein

[2] Das gilt natürlich nicht für alle jene Industrien, die in der Hauptsache oder ausschließlich auf der Gewinnung eines natürlichen Rohstoffes beruhen, also für die gesamte extraktive Industrie, wie z. B. den Bergbau. Jedoch selbst hier entspricht die Ausbeutung der Vorkommen nicht deren Ergiebigkeit, Mühelosigkeit der Gewinnung usw., d. h. den natürlichen Bedingungen, sondern wird bestimmt durch die Verwertungsbedürfnisse des Kapitals.

günstiger natürlicher Produktionsbedingungen erklärt werden kann, ebensowenig kann damit der entwickelte Stand der dänischen oder holländischen Landwirtschaft begründet werden. Der Kapitalismus hat diese Ungleichmäßigkeit der Entwicklung der einzelnen Produktionszweige durch die Jagd nach Profit bewirkt. Was in der bürgerlichen Geschichtsschreibung in dieser Beziehung oftmals als „historisch begründet" und damit gerechtfertigt dargestellt wird, erhält seine historische Begründung in Wirklichkeit nur dadurch, daß es durch die kapitalistische Produktionsweise, einer historischen Etappe der menschlichen Entwicklung, geschaffen wurde.

Die unterschiedliche Entwicklung einzelner Produktions- oder Industriezweige führt dazu, daß die völlige Realisierung des Produkts bestimmter Zweige wegen seines stofflichen, gebrauchswertmäßigen Charakters auf dem inneren Markt von vornherein unmöglich wird. Umgekehrt vermag in vielen Fällen die inländische Produktion nicht jene Waren in ausreichender Quantität oder bestimmter stofflicher Beschaffenheit zu liefern, deren ein bestimmter Industriezweig zur kontinuierlichen und erweiterten Reproduktion bedarf. Die anarchische und sprunghafte Entwicklung des Kapitalismus schafft also selbst durch die beständig sich bereits im vormonopolistischen Kapitalismus vollziehende und in der Periode des Imperialismus sich verschärfende ungleichmäßige Entwicklung der einzelnen Zweige der Produktion die Notwendigkeit für den Außenhandel, sowohl für den Import als auch für den Export.

Und schließlich gibt es noch einen letzten und entscheidenden Grund für die Existenz des Außenhandels als eines notwendigen Teils der Ökonomik jedes kapitalistischen Landes. Die Produktion unter vorkapitalistischen Verhältnissen vollzog sich im allgemeinen als einfache Reproduktion, auf derselben Stufenleiter und innerhalb desselben territorialen Rahmens, wie sie es seit Jahrzehnten, ja Jahrhunderten getan hatte. Der „Markt" war durch den feststehenden Umfang der Produktion, durch Tradition und die Beschränkung der Transportverhältnisse gegeben. Ganz abgesehen von der Naturalwirtschaft, die unter feudalen Produktionsbedingungen das Typische und Überwiegende ist, war der Absatz der Produkte der kleinen Warenproduktion nur innerhalb eines sehr kleinen Umkreises möglich, beschränkte sich auf die unmittelbare Nachbarschaft, von wenigen Ausnahmen abgesehen. In den Fällen, in denen Waren über die Grenzen eines Landes aus- oder eingeführt wurden, geschah das nicht aus inneren Notwendigkeiten der Produktion heraus, sondern als Resultat der Profitsucht eines Händlers, der um der Möglichkeit willen, die Ware zu einem Vielfachen ihres ursprünglichen Preises an einen zahlungskräftigen Konsumenten absetzen zu können, das mit einem solchen Handel verbundene Risiko auf sich nahm. Aus- und Einfuhr trugen unter diesen Umständen einen zufälligen Charakter, entsprangen weder einer der Produktionsweise immanenten Gesetzmäßigkeit, noch wirkten sie auf diese ein.[3]

[3] Von dieser für den Feudalismus allgemeinen Regel existieren bestimmte, lokal beschränkte Ausnahmen, wo bereits unter feudalen Verhältnissen eine Produktion entstand, bei der die Ausfuhr ihrer Produkte als eine wesentliche Bedingung der Produktion über-

Unter kapitalistischen Bedingungen jedoch ändert sich das grundsätzlich. Das Kapital, einmal geboren, entwickelt den unaufhörlichen Drang zur Ausdehnung. Die Reproduktion muß aus inneren Gesetzen heraus auf fortwährend erweiterter Stufenleiter vor sich gehen. Dieser Ausdehnungsdrang führt im Innern eines Landes zur im raschen Tempo vor sich gehenden Zerstörung der vorkapitalistischen Wirtschaftsformen, zur Trennung der Produzenten von ihren ursprünglichen Arbeitsbedingungen, zur ursprünglichen Akkumulation. Er führt dazu, daß innerhalb gegebener Staatsgrenzen in einer historisch kurzen Frist die kapitalistische Produktionsweise die vorherrschende und entscheidende wird. Die Staatsgrenzen jedoch stellen auch nur ein Hemmnis, aber kein Hindernis für die Expansion des Kapitals dar. Eine der Formen, in der das dauernde Bestreben des Kapitals nach schrankenloser Ausdehnung sich verwirklicht, ist der Außenhandel.

> „Der äußere Markt ist notwendig, weil der kapitalistischen Produktion das Streben nach *schrankenloser* Erweiterung *eigen* ist im Gegensatz zu allen alten Produktionsweisen, die an die Grenzen der Dorfgemeinde, des Erbgutes, des Stamms, des Territoriums oder des Staates gebunden waren.“[4]

Abgesehen von der besonderen Rolle des Außenhandels bei der Entwicklung des Handelskapitals in der Periode der Auflösung des Feudalismus und der Herausbildung der ersten Formen des Kapitalismus, spielt also der Außenhandel im industriellen, vormonopolistischen Kapitalismus der freien Konkurrenz auf der Grundlage der unaufhörlichen Erweiterung der kapitalistischen Produktion eine bedeutende und notwendige Rolle innerhalb der ökonomischen Struktur eines Landes.

> „Darum kann man sich eine kapitalistische Nation nicht ohne Außenhandel vorstellen, und eine solche Nation gibt es auch nicht.“[5]

Das Wachstum der Produktion, der Übergang zu kapitalistischen Methoden der Bewirtschaftung in der Landwirtschaft, die gesamte kapitalistische Entwicklung drücken sich aus in Umfang und Struktur seines Außenhandels. Der Außenhandel spiegelt daher bis zu einem gewissen Grade den Stand der kapitalistischen Entwicklung eines Landes wider. Das Wachstum des Welthandels im 19. Jahrhundert, die relativen Anteile der einzelnen Länder und deren Veränderungen liefern den historischen Beweis dafür.

Es wäre jedoch ein Fehler, anzunehmen, Umfang und Struktur des Außenhandels können allein einen zuverlässigen Maßstab für den Stand der kapita-

haupt erscheint. Aber einmal handelt es sich hier eben um Ausnahmen, die die allgemeine Gültigkeit des oben Gesagten keineswegs beeinträchtigen, zum anderen tritt diese Erscheinung nur auf, wenn das Aufkommen der Geldwirtschaft bereits beginnt, die feudalen Beziehungen zu unterhöhlen und dadurch die objektiven Bedingungen für die Ablösung der feudalen Produktionsweise durch die kapitalistische zu schaffen.

[4] Marx, Karl, Das Kapital. Dietz Verlag, Berlin 1955, Bd. II, S. 548.

[5] Marx, Karl, Ebenda, S. 585.

listischen Entwicklung eines Landes abgeben. Einmal können sie das so wenig, wie für sich allein betrachtet es auch kein anderer Teil der Ökonomik, der Produktion oder ein Wirtschaftszweig kann. Nur die Untersuchung der Entwicklung einer Vielzahl von für die Ökonomik eines Landes typischen Erscheinungen kann ein zuverlässiges Bild geben. Zum anderen aber wird das Volumen des Außenhandels ebenso wie seine Zusammensetzung von natürlichen, vor allem aber von historischen Bedingungen beeinflußt. Die Besonderheit der kapitalistischen Entwicklung eines jeden Landes, seine eigentümlichen Bedingungen der Schaffung eines nationalen Marktes, die historisch bedingten Formen der Herausbildung eines einheitlichen nationalen Staatswesens und eine Reihe anderer Faktoren bestimmen die konkrete Gestaltung seines Außenhandels. So sehr der Außenhandel Ausdruck des Standes der kapitalistischen Entwicklung eines Landes ist, so wenig ist er bei Vernachlässigung der anderen Faktoren ein exakter Gradmesser dieser Entwicklung.

> „Die Frage des Außenhandels oder des äußeren Marktes ist eine historische Frage, eine Frage der konkreten Bedingungen der Entwicklung des Kapitalismus in diesem oder jenem Lande in dieser oder jener Epoche.“[6]

Um die Bedeutung des Außenhandels für die Wirtschaft eines bestimmten Landes zu erkennen, ist es also notwendig, die historischen Bedingungen seiner Entstehung und Entfaltung im Zusammenhang mit der gesamten ökonomischen und politischen Entwicklung dieses kapitalistischen Landes zu untersuchen, weil nur diese historische Betrachtung den Schlüssel zum Verständnis gibt.

Bis jetzt sind die Gründe gezeigt worden, derentwegen eine kapitalistische Produktion ohne Außenhandel nicht existieren kann. Es ist nun notwendig, auf die Wirkungen einzugehen, die der Außenhandel für die kapitalistische Wirtschaft eines Landes hat. Dabei kann an dieser Stelle davon abgesehen werden, die Rolle des Außenhandels in der Periode der ursprünglichen Akkumulation in Ländern wie England, Holland usw. zu erörtern, da die deutsche Entwicklung infolge der besonderen historischen Bedingungen nicht den typischen Weg ging, sondern hier wie auch in anderer Beziehung stark abweichende Besonderheiten vorhanden sind. Es kommt vielmehr darauf an, die allgemeinen, für jede kapitalistische Wirtschaft der vormonopolistischen Periode gültigen Wirkungen des Außenhandels festzustellen, die für jedes Land, daher auch für Deutschland, in dieser Periode eintreten bzw. eingetreten sind.

Marx[7] führt unter den Wirkungen zunächst die Verwohlfeilerung der Elemente des konstanten Kapitals und der notwendigen Lebensmittel, in die das variable Kapital sich umsetzt, an. Das Ergebnis drückt sich aus in einer Erhöhung der Profitrate, einmal durch die Verminderung des Wertes des konstanten Kapitals,

[6] Marx, Karl, Ebenda, S. 570.
[7] Marx, Karl, Ebenda, 1956, Bd. III, S. 265ff.

zum anderen durch die Erhöhung der Rate des Mehrwerts. Es ist nun offensichtlich, daß es wiederum eine Frage der konkreten, historisch gewordenen Umstände ist, in welcher Weise und in welchem Umfang in einem bestimmten Land von dieser Möglichkeit der Erhöhung der Profitrate Gebrauch gemacht wird. Ohne den Ergebnissen der Untersuchung des deutschen Außenhandels zu sehr vorzugreifen, kann doch gesagt werden, daß auch die deutsche Entwicklung eine Bestätigung dieser Marxschen These ist. Die Einfuhr billiger Lebensmittel, die als Elemente, in die das variable Kapital sich umsetzt, betrachtet werden können, spielt in der Periode vor 1870 keine allzu große Rolle. Deutschland insgesamt gesehen war bis 1843 ein Ausfuhrland des Grundnahrungsmittels der arbeitenden Klassen, des Roggens. Einer Verbilligung des Inlandpreises von Roggen in dieser Periode durch Einfuhren, selbst wenn sie ansonsten möglich gewesen wäre, hätten die Exporteure deutschen Roggens, die Junker der ostelbischen Gebiete, erbitterten Widerstand entgegengesetzt und zweifellos gesiegt. Siegten sie doch Jahrzehnte später, als das Verhältnis der Klassenkräfte sich zu ihren Ungunsten verschoben hatte, ohne große Mühe und setzten unter Bismarck Schutzzölle für Getreide durch. Die Interessen und die Stärke der feudalen Oberschicht Deutschlands hätten in der ersten Hälfte des 19. Jahrhunderts verhindert, daß eine solche Möglichkeit überhaupt auch nur in Betracht gezogen wurde.

Man kann jedoch nicht sagen, daß diese Frage überhaupt keine Rolle gespielt hätte. Neben Roggen hatten für die Ernährung der Arbeiterklasse vor allem zwei Nahrungsmittel, nämlich Heringe und Speiseöle, eine große Bedeutung. Heringe waren in vielen Gegenden des nördlichen und mittleren Deutschlands der Ersatz für das im allgemeinen unerschwingliche Fleisch[8], während Speiseöle die billigste, für den menschlichen Genuß noch verwendbare Fettart darstellten. Beide Nahrungsmittel wurden in erheblichen Mengen importiert und hatten so Anteil an der Verbilligung der für die Existenz der Arbeiterklasse notwendigen Grundnahrungsmittel.

Hat so auf Grund der noch stark landwirtschaftlich bedingten Struktur Deutschlands und dem entscheidenden politischen Einfluß der Junker die Einfuhr von Nahrungsmitteln für den Massenkonsum keine überragende Rolle gespielt, so ist das anders mit Rohmaterialien für die Industrie. Hierfür an dieser Stelle nur ein Beispiel, das sich beliebig um zahlreiche andere vermehren ließe. Die Einfuhr von Baumwollgarn zur Weiterverarbeitung in den bedeutend entwickelten Baumwollwebereien machte bis etwa 1860 einen bedeutenden Teil der deutschen

[8] „Der Hering ist besonders im nördlichen Teile des Zollvereins ein allgemein verbreitetes Nahrungsmittel der ärmeren Volksklassen, denen er vielfach den Genuß des Fleisches ersetzt."

Die Berechnungen von Dieterici und Bienengräber ergeben von 1836 bis 1864 eine Steigerung des Pro-Kopf-Verbrauches an Heringen um mehr als das Doppelte, eine Widerspiegelung des zahlenmäßigen Wachstums der Industriearbeiterschaft.

Bienengräber, A., Statistik des Verkehrs und Verbrauchs im Zollverein für die Jahre 1842–1864. Berlin 1868, S. 106, 109.

Einfuhr aus, nach den von Dieterici angeführten Berechnungen[9] im Durchschnitt der Jahre 1837 bis 1841 z. B. fast 10 Prozent des Wertes der gesamten Einfuhr des Zollvereins. Man war sich darüber klar, daß es möglich sei, durch eine rasche Steigerung der Produktion der deutschen Baumwollspinnereien die Einfuhr englischer Garne stark zu reduzieren, jedoch bei wesentlich höheren Gestehungskosten und Verkaufspreisen für Garne. Die Einführung des preußischen Zolltarifs im Jahre 1818 rief bewegte Klagen der Textilfabrikanten, besonders der Inhaber von Baumwollspinnereien, über ihren durch die Aufhebung der Einfuhrverbote drohenden Ruin hervor.

> „Namentlich, sagten sie, habe die Baumwollfabrikation aus der Zulassung der englischen Fabrikate eine völlige Vernichtung zu erwarten, da es den englischen Fabriken durch mancherlei teils technische, teils andere Mittel gelungen sei, zu so unglaublich niedrigen Preisen zu arbeiten, daß damit keine Fabrik des Kontinents Preis zu halten vermöge."[10]

Die Einfuhr englischen Baumwollgarns, ebenso wie die einer Reihe anderer Rohmaterialien und Halbfabrikate, verbilligte also erheblich die stofflichen Elemente des konstanten Kapitals. Zusammen mit der Verbilligung der Hauptnahrungsmittel der Arbeiterklasse bewirkt der Außenhandel daher unmittelbar eine Erhöhung der Profitrate. Insoweit er die für den Arbeiter notwendigen Lebensmittel wohlfeiler macht, verschiebt er auch das Verhältnis zwischen notwendiger Arbeit und Mehrarbeit zugunsten der letzteren, begünstigt die Schaffung des relativen Mehrwertes, d. h. vergrößert die Masse des Mehrwerts und daher auch die Masse des Profits absolut. In diesem Fall geht die Verbilligung der stofflichen Elemente, in die sich das konstante und variable Kapital umsetzt, und die damit verbundene Erhöhung der Profitrate Hand in Hand mit einer Steigerung der Profitmasse. Ein gegebenes Kapital erhält also die Möglichkeit zur Ausdehnung seiner Produktion in einem größeren Maße, als es ohne den Außenhandel der Fall sein könnte; es setzt mehr tote und lebendige Arbeit in Bewegung, als der Fall sein würde, wenn es nur die Erzeugnisse der nationalen Industrie und Agrikultur zur Verfügung hätte. Die Wirkung des Außenhandels, genauer gesagt, des Imports, ist folglich zunächst die raschere Ausbreitung der kapitalistischen Produktionsweise innerhalb eines Landes, als es sonst der Fall wäre.

Die Erhöhung des Tempos der Erweiterung der kapitalistischen Produktion wird dadurch aber auch in anderer Hinsicht ermöglicht. Erhöhung der Masse und Rate des Profits bilden die Grundlage für eine beschleunigte Akkumulation des Kapitals und Ausdehnung der Produktion auf größerer Stufenleiter. Marx weist hier allerdings auf die doppelte Wirkung hin: einerseits Erhöhung der Profitrate, Beschleunigung der Akkumulation des Kapitals und damit rasche Ausdehnung der kapitalistischen Produktion, andererseits durch eben denselben Pro-

[9] Dieterici, C. F. W., Der Volkswohlstand im preußischen Staat. Berlin, Posen und Bromberg 1846, S. 224ff.

[10] v. Festenberg-Packisch, H., Geschichte des Zollvereins mit besonderer Berücksichtigung der staatlichen Entwicklung Deutschlands. Leipzig 1869, S. 125.

zeß Wachstum der organischen Zusammensetzung des Kapitals und damit Sinken der Profitrate. In der Periode des deutschen Kapitalismus, mit der wir es zu tun haben, kommt jedoch der ersten Wirkung die größere historische Bedeutung zu, die in der raschen Ausdehnung der kapitalistischen Produktionsweise gipfelt.

Darüber hinaus kommt aber dem im Außenhandel angelegten Teil des Handelskapitals eine besondere Bedeutung für die Höhe der „nationalen" Profitrate zu. Das Wertgesetz behält seine Gültigkeit auch im Welthandel, es behauptet sie aber nur mit erheblichen Modifikationen. Hier ist – was innerhalb eines Landes im vormonopolistischen Kapitalismus nicht möglich ist – der Verkauf von Waren über lange Zeitperioden über ihren Wert möglich, hier beruhen die Handelsbeziehungen zwischen einer Vielzahl von Ländern geradezu auf einem solchen Tausch von „Nicht-Äquivalenten". Dabei ist abzusehen von jenem internationalen Handel, in dem die Tauschrelationen durch politische Abhängigkeit, Unterdrückung und im Gefolge davon durch ein Netz legislativer Maßnahmen zuungunsten des politisch abhängigen Landes beeinflußt werden. Derartige Beziehungen zwischen zwei Ländern, wie sie ihren reinsten Ausdruck im Kolonialsystem finden, sind zweifellos von großer Bedeutung für die Verteilung des in dem unterdrückten Lande produzierten Mehrwerts zwischen der Bourgeoisie des unterdrückten und des unterdrückenden Landes, berauben die erstere eines Teiles der Früchte der von ihr praktizierten Ausbeutung, beschränken ihre Kapitalakkumulation und werden dadurch zu einem Hemmnis der kapitalistischen Entwicklung des Landes im allgemeinen.

Hier geht es vielmehr um jenes Problem, das bei Ricardo in seiner bürgerlich-vollendeten Form in dessen Theorie der komparativen Kosten gestellt, aber nicht gelöst wird, das Problem des relativen Vorteils im auswärtigen Handel zweier Länder. Für Ricardo ist das Problem durch die Feststellung, daß der Handel zwischen zwei Ländern, der sich auf den Austausch von solchen Waren, die jeweils in einem der beiden Länder unter den günstigsten Produktionsbedingungen und daher mit geringerem Arbeitsaufwand hergestellt werden, beiden von Vorteil ist, gelöst. Worin besteht aber dieser Vorteil? „The advantage always resolves itself into that which M. Say appears to confine to the home trade; in both cases there is no other gain but that of the value of an utilité produite."[11]

Dagegen jedoch reduziert sich für ihn der Einfluß des auswärtigen Handels auf die Profitrate auf den einen Fall, in dem durch den Import billiger Lebensmittel der Arbeitslohn gesenkt wird, wodurch Masse und Rate des Profits steigen (in konsequenter Übereinstimmung mit seiner theoretischen Gesamtkonzeption, derzufolge der Profit nur durch eine Senkung des Arbeitslohnes steigen kann). „Foreign trade, then, though highly beneficial to a country, as it increases the amount and variety of the objects on which revenue may be expended, and affords, by the abundance and cheapness of commodities, incentives to saving,

[11] The Works and Correspondence of David Ricardo. Cambridge 1953, Bd. I, S. 320.

and to the accumulation of capital, has no tendency to raise the profits of stock, unless the commodities imported be of that description on which the wages of labour are expended."[12]

Aber Ricardo übergeht hier eine der Implikationen seiner eigenen Theorie. Man muß sagen „übergeht" und nicht „übersieht", weil er unmittelbar darüber stolpert. Wenig später bemerkt er nämlich „The labour of 100 Englishmen cannot be given for that of 80 Englishmen, but the produce of the labour of 100 Englishmen may be given for the produce of the labour 80 Portugueses, 60 Russians, or 120 East Indians".[13] Das bedeutet jedoch nichts anderes, als daß im internationalen Handel sich nicht notwendigerweise die gleiche Anzahl von Arbeitstagen tauschen, sondern daß das, was im Binnenhandel nicht möglich erscheint, im Außenhandel der gewöhnliche Fall ist: Der Austausch verschiedener Arbeitsquanten, die unterschiedliche stoffliche Form angenommen haben.

Aber auch dieser Austausch gehorcht weder dem Gesetz des Zufalls, noch ist er abhängig von der größeren Tüchtigkeit, Findigkeit oder Gerissenheit des einen oder anderen Kaufmanns. Daß mehr gegen weniger Arbeit ungleiche Werte ausgetauscht werden, findet seine Begründung in der unterschiedlichen Produktivität der Arbeit in verschiedenen Ländern, die im großen und ganzen bestimmt wird durch den jeweiligen Grad der kapitalistischen Entwicklung. Während derartige Unterschiede zwischen den Produktionszweigen eines Landes oder innerhalb eines solchen Produktionszweiges dem Gesetz des Durchschnittsprofits unterliegen, kann eine solche allgemeine Durchschnittsprofitrate im internationalen Maßstab, trotz der Existenz eines Weltmarktes, nicht entstehen. Einige Voraussetzungen hierfür, wie z. B. der freie Fluß des Kapitals und der Lohnarbeit, sind nicht oder nur in eingeschränktem Maß gegeben. Daher die für lange Zeiträume unterschiedlichen Produktionsbedingungen, der verschiedene Grad der Produktivität der Arbeit, die ungleichen Mengen an geronnener Arbeit, die von gleichen Arbeitsprodukten in zwei derartigen Ländern jeweils verkörpert werden und daher auch die unterschiedlichen Profitraten.

Im Austausch der Arbeitsprodukte unter diesen Bedingungen tauschen sich deswegen verschiedene Mengen geronnener Arbeit, wobei das kapitalistisch ententwickeltere Land ein größeres Quantum Arbeit, als es selbst hingibt, erhält. Es eignet sich daher ständig mehr Arbeit an, als es in den Austauschprozeß hineinwirft. Trotz dieser Übervorteilung unterentwickelter Länder liegt ein solcher Austausch auch in ihrem Interesse, da die empfangenen Produkte nur mit einem höheren Arbeitsaufwand im eigenen Lande hergestellt werden können, als dafür hingegeben wurde. Daraus ergibt sich ein ständiges Ausbeutungsverhältnis, in dem das entwickeltere Land sich durch den Handel einen mehr oder minder beträchtlichen Teil der nationalen Arbeit in der industriellen Entwicklung zurückgebliebener Länder aneignet, ohne dafür ein Äquivalent in Arbeitszeit zu geben. Marx umreißt diese Situation mit folgenden Sätzen:

[12] Ebenda, S. 133.
[13] Ebenda, S. 135.

„Say in seinen Anmerkungen zu Ricardos Übersetzung durch Constancio hat nur eine richtige Bemerkung über den auswärtigen Handel. Profit kann auch durch Prellerei gemacht werden, dadurch, daß der eine gewinnt, wenn der andere verliert. Verlust und Gewinn innerhalb eines Landes gleichen sich aus. Nicht so zwischen verschiedenen Ländern. Und selbst die Theorie Ricardos betrachtet – was Say nicht bemerkt –, können sich drei Arbeitstage eines Landes gegen einen eines anderen austauschen. Das Gesetz des Wertes erhält hier wesentliche Modifikationen. Oder wie sich innerhalb eines Landes qualifizierte Arbeit zur unqualifizierten, einfachen verhält, so können sich die Arbeitstage verschiedener Länder verhalten. In diesem Falle beutet das reichere Land das ärmere aus, selbst wenn letzteres durch den Austausch gewinnt ...“[14]

Beide Länder gewinnen also durch den Austausch, sie gewinnen jedoch durchaus nicht in gleichem Maße; das Land mit der fortgeschritteneren kapitalistischen Produktion verkauft seine Waren dauernd über ihren Wert, beutet also das rückständigere aus. Daraus folgt, daß der im Außenhandel erzielte Profit seiner Rate nach höher ist, als der Durchschnittsprofitrate dieses Landes entsprechen würde. Da aber der so erzielte Profit in die Bildung der „nationalen“ Durchschnittsprofitrate eingeht, erhöht sich diese Durchschnittsprofitrate je nach der Höhe des im Außenhandel erzielten Surplusprofits.
Das Verhältnis zwischen ausbeutendem und ausgebeutetem Land findet seinen krassesten und sichtbarsten Ausdruck auch im vormonopolistischen Kapitalismus in den Beziehungen zwischen Mutterland und Kolonien. Aber auch dort, wo wie in Deutschland ein solches Verhältnis nicht existiert, ergeben sich bestimmte Ausbeutungsverhältnisse im Außenhandel aus dem unterschiedlichen Niveau der kapitalistischen Entwicklung der mit Deutschland Handel treibenden Länder. Die schon vorhin erwähnte Einfuhr englischer Garne bedeutet zwar durch die Verbilligung der Elemente des konstanten Kapitals einen Vorteil für die deutsche industrielle Bourgeoisie, der ihr die Möglichkeit einer raschen Kapitalakkumulation gibt, auf der anderen Seite bedeutet sie aber für die englische Kapitalistenklasse die Realisierung eines Extraprofits durch den Verkauf der Garne über ihren Wert. Deutschland, obzwar seinen Vorteil aus diesem Handel ziehend, erscheint nichtsdestoweniger als der Ausgebeutete, während die Engländer die Ausbeuternation sind. Dieses Verhältnis besteht nicht nur in dem einen Fall der Baumwollgarne, sondern beherrscht die Einfuhr englischer Produkte nach Deutschland fast ausnahmslos. Im Laufe der Zeit bis 1870 zeigt jedoch der Anteil der englischen Waren an der deutschen Einfuhr, wie am deutschen Außenhandel, eine relative Abnahme im Vergleich mit den Importen aus anderen Ländern, die Hand in Hand mit einer beträchtlichen absoluten Steigerung und einem Strukturwandel in der Zusammensetzung der Waren geht. Mit der fortschreitenden kapitalistischen Entwicklung emanzipiert

[14] Marx, Karl, Theorien über den Mehrwert. Stuttgart 1910, Bd. 3, S. 279f.; siehe auch: Marx, Karl, Das Kapital. Dietz Verlag, Berlin 1956, Bd. III, S. 266.

sich die deutsche Bourgeoisie schrittweise von der englischen Ausbeutung durch den Außenhandel, ohne sie indes bis zur Reichsgründung gänzlich abschütteln zu können.

Einen entgegengesetzten Charakter tragen die deutschen Ausfuhren in jene Länder, die im Vergleich mit Deutschland einen niedrigen Stand der kapitalistischen Entwicklung aufweisen. Das einzige Land dieser Art, für das man aus den kümmerlichen Zollvereinsstatistiken zwar keine Unterlagen, aber wenigstens einige Anhaltspunkte bekommt, ist Rußland. Die nachweisbaren Ausfuhren über die preußisch-polnische Grenze in das russische Zollgebiet bestehen fast ausschließlich aus Industriewaren, entsprechend dem damaligen Stand der beiderseitigen Entwicklung aus Erzeugnissen der Leichtindustrie. (Die einzige nichtindustrielle Ware, deren Ausfuhr nennenswerten Umfang hat, war Rohbaumwolle, wo das deutsche Handelskapital als Zwischenhändler fungierte.) Hier wiederholt sich das oben erwähnte Verhältnis zwischen England und Deutschland mit umgekehrten Vorzeichen: Die Ausbeuternation ist die deutsche, wohingegen Rußland das Ausbeutungsobjekt darstellt.

Obzwar sich ein zahlenmäßiger Nachweis auf der Grundlage der damaligen deutschen Statistiken nicht einwandfrei führen läßt, kann auch auf Grund der vorhandenen Unterlagen nicht daran gezweifelt werden, daß der deutsche Außenhandel in der hier behandelten Periode in seiner Orientierung auf einzelne Länder eine wesentliche Umschichtung durchmacht. Der Handel mit den kapitalistisch entwickelten westeuropäischen Nationen, mit England, Holland und Belgien vor allem, verliert im Laufe dieser Periode verhältnismäßig an Bedeutung, obzwar er absolut steigenden Umfang aufweist. Der deutsche Außenhandel mit den unterentwickelten Ländern Zentral- und Osteuropas und anderer Kontinente rückt stärker in den Vordergrund. Mit den bedeutenden Fortschritten der industriellen Produktion in Deutschland ergibt sich eine Strukturänderung im Außenhandel, die die reale Grundlage für diese geographische Umorientierung abgibt. Damit wandelt sich aber auch Deutschlands Position im Außenhandel: Aus einem vorwiegend ausgebeuteten Land, dessen drei Arbeitstage – um mit Marx zu sprechen – sich gegen einen englischen Arbeitstag tauschen, wird ein ausbeutendes, das den größeren Teil seiner Waren über ihren Wert verkaufen kann.

Der Außenhandel spielte bei der Entstehung der kapitalistischen Produktionsweise anderer Länder eine bedeutende Rolle. Er ist ein wesentlicher Faktor bei der Schaffung des freien Lohnarbeiters, bei der Scheidung des Produzenten von den Produktionsmitteln, d. h. bei der ursprünglichen Akkumulation. Sein Einfluß auf die Herausbildung der neuen Formen der Produktion ist besonders groß zu Beginn dieser Periode, als er eine der Voraussetzungen der künftigen Produktionsweise durch die Bildung großer Geldvermögen in den Händen Einzelner schafft. Die Wirkung des Außenhandels und der zu seiner Entwicklung ergriffenen staatlichen Maßnahmen war eine gewaltige, sowohl was das Tempo als auch die besonderen, historisch bedingten Formen des Kapitalismus anbetrifft.

„Es macht einen gewaltigen Unterschied, ob das nationale Kapital allmählich und langsam sich in industrielles verwandelt, oder ob diese Verwandlung zeitlich beschleunigt wird durch die Steuer, die sie vermittelst der Schutzzölle hauptsächlich auf Grundeigentümer, Mittel- und Kleinbauern und Handwerk legen, durch die beschleunigte Expropriation der selbständigen unmittelbaren Produzenten, durch gewaltsam beschleunigte Akkumulation und Konzentration der Kapitale, kurz durch beschleunigte Herstellung der Bedingungen der kapitalistischen Produktionsweise. Es macht zugleich enormen Unterschied in der kapitalistischen und industriellen Exploitation der natürlichen nationalen Produktivkraft."[15]

In den Ländern – England, Holland, Portugal usw. –, in denen der Außenhandel diese Rolle als ein gewaltiger Hebel des Übergangs von der feudalen zur kapitalistischen Produktionsweise gespielt hatte, in denen ein System staatlicher Maßnahmen, angefangen vom Schutzzoll bis zum Kolonialsystem, entwickelt worden war, in denen also dadurch die Entwicklung des Kapitals auf einem beschleunigten, abgekürzten und brutal-gewaltsamen Wege vor sich gegangen ist, sind beim Übergang zum industriellen Kapitalismus bereits innerhalb wie außerhalb des Landes geschichtlich gewordene, einigermaßen stabile Grundlagen für den Handel mit anderen Ländern vorhanden. Das industrielle Kapital tritt das Erbe des Handelskapitals an, übernimmt aber gleichzeitig den Außenhandel in seiner bereits herausgebildeten Form und ordnet sich ihn unter. Ein wenn auch nicht auf die Förderung des Außenhandels insgesamt, so doch auf die Förderung der Ausfuhr gerichtetes System der Handelspolitik und der Schiffahrtsgesetzgebung, ebenso wie durch den Kolonialbesitz gesicherte stabile Handelsmärkte sind bereits geschaffen worden und gehen in die ökonomische Struktur und den politischen Überbau in der Phase des Industriekapitalismus bereits ausgebildet ein. Das Handelskapital hat zwar die Vorrechte der Erstgeburt abtreten müssen, der Außenhandel nimmt aber in bereits historisch herausgebildeten, stabilen Formen seinen legitimen Platz in der Ökonomik des Landes ein.

[15] Marx, Karl, Ebenda, S. 835.

DIE BESONDERHEITEN DES MARKTPROBLEMS IN DEUTSCHLAND VOR 1870

Die deutsche Entwicklung ist im allgemeinen nicht, und daher auch nicht bei der Entfaltung des Außenhandels, den „klassischen“ englischen Weg gegangen. Die ursprüngliche Akkumulation ist in Deutschland ebenso wie in England ein über Jahrhunderte sich hinziehender Prozeß, dessen letzte Phase sich im 19. Jahrhundert abspielt. Die Scheidung der Produzenten von den Produktionsmitteln verläuft jedoch in Deutschland in Formen, die den allgemeinen ökonomischen und politischen Verhältnissen angepaßt sind, besonders durch die Existenz der feudalen Abhängigkeiten bis Anfang des 19. Jahrhunderts und der politischen Herrschaft der halbfeudal-reaktionären Oberschicht in den einzelnen deutschen Ländern noch über diesen Zeitpunkt hinaus. Was in diesem Zusammenhang interessiert, ist die Stellung des Außenhandels in diesem Prozeß zunächst, soweit er sich bis zu Beginn des 19. Jahrhunderts abgespielt hatte.
Auch im 17. und 18. Jahrhundert hatte der Außenhandel eine erhebliche Bedeutung für die Entwicklung der deutschen Länder. Die Herausbildung von Zentren der Manufaktur in Deutschland, besonders am Niederrhein, in Schlesien und dem heutigen Lande Sachsen, erfolgte unter Einwirkung von außen, und der Bestand dieser Manufakturen beruhte großenteils auf der Zufuhr ausländischer Rohstoffe und dem Absatz der erzeugten Waren auf ausländischen Märkten. Dies um so mehr, als der überwiegende Teil Deutschlands auch weiterhin in den ökonomischen Fesseln des verfaulenden deutschen Feudalsystems gehalten wurde und die feudale Produktionsweise den Absatz von Manufakturwaren innerhalb Deutschlands auf ein Minimum beschränkte. Ein nationaler Markt, der nicht nur in England, sondern auch in anderen europäischen Ländern bereits eine Realität war, erschien auch für die Zukunft fast undenkbar unter den herrschenden politischen Verhältnissen der fast vollkommenen Auflösung des mittelalterlichen deutschen Staates und der Souveränität der feudal-absolutistisch regierenden deutschen Landesfürsten. Nicht nur der Fortbestand feudaler Produktionsverhältnisse, sondern auch die Landesgrenzen der deutschen Fürstentümer, ebenso wie die Provinzialzölle, Brückenmauten, Wegegelder usw. hinderten die Entfaltung einer Warenzirkulation innerhalb Deutschlands, wie sie dem bescheidenen Stand der Manufaktur in einzelnen Gebieten vielleicht entsprochen hätte. Der Umfang des deutschen Außenhandels, der besonders im 18. Jahrhundert parallel mit der Herausbildung der Manufaktur in bestimmten Gebieten Deutschlands wuchs, erscheint daher maßgeblich bestimmt durch den

geringen Umfang des Binnenhandels, d. h. durch das Fehlen des inneren Marktes.[16]

Unter diesen Bedingungen war daher der Außenhandel Deutschlands von anderer Art und daher auch von anderer Bedeutung für Deutschland, als etwa der Außenhandel Englands im 15. und 16. Jahrhundert. Schuf der Außenhandel Englands die Voraussetzungen für die Entfaltung der kapitalistischen Produktion in großartiger Weise, wirkte er mit bei der Schaffung des britischen Kolonialsystems, sich so eine seiner späteren Grundlagen selbst erzeugend, wirkte er durch die Schaffung der Bedingungen für eine beschleunigte Akkumulation des Kapitals und für den raschen Übergang zur Vorherrschaft des industriellen Kapitals zerstörend auf die feudale Produktionsweise in England selbst, so geht diese revolutionierende Wirkung dem Außenhandel Deutschlands im 17. und 18. Jahrhundert fast völlig ab. Eingezwängt in die deutschen politischen Verhältnisse, von den deutschen Landesfürsten als ein Eingangstor für bedrohliche ausländische Verhältnisse betrachtet, bestenfalls als Quelle für die Aufbesserung der ewig zerrütteten Staatsfinanzen behandelt, entwickelt er sich zunächst als eine ökonomische Krücke des ancien régime. Er war nicht, wie in England, eine Angelegenheit der jungen, nationalen Bourgeoisie, die in ihm eines der Hauptinstrumente zur Herbeiführung und Untermauerung ihrer ökonomischen und politischen Herrschaft sah, sondern er wurde ausgenutzt als ein Mittel zur Verlängerung der Agonie des verfaulenden Feudalsystems, das auf Deutschland für Jahrhunderte lastete.

Der deutsche Außenhandel am Beginn des 19. Jahrhunderts trägt daher deutlich die Züge seiner historischen Entwicklung im vorangehenden Jahrhundert. Es fehlt ihm die Stellung innerhalb der nationalen Wirtschaft, die sich der englische Außenhandel auf Grund anderer historischer Bedingungen geschaffen hatte. Seine Grundlage waren nicht eine entwickelte kapitalistische Produktion, ein Kolonialreich und ökonomisch und politisch gesicherte Märkte, sondern eine regional entwickelte, von feudalen Fesseln gehemmte Manufaktur und ein ebensolches Handwerk sowie die gutsherrlich-junkerliche Landwirtschaft, deren Waren vielfach nur in Ermangelung eines nationalen Marktes den Weg in das Ausland suchten. Für die herrschende Klasse Englands, die Bourgeoisie, war die Entwicklung des Handels mit anderen Ländern ihre ureigenste Angelegenheit, für die herrschende, halbfeudale Klasse Deutschlands war sie ein Mittel zur Sanierung des Junkerstaates.

Die Anfänge des britischen Außenhandels auf einer modernen Basis folgen zeitlich der Entstehung des nationalen Einheitsstaates und der Entstehung einer Zentralgewalt in England. Daß beide Entwicklungen einander bedingt und gefördert haben, ist historisch wohl kaum betreitbar. Ebenso, wie das Handelskapital die Existenz einer zentralisierten Staatsgewalt brauchte, um seine

[16] Der englische Statistiker Mulhall berechnete den Außenhandel Deutschlands für das Jahr 1720 mit etwa 163 Mill. Mark und für das Jahr 1780 mit 410 Mill. Mark (die Angaben bei Mulhall von Pfund Sterling auf Goldmark umgerechnet).
Mulhall, Michael, G., The Dictionary of Statistics. London 1892.

Expansion durchführen zu können, ebenso brauchte der Staat die Geldeinnahmen, die nicht aus feudalen Einnahmequellen fließen konnten und zu denen der Außenhandel einen wesentlichen Beitrag lieferte. Die Entstehung einer staatlichen Handelspolitik, die den Außenhandel und seine nationalen Produktionsgrundlagen schützte und förderte, war ein hervorragendes Instrument zu seiner Entwicklung, wie auch zur Durchführung der ursprünglichen Akkumulation. Das Merkantilsystem mit seiner Politik der Schutzzölle, Einfuhrverbote und Ausfuhrbegünstigung ist durchaus der historisch richtige Ausdruck des damaligen Berufes der Bourgeoisie, der beschleunigten Akkumulation von Geldkapital und der Herstellung aller Bedingungen der kapitalistischen Produktion durch die gewaltsame Zerstörung vorkapitalistischer Produktionsformen innerhalb des Landes.

Der ökonomische und politische Zustand Deutschlands ließ die Herstellung der staatlichen Einheit im 18. Jahrhundert nicht zu. Unter den Bedingungen des völligen Verfalls des deutschen Staates konnte selbstverständlich auch keine gemeinsame Handelspolitik der deutschen Länder, nicht einmal in einigen grundsätzlichen Fragen, erzielt werden. Von einer Handelspolitik im bürgerlichen Sinne des Wortes konnte auch überhaupt kaum gesprochen werden. In keinem deutschen Lande oder Ländchen (mit der bedingten Ausnahme einiger reichsfreier Städte, besonders der Hansestädte) wurde ein System staatlicher Maßnahmen entwickelt, dessen Ziel die Förderung oder der Schutz des Außenhandels gewesen wäre. Überall standen die fiskalischen Interessen im Vordergrund und waren ultima ratio bei handelspolitischen Entscheidungen.
Die ökonomischen und politischen Interessen, in der Hauptsache bedingt durch den unterschiedlichen Stand der ökonomischen Entwicklung, waren auch so verschieden, daß sie eine reale Basis für eine auch nur sehr bedingt einheitliche Handelspolitik nicht abgeben konnten. Einerseits war die ökonomische Struktur der Südwestecke Deutschlands und ihre politische und wirtschaftspolitische Orientierung sehr verschieden von denen der deutschen Gebiete östlich der Elbe, die den Kern des brandenburgisch-preußischen Staates bildeten. Die norddeutschen Gebiete waren ebensosehr am Handel mit England interessiert, wie ihn umgekehrt die schlesische Leinenmanufaktur als eine der Ursachen ihres Niedergangs betrachtete. Andererseits waren aber auch die einzelnen deutschen Länder völlig heterogen zusammengesetzt, so wie es sich im Ergebnis einer dynastischen Heirats- und Erbpolitik im Laufe von Jahrhunderten ergeben hatte. Abgesehen von den zahlreichen Enklaven und Exklaven, deren letztere oftmals sehr weit vom „Stamm"land lagen, ergab sich selbst beim bedeutendsten der deutschen Staaten, bei Preußen, innerhalb des Landes eine ähnliche Situation. Die verschiedenen, über die norddeutsche Tiefebene verstreuten preußischen Landesteile repräsentieren in sich von Tilsit bis Aachen nicht nur eine ganze Skala verschiedener ökonomischer Entwicklungsstufen, sondern sie waren auch Objekte einer sehr unterschiedlichen Binnenhandelspolitik. In dem Maße, in dem unter Friedrich II. die verschiedensten Gebiete zusammengeraubt wurden, wuchs auch die Buntscheckigkeit der Zolltarife in den einzelnen preußi-

schen Provinzen. Von Westen nach Osten wandelt sich die Freiheit der Einfuhr zu einem absoluten Einfuhrverbot für eine Reihe von Waren; die Folge war die Erhebung von Übergangszöllen beim Transport von einer Provinz in die andere und ein enorm ausgedehnter Schmuggel nicht nur an den Landesgrenzen, sondern auch im Innern des Landes. Die ökonomische Zerrissenheit Deutschlands war also beinahe noch größer als die politische und staatliche.[17]
Damit ging der Entwicklung des deutschen Außenhandels auch ein gewaltig fördernder Faktor in Gestalt der staatlichen Handelspolitik verloren. Weder auf der gesamtdeutschen Ebene, noch auf der der deutschen Einzelstaaten trat er in Erscheinung, ja das gerade Gegenteil mit absoluten Aus- und Einfuhrverboten war manchmal der Fall. Auch diese historische Bedingung der Entfaltung des Außenhandels auf großer Stufenleiter mangelte in Deutschland.
Die Unterschiedlichkeit des ökonomischen Entwicklungsstandes und die handelspolitische Zerrissenheit sind nur ein Ausdruck des geringen Grades der kapitalistischen Entwicklung überhaupt, besonders aber des Fehlens eines entwickelten inneren Marktes.

> „Der innere Markt entsteht, wenn die Warenwirtschaft entsteht; ... er erweitert sich mit der Übertragung der Warenwirtschaft von den Produkten auf die Arbeitskraft, und nur in dem Maße, wie die Arbeitskraft zur Ware wird, erobert der Kapitalismus die gesamte Produktion des Landes ... Der ‚innere Markt' für den Kapitalismus wird durch den sich entwickelnden Kapitalismus geschaffen, der die gesellschaftliche Arbeitsteilung vertieft und die unmittelbaren Produzenten in Kapitalisten und Arbeiter scheidet. Die Entwicklungsstufe des inneren Marktes bezeichnet die Stufe der kapitalistischen Entwicklung eines Landes."[18]

Der innere Markt im Kapitalismus entwickelt sich daher parallel mit der Entwicklung des Kapitalismus, der für seine Vertiefung und Ausdehnung alle Bedingungen schafft. Der innere Markt ist für den Reproduktionsprozeß des Kapitals eine entscheidende Frage, da u. a. die Realisierung des Produkts von ihm abhängt. Die Frage der Realisierung kann weder ganz noch teilweise durch den äußeren Markt gelöst werden, dessen Funktionen für die Ökonomik eines kapitalistischen Landes und für deren Entwicklung bereits behandelt wurden.
Derselbe Prozeß jedoch, der den inneren kapitalistischen Markt schafft, schafft auch den äußeren Markt.

[17] Bezeichnend für den Zustand Preußens sind die folgenden Sätze: „Die 57 Tarife der alten Provinzen mit ihren 2775 Warenklassen waren je nach den wechselnden lokalen Bedürfnissen des Augenblicks im Laufe der Jahrhunderte entstanden und dienten fast ausschließlich dem finanziellen Interesse. ... Friedrich der Große hat ... an jenem Zustand nicht gerüttelt. Er versuchte sogar wiederholt mit Österreich einen nur für Schlesien berechneten Handelsvertrag zustande zu bringen. Von einer einheitlichen Handelspolitik war in Preußen vor Beginn unseres Jahrhunderts noch kaum die Rede."
Zimmermann, A., Geschichte der preußisch-deutschen Handelspolitik. Oldenburg und Leipzig 1892, S. 1.

[18] Marx, Karl, Das Kapital. Dietz Verlag, Berlin 1955, Bd. II, S. 589.

„Der Prozeß der Bildung des Marktes für den Kapitalismus weist also zwei Seiten auf, nämlich: die Entwicklung des Kapitalismus in die Tiefe, d. h. das weitere Anwachsen der kapitalistischen Landwirtschaft und Industrie auf einem gegebenen, bestimmten und abgeschlossenen Gebiet, – und die Entwicklung des Kapitalismus in die Breite, d. h. die Ausdehnung der Machtsphäre des Kapitalismus auf neue Gebiete."[19]

Die Entwicklung des inneren Marktes im Kapitalismus und die Notwendigkeit des Aufsuchens des äußeren Marktes sind zwei Seiten ein und derselben Sache, zwei Wirkungen desselben Gesetzes, gemäß dem die kapitalistische Produktion auf der fortwährenden Änderung ihrer Produktionsmethoden und der schrankenlosen Ausdehnung des Maßstabes der Produktion beruht. Obzwar innerer und äußerer Markt verschiedene Funktionen im kapitalistischen Reproduktionsprozeß erfüllen, entspringen sie derselben Ursache und entwickeln sich miteinander.

Die Frage der äußeren Märkte kann daher nicht losgelöst betrachtet werden von der Entwicklung des inneren Marktes. Eine Entwicklung des äußeren Marktes des Kapitalismus eines bestimmten Landes ohne eine entsprechende Vertiefung des inneren Marktes ist undenkbar. Derselbe Prozeß, der den inneren Markt schafft, erzeugt für den Kapitalismus den Drang des Aufsuchens äußerer Märkte. Der äußere Markt ist niemals ein Ersatz für den inneren Markt, aber er tritt historisch neben dem inneren Markt auf und entwickelt sich parallel mit ihm. Die Position eines kapitalistischen Landes auf den äußeren Märkten, seine Stellung auf dem sich entwickelnden Weltmarkt hängt daher untrennbar mit der Frage des inneren Marktes zusammen.

Die Entwicklung des inneren Marktes hängt u. a. aber auch ab von historischen und politischen Bedingungen, die der Kapitalismus bei seinem Entstehen vorfindet. Der politische, ideologische und administrative Überbau hat je nach den Bedingungen eine hemmende oder fördernde Wirkung auf das Entwicklungstempo der kapitalistischen Produktion, das demgemäß rascher oder langsamer ist. Dort, wo es möglich ist, den inneren Markt für die Bourgeoisie zu sichern durch möglichst weitgehenden Ausschluß der Bourgeoisie anderer Nationen, wirkt diese Sicherung oftmals in der Richtung einer raschen Vernichtung vorkapitalistischer Produktionsformen, der beschleunigten Entwicklung des Kapitalismus und damit auch des inneren Marktes. Deswegen geht das Bestreben der jungen Bourgeoisie auf die Beherrschung und Sicherung des inneren Marktes „ihres" Landes, des nationalen Marktes.

„Die grundlegende Frage für die junge Bourgeoisie ist der Markt. Ihr Ziel ist, ihre Waren abzusetzen und aus dem Konkurrenzkampf gegen die Bourgeoisie anderer Nationalität als Sieger hervorzugehen. Daher ihr Wunsch, sich ihren ‚eigenen', ‚heimatlichen' Markt zu sichern. Der Markt ist die erste Schule, in der die Bourgeoisie den Nationalismus erlernt."[20]

[19] Marx, Karl, Ebenda, S. 593.
[20] Stalin, J. W., Werke. Dietz Verlag, Berlin 1950, Bd. II, S. 279.

Diese Sicherung des nationalen Marktes für die junge, aufkommende Bourgeoisie eines Landes ist nicht allein mit ökonomischen Mitteln zu erreichen. Das ökonomische Kräfteverhältnis gegenüber der Bourgeoisie anderer kapitalistisch entwickelter Nationen ist ja gerade durch die ökonomische Schwäche des am Beginn seiner kapitalistischen Entwicklung stehenden Landes gekennzeichnet. Es handelt sich also darum, in dieser Phase die Mittel des Staates zur Sicherung des nationalen Marktes einzusetzen, oder, anders ausgedrückt, die Handelspolitik in den Dienst der raschen Entwicklung der kapitalistischen Produktionsweise zu stellen. Dort, wo wie in den meisten Ländern des Westens die Bourgeoisie den Staat beherrschte oder doch so stark war, ihm in dieser Beziehung ihren Willen aufzwingen zu können, wird die Sicherung des nationalen Marktes durch handelspolitische Maßnahmen, von Ein- und Ausfuhrverboten bis zu Schutzzöllen, herbeigeführt. In Deutschland mit seinen 38 Staaten, deren kleinste Gebiete von nur wenigen Quadratmeilen umfaßten, deren Regierungen halbfeudal-bürokratischen Charakter trugen und deren Bourgeoisie zersplittert, schwach und mit der Knechtseligkeit und Servilität des deutschen Bürgertums des 18. Jahrhunderts behaftet war, schien das Problem zunächst unlösbar. Der niedergehende Feudalismus hatte in den westeuropäischen Ländern ein Erbe in der Form des zentralisierten Staates hinterlassen. Sobald die Bourgeoisie dieser Länder diesen Staat zu ihrem Klasseninstrument gemacht hatte, löste er die Aufgabe der Sicherung des nationalen Marktes im Sinne der „nationalen“ Bourgeoisie. Die deutsche Bourgeoisie aber hatte mehr als drei Dutzend Staaten vor sich, die überwiegend einen ihr klassenfeindlichen Charakter trugen. Die Entwicklung des inneren Marktes, die Beherrschung und Sicherung des nationalen Marktes, war daher abhängig von der Lösung der nationalen Frage Deutschlands überhaupt, in der Endkonsequenz von der Bildung eines nationalen, bürgerlichen Staates.

Damit wird die Frage der Entwicklung eines nationalen Marktes, dessen möglichst weitgehende Monopolisierung für sich gegenüber der Bourgeoisie anderer Nationen zu einer Schicksalsfrage für die deutsche Bourgeoisie, sobald sie als Klasse in Erscheinung tritt. Diese Frage erweist sich aber als untrennbar verbunden mit der Herausbildung eines deutschen Einheitsstaates und ihre vollständige Lösung als abhängig von der Bildung dieses Staates. Mit anderen Worten, die Art und Weise, wie die deutsche politische Einheit sich verwirklicht, mußte den Grad und die Form der Sicherung des nationalen Marktes für die deutsche Bourgeoisie bestimmen. Ebenso aber umgekehrt: In welchem Maße und in welchen Formen es der deutschen Bourgeoisie gelang, ihre ökonomische Hauptforderung durchzusetzen, wurde von entscheidender Bedeutung für die kommende Herstellung der nationalen und staatlichen Einheit. Beide Probleme hängen unlöslich miteinander zusammen, bilden eine Einheit und sie konnten nur miteinander gelöst und abgeschlossen werden.

Die bürgerliche Forderung nach einem nationalen Markt wurde aufgegriffen und politisch realisiert durch die reaktionäre Klasse des damaligen Deutschland, durch die preußischen Junker und ihre Monarchie. Der erste Schritt auf diesem

Wege, der Deutsche Zollverein, war im wesentlichen das Ergebnis preußischer Politik, die auf dem preußischen ökonomischen und politischen Übergewicht in Deutschland als realer Basis beruhte. Indem die preußische Monarchie als Vollstrecker bourgeoiser Klassenziele auftrat, sich ihrer zur Realisierung ihrer politischen Herrschaftspläne bediente, drückte sie von Anfang an jeder Teillösung ihren Stempel, den Stempel des halbfeudalen Junkerstaates auf. Wohl lag die Bildung eines nationalen Marktes, soweit sie unter preußischer Vorherrschaft erfolgte, durchaus im Interesse der preußischen Machtpolitik. An der Sicherung dieses nationalen Marktes für die deutsche Bourgeoisie lag aber der preußischen Junkerkaste und ihrer Regierung sehr wenig. Im Gegenteil, sowohl die unmittelbaren als auch die fernerliegenden Interessen dieser Kaste sprachen unmittelbar dagegen. Ihr unmittelbares ökonomisches Interesse lag in einer Politik des Freihandels, die ihnen die Ausfuhr ihres Getreides, der Schafwolle und von Holz nach England ermöglichte. Eine Handelspolitik, die den übermächtigen Konkurrenten der deutschen Bourgeoisie, die englische Kapitalistenklasse, vom deutschen Markt verdrängt hätte, hätte auch gleichzeitig Vergeltungsmaßnahmen Großbritanniens gegen die Einfuhr der Produkte der ostelbischen Junkerwirtschaft zur Folge gehabt. Daß darüber hinaus den halbfeudalen Junkern ganz allgemein an einem Erstarken der deutschen Bourgeoisie aus wohlverstandenen Klasseninteressen nichts gelegen war, ist offensichtlich.

Lange Zeiträume der Periode bis 1870 sind daher gekennzeichnet von einer hartnäckigen Opposition größerer oder kleinerer Teile der deutschen Bourgeoisie gegen die Tatsache, daß die Art der schrittweisen Verwirklichung der deutschen ökonomischen und politischen Einheit durch Preußen die Erfüllung ökonomischer Forderungen der Bourgeoisie nur soweit zuließ, als diese Erfüllung den junkerlichen Interessen keinen Abbruch tat. Diese Auseinandersetzung trägt einen grundsätzlich anderen Klassencharakter als der wenige Jahrzehnte früher stattfindende Kampf zwischen Schutzzöllern und Freihändlern in England. Dort handelt es sich darum, ein vorhandenes Schutzzollsystem, das zu großen Teilen im Interesse der verbürgerlichten Grundaristokratie bestand, im Interesse der industriellen Großbourgeoisie aufzuheben. In Deutschland war die Frage die Einführung eines Schutzzollsystems zugunsten der weniger entwickelten Teile der industriellen Bourgeoisie gegen die Interessen der halbfeudalen Grundaristokratie. Die englische Bourgeoisie brauchte eine Freihandelspolitik, um ihre industrielle Überlegenheit zur Beherrschung des Weltmarktes auszunützen, besonders die süddeutsche Bourgeoisie brauchte ein Schutzzollsystem, um sich trotz ihrer ökonomischen Schwäche ihren Anteil am nationalen Markt zu sichern.

Die Phase der Auseinandersetzung um eine Schutzzoll- oder Freihandelspolitik hat fast jede bürgerliche Nation durchlaufen. Die deutsche Besonderheit besteht unter anderem auch darin, daß in dieser Frage die deutsche Bourgeoisie keine einheitliche Stellung bezog, gespalten war in regionale Sektionen. Sofern in England zur selben Zeit ein Teil der industriellen Bourgeoisie für die Beibehaltung der Schutzzölle Partei ergriff, tat er es, weil die besondere Lage eines bestimmten Industriezweiges dies vorteilhaft erscheinen ließ, nicht aber weil die besonderen regionalen Interessen der Bourgeoisie in den Midlands oder Wales es erfordert hätten. Anders in Deutschland. Die besondere Situation der süddeutschen Bourgeoisie, die zunächst auf dem ökonomischen Fundament einer nur schwach entwickelten, noch stark im Handwerklichen steckenden Industrie beruhte und daher am meisten aufzuholen hatte, machte sie zum Rufer im Streite gegen die junkerlich bestimmte Handelspolitik. Die preußische Bourgeoisie, die sich überhaupt im Vormärz durch Inaktivität auszeichnete, wie Engels feststellt, stand auch in dieser Frage abseits. Der mäßige Zollschutz, den ihr die niedrigen preußischen und späteren Zollvereins-Tarifsätze boten, genügte diesem ökonomisch entwickeltsten Teil der deutschen kapitalistischen Klasse, um auf dem inneren Markt konkurrenzfähig zu sein.

Diese deutsche Besonderheit der regionalen Aufspaltung der Bourgeoisie zog eine andere Erscheinung als Folge nach sich, die ihre Ursache neben der besonderen Lage der süddeutschen Bourgeoisie in der staatlichen Organisation, besser Desorganisation, Deutschlands hat. In dem Maß, in dem die Bourgeoisie Süddeutschlands Einfluß auf ihre Regierungen gewann, mußten sich diese Regierungen zum Sprecher ihrer Bürgerklasse machen. So kommt es, daß der Gegensatz zwischen der süddeutschen Bourgeoisie und der preußischen Junkerregierung sich auf der staatlichen Ebene als ein Gegensatz Badens, Württembergs und Bayerns auf der einen, Preußens auf der anderen Seite reproduziert. Hier ist der Punkt, wo diese eigentümliche Situation sich noch mehr kompliziert durch die Verflechtung mit dem Kampf um die Hegemonie in Deutschland. Süddeutschland mit Österreich als Anführer gegen Preußen, so lauteten auch die Fronten im Kampf um die Vorherrschaft in Deutschland. Die Auseinandersetzung um ein Schutzzollsystem und Abschaffung der freihändlerischen preußischen Handelspolitik ist gleichzeitig der Kampf gegen die preußische Vorherrschaft im Zollverein und damit seine ökonomische Vorherrschaft in Deutschland, um die Eingliederung Österreichs in den werdenden nationalen Markt und die Schaffung eines protektionistischen Übergewichtes mit Hilfe Österreichs über das protektionsfeindliche junkerliche Preußen. Die Waffen auf seiten Österreichs waren seine protektionistische Handelspolitik, der Druck der ökonomischen Überlegenheit Preußens, den die süddeutschen Staaten auszuhalten hatten und die politische Angst und Abneigung der süddeutschen Bourgeoisie gegenüber Preußen. Was Preußen ins Treffen führen konnte, waren seine günstige geographische Position, die den süddeutschen Ländern den Zugang zum Meer nur über preußisches Gebiet gestattete, der innere Markt des Zollvereins, der inzwischen eine Realität geworden war und die seit Gründung des Zollvereins bei der Bourgeoisie immer mehr verstärkte Überzeugung, daß Preußen trotz aller ihm entgegengebrachten Abneigung eben doch die ökonomische und politische Vormacht Deutschlands sei. In diesem Kampf erwiesen sich die Waffen Preußens als schärfer. Geraume Zeit, bevor die politisch-militärische Entscheidung herangereift war, war sie Anfang der fünfziger Jahre auf ökonomischem Gebiet gefallen. Preußen benützte seine freihändlerische

Politik zu einer Lösung der deutschen Frage, als „... ein spezifisch preußisches Mittel, Österreich aus dem Bund und dem Zollverein herauszudrängen und das neue Deutsche Reich unter Preußens Führung zu konstituieren."[21]
Die ungelöste Frage der Herausbildung eines ganz Deutschland umfassenden Marktes und seiner Sicherung für die Bourgeoisie verflicht sich daher eng mit dem Kampf um die Vorherrschaft in Deutschland und dem Werden der deutschen nationalen und staatlichen Einheit. Sie beherrscht die deutsche Politik im 19. Jahrhundert bis zum Jahre 1870 und ist ein die gesamte kapitalistische Entwicklung, d. h. auch die Entwicklung des inneren Marktes hemmendes Moment. Besonders für die Position der deutschen Bourgeoisie auf den äußeren Märkten hat sich diese innerdeutsche ökonomische und politische Situation negativ ausgewirkt. Die Stellung der deutschen Bourgeoisie auf dem Weltmarkt hing entscheidend davon ab, inwieweit und in welchem Tempo es gelang, die Frage des gesamtdeutschen nationalen Marktes zu lösen und seine Beherrschung durch die deutsche Bourgeoisie zu sichern. Wenn die Entwicklung des inneren und des äußeren Marktes bei aller Verschiedenheit ihrer Funktionen für die kapitalistische Wirtschaft eines Landes, wegen des Zusammenhanges ihrer Genesis theoretisch nicht zu trennen sind, so sind sie es noch weniger im konkreten historischen Ablauf, wie sich am Beispiel Deutschlands zeigt. Eine Darstellung der Entwicklung des deutschen Außenhandels, die den Zusammenhang mit der Entwicklung des nationalen Marktes außer acht läßt, wäre metaphysisch, d. h. losgelöst von den realen, materiellen Gegebenheiten dieser Entwicklung.

[21] Luxemburg, Rosa, Die Akkumulation des Kapitals. Berlin 1913, S. 426.

KAPITEL II

DER AUSWÄRTIGE HANDEL DEUTSCHLANDS IN DER ERSTEN ETAPPE DER BILDUNG EINES NATIONALEN MARKTES (1815—1833)

DER DEUTSCHE AUSSENHANDEL VON DER JAHRHUNDERTWENDE BIS ZUM WIENER KONGRESS

Deutschland nahm um die Wende des 18. zum 19. Jahrhundert wenn auch keine hervorragende, so doch eine durchaus beachtliche Position im Welthandel ein. Es rangierte vor Frankreich auf dem zweiten Platz unter den handeltreibenden Nationen der Erde, die mit weitem Abstand von der einzigen kommerziellen und industriellen Großmacht jener Zeit, England, geführt wurden. Diese Tatsache überrascht zunächst und bedarf einer Erklärung.[22]

Die Rückständigkeit deutscher ökonomischer und politischer Zustände um 1800 ist zu bekannt, als daß sie noch in diesem Zusammenhang eingehender geschildert werden müßte. Aber diese Rückständigkeit ist doch nur eine relative, nämlich nur eine solche gegenüber den meisten westeuropäischen Ländern, in denen bereits bürgerliche Verhältnisse herrschten und die kapitalistische Entwicklung sich bis zu einem gewissen, im einzelnen recht unterschiedlichen Grade vollzogen hatte. Das war der Fall in England, Frankreich und den Niederlanden. Gegenüber diesen Ländern erschien der Stand der deutschen Entwicklung rückständig, noch mit einem Fuß im Mittelalter stehend. Setzt man Deutschland jedoch in Beziehung zu den übrigen europäischen Ländern – die außereuropäischen kommen hier sowieso kaum in Betracht – so ist es offensichtlich, daß es gegenüber Österreich, Rußland und Italien einen wesentlich höheren Stand der kapitalistischen Entwicklung aufwies. Gemessen an dem Maßstab der westeuropäischen Nationen ist Deutschland ein zurückgebliebenes, ökonomisch unterentwickeltes Land, im Vergleich mit den übrigen europäischen Ländern jedoch stellt es einen fortgeschritteneren Typus der Entwicklung dar. Diese Tatsache drückt sich in der Stellung, die der deutsche Außenhandel im gesamten Welthandel einnimmt, in entsprechender Weise aus.

Zum anderen hatte sich im 18. Jahrhundert in einigen Teilen Deutschlands eine industrielle Entwicklung vollzogen, die in ihrer Besonderheit die Herausbildung eines verhältnismäßig umfangreichen Außenhandels bewirkte. Friedrich II. förderte mit den Mitteln merkantilistischer Wirtschaftspolitik, denen durch den preußischen Stock noch mehr Nachdruck verliehen wurde, die Entwicklung

[22] Die übereinstimmenden Angaben von Mulhall und der Enzyklopädie der UdSSR beziffern den Außenhandelsumsatz Deutschlands für das Jahr 1800 auf 730 Mill. Mark, den Frankreichs im gleichen Jahr jedoch mit 482 Mill. Mark.

Mulhall, Michael, G., The Dictionary of Statistics. London 1892. Enzyklopädie der UdSSR, Der Außenhandel. Berlin 1953, S. 9.

bestimmter Industriezweige in einzelnen preußischen Landesteilen. Diese Förderung war jedoch eine einseitige auf den Export gerichtete Politik, der das Fundament einer umfassenden industriellen und kapitalistischen Entwicklung mangelte. Diese Manufakturen – schlesisches Leinen, feine Stahlwaren, Tuche u. a. – waren abhängig von der Ausfuhr ihrer Erzeugnisse, da in den deutschen Ländern auf Grund der Rückständigkeit der Entwicklung eine Nachfrage nach Industriewaren nur in sehr beschränktem Umfange bestand, ganz abgesehen von Aus- und Einfuhrverboten und Prohibitivzöllen der einzelnen deutschen Länder. Der Absatz der Waren dieser künstlich im wesentlichen auf einer halbfeudalen Basis entwickelten Industrien wurde so auf die ausländischen Märkte gedrängt, und der deutsche Außenhandel erscheint damit höher als der Grad der ökonomischen Entwicklung Deutschlands rechtfertigt. Obzwar die Entwicklungsbedingungen in dem zweiten industriell entwickelteren deutschen Land, in Sachsen, andere waren, trifft auch hier dasselbe insofern zu, als die Manufakturwaren infolge der allgemeinen deutschen Zustände auf den Auslandsabsatz angewiesen waren.

Und schließlich noch ein letzter Grund. Die politischen Ereignisse des letzten Viertels des 18. Jahrhunderts hatten den deutschen Außenhandel außerordentlich begünstigt, während sie z. B. für die Ein- und Ausfuhr Frankreichs von sehr nachteiligen Folgen waren. Von großer Bedeutung in diesem Zusammenhang war zunächst der Handelskrieg, der mit dem Unabhängigkeitskampf der nordamerikanischen Kolonien zwischen Frankreich und England ausbrach und den französischen Handel empfindlich störte. Den Nutzen aus dieser Entwicklung zog Deutschland, das nun erstmalig in größerem Umfang als Getreideexporteur auftritt und ebenso die Ausfuhr von Leinen, sächsischen Textilwaren und Stahlwaren wesentlich steigern kann. Ebenso stieg der Handel der deutschen Nordseehäfen bedeutend an, besonders der Hamburgs, das schon vorher durch den Siebenjährigen Krieg und den Warenimport aus England für die kriegführenden Armeen profitiert hatte. Sie führten infolge des Krieges nicht nur deutsche Produkte, sondern auch französische, schweizerische und italienische Erzeugnisse aus bzw. importierten Waren für diese Länder. Diese gesamte Entwicklung kam zu einem Kulminationspunkt nach dem Ausbruch der Großen Französischen Revolution. Englands Antijakobinerkriege trafen den westeuropäischen Handel, nicht nur den Frankreichs, schwer. Das Zentrum des kontinentaleuropäischen Welthandels verschob sich aus Westeuropa nach Deutschland, d. h. im besondern nach den deutschen Nordseehäfen. Hamburg und Bremen wurden die europäischen Haupthandelsplätze, da die französischen und niederländischen Häfen durch die englische Blockade abgeschnürt wurden.

Spielten so die deutschen Nordseehäfen die Rolle des Tors zum Welthandel für den Kontinent, so stieg andererseits auch erheblich die Ausfuhr deutscher Produkte bzw. die Einfuhr für deutschen Bedarf. Die Ausfuhr von Getreide und Holz nach England, von Textilerzeugnissen einschließlich Leinen – um nur die hervorstechendsten Waren zu nennen – nach Übersee stieg enorm, während sich gleichzeitig die Einfuhr von Rohmaterialien zu industrieller Verarbeitung und von Kolonialwaren gewaltig hob. Deutschland war innerhalb einer verhältnismäßig kurzen Zeit zum Nutznießer der politischen Auseinandersetzungen zwischen den beiden führenden westeuropäischen Nationen geworden.

Es sind hauptsächlich diese drei angeführten Gründe, die bewirken, daß Deutschland in die vorderste Reihe der Handel treibenden Nationen rückt. Aber diese hervorragende Position kann nicht darüber hinwegtäuschen, daß sie das Ergebnis des Zusammenwirkens von besonderen, zum Teil nur zeitweilig wirksamen Faktoren ist und keine wirkliche Grundlage in einer entwickelten kapitalistischen Warenproduktion und -zirkulation hat. Der deutsche Außenhandel um 1800 ist aufgebläht, teilweise durch die deutschen, teilweise durch die internationalen Verhältnisse, während der Außenhandel Frankreichs durch dieselben Umstände, die Deutschland zugute kamen, beschränkt wird. Der Umfang des deutschen Außenhandels täuscht eine kapitalistische Entwicklung vor, die in Wirklichkeit noch nicht vorhanden war, während die Ein- und Ausfuhr Frankreichs durchaus nicht den damals vorhandenen potentiellen Fähigkeiten und den durch den Grad der Entwicklung bedingten Notwendigkeiten der Teilnahme am internationalen Warenaustausch entspricht.

Daß der Umfang des deutschen Außenhandels die Folge einer ausgesprochenen Kriegskonjunktur war, zeigte sich sofort 1802, nach Abschluß des Friedens von Amiens zwischen Großbritannien und Frankreich. Der nur kurz währende Friede zwischen diesen beiden Staaten reduzierte den Handel Deutschlands auf ein normales Maß, ohne den ausgedehnten, der Kriegführung geschuldeten Zwischenhandel der Hansestädte. Jedoch drückte sich nunmehr die durch die politischen Verhältnisse Europas im letzten Viertel des 18. Jahrhunderts begünstigte ökonomische Entwicklung Deutschlands auch in einem gegen früher erheblich vergrößerten Handel mit eigenen Erzeugnissen und einer erhöhten Einfuhr für den eigenen Bedarf aus. Besonders ist die Steigerung der Getreideausfuhr aus Norddeutschland und den ostelbischen Gebieten nach England, Spanien und Portugal und die erweiterte Leinenausfuhr hervorzuheben; andererseits aber hatte auch die Einfuhr englischer Manufakturwaren erheblich zugenommen. Insgesamt dürfte jedoch in dieser Periode der französische Außenhandel, von den Fesseln des Krieges befreit, den deutschen überflügelt haben und damit eine gerechtere Relation, entsprechend dem Stand der kapitalistischen Entwicklung, in der Position der beiden Länder im Welthandel hergestellt worden sein.

Der Friede von Amiens bedeutete jedoch nur eine kurze Unterbrechung der Feindseligkeiten zwischen Großbritannien und Frankreich. Der nunmehr wieder aufgeflammte Krieg fand erst 1814 sein Ende und beeinflußte die gesamte wirtschaftliche Entwicklung Deutschlands, aber auch die des Welthandels erheblich. Bereits 1803 wurde dem deutschen Handel der erste Schlag zugefügt durch die französische Besetzung Hannovers und die Sperrung der Weser- und Elbemündung für die fremde Schiffahrt. Die Antwort darauf war die englische Blockade dieser Flußmündungen. Was danach vom Nordseehandel noch übrig blieb, verlagerte sich aus Hamburg und Bremen in andere deutsche Häfen unter erheblich verschlechterten Bedingungen.

Das war aber nur ein Vorspiel. Am 21. November 1806 wurde durch ein Dekret Napoleons jeglicher Handel und brieflicher Verkehr mit England verboten, eine Maßnahme, die 1807 von den Engländern mit der Blockade der ihnen versperrten Häfen beantwortet wurde. Die Kontinentalsperre hatte eingesetzt, und trotz mancher Schlupflöcher, die die wechselnden Bestimmungen der beiden Gegner boten, reduzierte sie den Außenhandel der davon in Mitleidenschaft gezogenen Länder erheblich. Selbst wenn man den nunmehr sich blühend entfaltenden Schleichhandel mit einbezieht, war der Abbruch, den die Kontinentalsperre dem deutschen Handel im allgemeinen tat, enorm. Von einem deutschen Außenhandel im eigentlichen Sinne des Wortes kann man in der Periode von 1806 bis 1814 kaum sprechen. Einmal vollzog sich die Ausfuhr von Waren aus Deutschland unter der französischen Besetzung nach 1806 vielfach nicht in den Formen des regulären kapitalistischen Handels, sondern umfaßte zum großen Teil requirierte, geplünderte und geraubte Güter. Die Aussaugung Deutschlands ersetzte zum Teil die Notwendigkeit des Güteraustausches. Zum anderen reduzierte der Zwang zur Verpflegung der französischen Armeen auf deutschem Boden die Exportfähigkeit Deutschlands erheblich, für die die Ausfuhr landwirtschaftlicher Erzeugnisse eine erstrangige Bedeutung hatte. Der deutsche Export beschränkte sich durch die Kontinentalsperre sowieso nur auf das europäische Festland, und hier wurde er durch die eben erwähnten Faktoren auf ein Minimum herabgedrückt. Schließlich aber war Deutschland als ein politischer, aber auch handelspolitischer Begriff durch die territorialen Veränderungen und die Grenzziehungen, die im Verlauf der Napoleonischen Kriege vorgenommen wurden, verschwunden. Die Staatengründungen und Annektionen Napoleons in Westdeutschland schufen zeitweise ein französisches Zollgebiet, das von den Pyrenäen bis Lübeck reichte. Große Teile Deutschlands, nämlich alle Frankreich unmittelbar einverleibten Gebiete, entwickelten sich während dieser Jahre im Rahmen des französischen inneren Marktes. Ihr Handelsverkehr mit Frankreich unterlag keinen Beschränkungen, während sie durch die recht hohen französischen Zölle von den übrigen, mehr oder weniger nominell selbständigen Gebieten faktisch abgeschnürt wurden. Der rege Warenaustausch jener Gebiete mit Frankreich hat unter diesen Bedingungen aber aufgehört, deutscher Außenhandel zu sein und ist zu einem Bestandteil des Binnenhandels des Napoleonischen Kaiserreiches geworden.

Die zweite Gruppe deutscher Gebietsteile, denen eine formale Selbständigkeit belassen worden war, der Rheinbund einschließlich des Königreichs Westfalen und des Muratschen Großherzogtums Berg, ließ die Zolltarife und Verkehrsbeschränkungen zwischen den einzelnen Staaten bestehen, stand andererseits durch die auferlegte Freiheit der Einfuhr für französische Waren deren Einströmen absolut offen. Dagegen blieben aber die Zölle gegen die noch zu Preußen gehörigen deutschen Gebiete. Sie stellten also in ihren Handelsbeziehungen ebenso wie politisch ein französisches Protektorat dar, in dem sich Frankreich den ungehinderten Absatz seiner eigenen Waren sicherte und sich gleichzeitig jede andere Konkurrenz fernhielt.

Und schließlich existierte als dritter Gebietskomplex Rumpf-Preußen, wie es nach dem Frieden von Tilsit geschaffen worden war. Hier hatte sich das friedericianische System der Einfuhrbeschränkungen und Verbote unverändert in den Zoll- und Akzisevorschriften der einzelnen Provinzen erhalten. Obzwar die Einsicht in die Unmöglichkeit der Aufrechterhaltung dieses Systems allgemein war, konnte man sich doch nicht zu einer vereinheitlichenden Reform durchringen. Ebenso wie Preußen nach der Schlacht bei Jena und Auerstedt politisch ein Torso war, blieb es auch in dieser Hinsicht zerfallen und unfähig, eine wirkliche Reform durchzuführen. In verschiedenen preußischen Landesteilen blieb dazu auch noch der von den Franzosen während der Besetzung im März 1807 eingeführte sogenannte Estèvesche Zolltarif neben den alten Akzisevorschriften bestehen, was die Sache noch bunter machte.

Alle drei Länderkomplexe waren in die Kontinentalsperre einbezogen, so daß überall ein beträchtlicher Teil der Einfuhr durch den Schmuggel englischer Waren besorgt wurde. Der Umfang des Schmuggels ist jedoch in den einzelnen Gebieten sehr unterschiedlich. In den von Frankreich direkt annektierten Gebieten nimmt er keinen allzu großen Umfang an auf Grund der strengen Grenzbewachung, er spielt eine bedeutendere Rolle in den preußischen Ostseeprovinzen und erreicht enorme Ausmaße in den Nordseegebieten, begünstigt dadurch, daß die Engländer auf Helgoland ein Depot englischer Schmuggelwaren anlegten.

Das territoriale, politische und wirtschaftspolitische Auseinanderfallen Deutschlands in drei Ländergruppen, von denen eine Bestandteil eines fremden Staates wurde, und innerhalb der anderen beiden innere Zölle und Übergangsgebühren weiter bestanden, die Absperrung des Kontinents von der übrigen Welt, die weitgehende Ersetzung des legalen Handels durch den Schmuggel und schließlich die bedenkenlose und brutale Ausplünderung weiter Gebiete Deutschlands, wobei an Stelle der Ausfuhr deutscher Handelswaren der Abtransport der requirierten Produkte trat – das sind die Hauptgründe, warum man in dieser Zeit von einem deutschen Außenhandel nicht einmal begrifflich sprechen kann. Als nach Beendigung der Befreiungskriege ein Außenhandel wieder möglich wurde, wurde er es nicht nur unter neuen, gänzlich veränderten Bedingungen, sondern er konnte auch so gut wie kein Erbe aus früherer Zeit übernehmen.

Vernichteten die napoleonischen Eroberungen und die sie begleitende Kontinentalsperre den deutschen Außenhandel fast vollständig, so gestalteten sie doch andererseits weitgehend die ökonomische Grundlage für den deutschen Handel mit dem Ausland in der nachfolgenden Zeit. Die an Frankreich angeschlossenen linksrheinischen Gebiete blühten industriell in kürzester Frist gewaltig auf. Einerseits geschützt vor der englischen Konkurrenz, andererseits einem großen nationalen Markt erstmalig angeschlossen, entwickelten sich besonders die Tuchwebereien und die Metallindustrie im Aachener, Krefelder und Saargebiet.

Obwohl das eigentliche Ruhrgebiet zum Rheinbund gehörte und daher dem Import französischer Waren offenstand, trat auch hier ein großer Aufschwung ein, da die Eisen- und Stahlerzeugung dieser Gebiete gleichfalls gegen die englische Konkurrenz geschützt war. Von besonderer Bedeutung für die künftige Entwicklung war hierbei, daß diese neu aufblühenden Industrien nach Lage der Dinge von Anfang an auf fremde Märkte orientiert waren, ihren Absatz zunächst hauptsächlich in Frankreich und den Niederlanden fanden, und daher unter veränderten politischen Verhältnissen von ihnen ein starker Anstoß für einen deutschen Außenhandel ausgehen mußte.

Dasselbe trifft zu auf Sachsen und Thüringen. Die Baumwollindustrie Sachsens beginnt in dieser Periode sich von der Hausindustrie zum Fabriksystem zu entwickeln, unter Anwendung – Zeichen der Zeit – geschmuggelter englischer Maschinen. Der Umfang der sächsischen Textilindustrie und der Waffenerzeugung in Thüringen stieg so, daß die erstere trotz der hohen Zollmauern nach Frankreich exportierte und die letztere zu einem bedeutenden Lieferanten für den nie endenden Bedarf der ewig marschierenden Heere Napoleons wurde.

Damit sind aber auch die wesentlichen industriellen Entwicklungen in den von Frankreich annektierten Gebieten und den Rheinbundstaaten erschöpft. Im nordwestlichen Deutschland, dem damaligen Königreich Westfalen, Hessen und den anderen Gebieten des westlichen Teils der norddeutschen Tiefebene beschränkte sich die Wirkung der napoleonischen Handelspolitik im wesentlichen auf die verstärkte Produktion von solchen Lebensmitteln und Genußgütern, deren Einfuhr aus Übersee nunmehr ausblieb bzw. auf die Produktion von Ersatzmitteln. Wenn auch eines dieser Ersatzmittel, der Rübenzucker, Jahrzehnte später zu einem bedeutenden deutschen Ausfuhrartikel wurde, und seine Produktion die deutsche Rohrzuckereinfuhr schon vorher graduell reduzierte, so ist im großen und ganzen in diesen Gebieten keine Industrie entstanden, die in der folgenden Periode als Grundlage des deutschen Außenhandels diente. Ebenso war die industrielle Entwicklung Süddeutschlands unbedeutend und kam über Ansätze in der Woll- und Metallfabrikation nicht hinaus, während in diesen Gebieten andererseits die Leinenweberei, die vornehmlich Hausindustrie war, zurückging.

Von eindeutig negativer Wirkung war die Wirtschafts- und Handelspolitik Napoleons auf die ostelbischen Gebiete, das Rest-Preußen des Tilsiter Friedens. Die Getreideausfuhr Ostpreußens wurde faktisch unterbunden, die Tuchindustrie in Brandenburg, die Seidenweberei Berlins zum Teil vernichtet und die schlesische Leinenmanufaktur erhielt einen schweren Schlag. Hinzu kam die Tatsache, daß diese Gebiete wiederholt Aufmarsch- und Rückzugsgebiete waren, und besonders Schlesien wurde durch den Krieg von 1813 hart in Mitleidenschaft gezogen. Insgesamt hat die Periode von 1800 bis 1815 in diesen Gebieten – ausgenommen Oberschlesien – nicht nur keine neuen industriellen Grundlagen für den deutschen Außenhandel gelegt, sondern bestehende Industrien empfindlich getroffen und zunächst dazu beigetragen, den von der halbfeudalen Junkerwirtschaft bestimmten Charakter des Gebietes noch mehr zu betonen. Die Landwirtschaft bestimmt daher auch in der Folgezeit den Charakter des Außenhandels dieser Gebiete.

Wenn man die Hinterlassenschaft der napoleonischen Ära auf ökonomischem Gebiet im allgemeinen und den Außenhandel im besonderen in Deutschland zusammengefaßt betrachtet, so muß man demgemäß feststellen, daß die Wirkung in den einzelnen Teilen Deutschlands recht unterschiedlich war, und bereits bestehende Verschiedenheiten zwischen der Entwicklung in Westdeutschland und den ostelbischen Gebieten noch vertieft wurden. Der Außenhandel Deutschlands wird zum großen Teil vernichtet, gleichzeitig aber werden in den unmittelbar annektierten Gebieten intensive Handelsbeziehungen zu ausländischen Märkten durch die Einbeziehung in das französische Wirtschafts- und Zollgebiet geschaffen. Deutschland wird wirtschaftlich ausgesogen und geplündert, seine alten, auf den Auslandsabsatz orientierten Gewerbe schwer getroffen, zum Teil vernichtet; zur selben Zeit aber entwickeln sich die Exportindustrien von morgen, durch die Kontinentalsperre von der englischen Konkurrenz geschützt, auf einer wesentlich moderneren Grundlage als die Manufakturen und die Hausindustrie, die bis dahin das Rückgrat des deutschen Außenhandels bildeten. Nicht nur neue Industrien entstanden und alte Industriezweige erweiterten sich, sondern sie lösten sich von ihrer halbfeudalen Grundlage und stellten sich auf die Basis des Fabriksystems und der kapitalistischen Lohnarbeit. Es war nicht nur eine der Quantität und der Qualität ihrer Erzeugnisse nach andere Industrie, die am Ende der Befreiungskriege vorhanden war, sondern sie war eine andere vor allem ihrer gesellschaftlichen Qualität nach. Der Durchbruch der kapitalistischen Industrieproduktion hatte eingesetzt.

Dabei darf man natürlich nicht vergessen, daß nicht nur diese Entwicklungen, sondern die durch die Französische Revolution und die Napoleonischen Kriege auf politischem Gebiet ausgelösten Ereignisse von entscheidender Bedeutung für den künftigen deutschen Außenhandel waren. Der Reichsdeputationshauptschluß von 1803 hatte zwar nur die schlimmsten Auswüchse der Kleinstaaterei beseitigt, aber doch die Zahl der „souveränen" deutschen Staaten und damit die der Handels- und Zollgrenzen erheblich reduziert. Die Stein-Hardenbergschen Reformen waren u. a. auch der Auftakt zur intensivsten Periode der ursprünglichen Akkumulation in Deutschland und damit zur Bildung einer zahlenmäßig bedeutenden Klasse freier Lohnarbeiter. In den annektierten Gebieten waren die Feudallasten nicht abgelöst, sondern aufgehoben und damit der Weg zu einer kapitalistischen Entwicklung freigemacht worden. Das alles bewirkte, daß nach 1815 nunmehr der Außenhandel in erweitertem Umfange zu einer Notwendigkeit für die kapitalistisch produzierende Industrie und für die Marktgetreide erzeugende junkerliche Gutswirtschaft wurde. Aus einem fiskalischen Erfordernis, einer Melkkuh der feudal-bürokratischen Staaten, wurde er zu einer unerläßlichen Bedingung der sich kapitalistisch entwickelnden deutschen Wirtschaft.

Der Zusammenbruch des europäischen Staatensystems Napoleons nach seinem russischen Feldzug und der Schlacht bei Leipzig änderte mit einem Schlage die gesamte deutsche Außenhandelssituation. Am 20. März 1813 wurden die preußischen Häfen für die Einfuhr englischer Waren geöffnet und die Kontinentalsperre damit aufgehoben. Im Zusammenhang mit dieser Maßnahme taucht erstmalig der Gedanke eines einheitlichen deutschen Zolltarifs zunächst für die Nord- und Ostseeküste auf — ein Vorschlag, den der Freiherr vom Stein in einer Denkschrift an den Zaren vom 16. März 1813 machte. Stein widmete auch in der Folge dieser Frage große Aufmerksamkeit. Er behandelt sie in zwei weiteren Denkschriften vom August 1813 und März 1814, und zwar hier schon in der entwickelteren Form eines einheitlichen Zolltarifs für alle deutschen Grenzen und Aufhebung aller Binnenzölle. Als aber Stein am 28. März 1814 die Erhebung des preußischen „Kriegsimposts" als einheitlichen deutschen Küstenzoll im Nord- und Ostseegebiet anordnete, weigerten sich die deutschen Küstenländer, allen voran die Hansastädte, ihn einzuführen, und Stein mußte kapitulieren. Der Versuch, schon vor der Wiener Konferenz via facti ein einheitliches deutsches Zollgebiet wenigstens in seinen Anfängen zu schaffen, war damit gescheitert.

Die Friedenskonferenz selbst, der Wiener Kongreß, war zu einem wesentlichen Teil beherrscht von dem Bestreben der kleinen deutschen Dynastien, ihre Existenz und „Souveränität" zu retten, während die Mittelstaaten und Preußen nach jedem Landfetzen, der sich ihnen als mögliche Beute zeigte, gierig schnappten. Für die europäischen Großmächte war jedoch der Grundsatz, die politische Landkarte Deutschlands so buntscheckig wie nur möglich zu konservieren, oberste Maxime. Der Sieg des deutschen Volkes über Napoleon, Resultat seines Kampfes um Einheit und Freiheit, wurde die Grundlage für die völkerrechtliche Konstituierung der deutschen Zerrissenheit durch die deutschen Dynastien und die europäischen Großmächte während des Wiener Kongresses. Begraben wurden die Ideale eines neuen, im Blute der Befreiungskriege geborenen Deutschland, mit dem so lange hausiert wurde, als die Kraft des Volkes gegen Napoleon gebraucht wurde.

Was übrig blieb, war europäische Machtpolitik weitgehend auf Kosten Deutschlands und Politikasterei der deutschen Mittel- und Kleinfürsten mit dem Ziel, nicht geschluckt zu werden, sondern möglichst viel selber zu schlucken.

Es ist selbstverständlich, daß unter diesen Umständen die Fragen einer deutschen Handelspolitik als Basis eines künftigen deutschen Außenhandels überhaupt nicht und die Schaffung eines inneren deutschen Marktes nur als von drittrangiger Bedeutung behandelt wurden. Jede ernsthafte Behandlung einer dieser Fragen hätte ja eine Verletzung des Grundsatzes der möglichst restlosen Zerstückelung Deutschlands bedeutet, hätte das Eingehen auf wenn auch nur ein winziges Stückchen einer Konzeption deutscher Gemeinsamkeit bedeutet. Das aber war dort, wo jeder gewissermaßen von der deutschen Zersplitterung lebte, unmöglich.

Am übelsten dran bei der vom Wiener Kongreß zunächst beabsichtigten und dann auch getroffenen Regelung war Preußen. Nebst Sachsen war es der einzige deutsche Staat mit einer bedeutenden Industrie, besonders durch die neuerworbenen rheinischen Landesteile, und ebenso deshalb wie auch wegen der

Getreideausfuhr aus den altpreußischen Gebieten abhängig von einem entwickelten Außenhandel. Zum Unterschied von Sachsen wurde es jedoch durch seine territoriale Zerrissenheit und die Verschiedenartigkeit des ökonomischen Entwicklungsstandes seiner Provinzen spürbar gehemmt. Andererseits war nirgends in Deutschland der Gedanke der deutschen Einheit so tief im Volke verwurzelt, hatte das Volk so große Opfer für die Befreiung gebracht wie in Preußen, so daß der Widerhall dieser Volksstimmung bis selbst in den Spitzen der Regierung zu spüren war. Der einzige schüchterne Anstoß zu einer gesamtdeutschen Regelung der Fragen des Handels geht daher auch von Hardenberg, dem preußischen Staatskanzler, aus, der 1814 Metternich vorschlug zu versuchen, u. a.

> „... eine zweckmäßige Regulierung der Zölle, ... Beförderung und Erleichterung des Handels und wechselseitigen Verkehrs ...“[23]

herzustellen. Für Metternich roch das allerdings noch viel zu sehr nach deutscher Einheit, ebenso wie es für einige deutsche Monarchen zu sehr nach Beschränkung ihrer Souveränität roch. Im Artikel 19 der Wiener Bundesakte findet sich daher nur der absolut nichtssagende Satz:

> „Die Bundesglieder behalten sich vor, bey der ersten Zusammenkunft der Bundesversammlung in Frankfurt, wegen des Handels und Verkehrs zwischen den verschiedenen Bundesstaaten, sowie wegen der Schifffahrt nach Anleitung der auf dem Congreß zu Wien angenommenen Grundsätze in Berathung zu treten.“[24]

Der Deutsche Bund war daher wie in politischer und wirtschaftlicher Hinsicht im allgemeinen, so auch in handelspolitischer Hinsicht auf der uneingeschränkten Souveränität der deutschen Länder aufgebaut und machte sie damit zum ohnmächtigen Objekt der Handelspolitik fremder Staaten. Genau das war allerdings das Ziel der europäischen Mächte, im besonderen Englands, und die deutschen Fürsten ermöglichten die Erreichung dieses Zieles durch ihren Länderschacher.

Im Ergebnis der Napoleonischen Kriege entstand also für Deutschland ein Zustand, gekennzeichnet durch die stark in einzelnen Gebieten vorangetriebene kapitalistische und industrielle Entwicklung und die damit verbundene Fähigkeit und Notwendigkeit eines vergrößerten Außenhandels, während die politischen Verhältnisse dieser Entwicklung in keiner Weise entsprachen. Der Außenhandel ist zunächst die Summe der voneinander isolierten Außenhandelsbeziehungen von 38 deutschen Ländern und Ländchen, die jedes für sich einen geschlossenen inneren Markt darstellten oder zumindest darzustellen strebten und ebenso isoliert den großen Handelsnationen der Welt als Handelspartner gegenübertraten, d. h. genauer gesagt, ihnen ausgeliefert waren.

[23] Zimmermann, A., Geschichte der preußisch-deutschen Handelspolitik. Oldenburg und Leipzig 1892, S. 9.

[24] Klüber, Akten des Wiener Kongresses. Erlangen 1817, Heft 11, S. 613.

DIE ÖKONOMISCHEN UND POLITISCHEN GRUNDLAGEN FÜR DIE BILDUNG DES DEUTSCHEN ZOLLVEREINS

Die ökonomische Entwicklung war nach 1815 in den einzelnen deutschen Ländern uneinheitlich, weist vielfach entgegengesetzte Tendenzen auf und wird in der ganzen Periode bis 1833 durch innere und äußere Ursachen gehemmt. In diesem Zusammenhang interessieren nur die Faktoren, die von maßgeblichem Einfluß auf die Entfaltung und die Struktur des deutschen Außenhandels sind.

Was die Entwicklung der kapitalistischen Produktion angeht, so trifft auf sie besonders die Feststellung der Uneinheitlichkeit und Unterschiedlichkeit zu. Die im vorhergehenden behandelte Verschiedenartigkeit der Entwicklungsbedingungen in der napoleonischen Zeit hatte zu erheblichen territorialen Differenzen im Grad der kapitalistischen und industriellen Entwicklung geführt. Die durch den Wiener Kongreß festgelegten Grenzziehungen zerstörten nun vielfach die unter der Napoleonischen Herrschaft geschaffenen Bedingungen, die die Grundlagen des Erstarkens und Aufblühens von kapitalistischer Industrie und Handel in bestimmten Gebieten waren und setzten neue an ihre Stelle. Es kam daher zunächst vielerorts zu Niedergangserscheinungen der Industrie, besonders in den linksrheinischen, vordem französischen Gebieten, denen der Markt entzogen und die englische und später auch französische Konkurrenz auf den Hals gehetzt wurde. Jedoch konnte in diesen Gebieten die industrielle Entwicklung zwar zeitweise gehemmt, aber auf längere Sicht gesehen, nicht mehr aufgehalten werden. Die deutsche Industrie auf beiden Seiten des Rheins entwickelt sich insgesamt nach Überwindung der anfänglichen Schwierigkeiten bedeutend, und die Anfänge der Herausbildung einer Großindustrie in der Eisen-, Stahl- und in der Textilfabrikation zeigen sich. Besonders am linken Rheinufer hatte das französische Konzessionssystem die Konzentration kleinerer Unternehmungen bewirkt, und erstmalig tauchen die Namen der großen Industriekapitalisten des 19. Jahrhunderts, wie Stumm und Röchling, auf.[25]

Auch in Teilen des übrigen Deutschlands geht eine beachtliche industrielle Entwicklung vor sich. Sie ist jedoch auch jetzt, wie vordem, auf bestimmte preußische Provinzen und das damalige Königreich Sachsen beschränkt. In Oberschlesien hatten die unter Friedrich II. errichteten staatlichen Eisen- und Stahlhütten durch die Kontinentalsperre erheblichen Auftrieb erhalten, und auch die privatkapitalistischen Unternehmen in der Schwerindustrie, deren Eigen-

[25] v. Waltershausen, A. Sartorius, Deutsche Wirtschaftsgeschichte 1815–1914. Jena 1923, S. 43.

tümer überwiegend dem schlesischen Adel angehörten, sich entwickelt.[26] Das vergrößerte Preußen mit seiner vor sich gehenden industriellen Entwicklung gab auch in den folgenden Jahren zusammen mit der vor Konkurrenz weitgehend schützenden geographischen Lage eine verhältnismäßige stabile Basis für diese Industrie ab. Ebenso entwickelte sich die Textilfabrikation in anderen Teilen Preußens, in Berlin, Brandenburg und in der Kottbuser Gegend, wobei hier besonders der Übergang von der Hausindustrie zur kapitalistisch betriebenen Fabrikproduktion entscheidende Bedeutung besaß. Gleicherweise kamen eine Reihe neuer, fabrikmäßig betriebener Industriezweige in Preußen auf oder entwickelten sich aus ersten Anfängen weiter, wie die Papier-, Leder- und Glaserzeugung. Hingegen verfiel der früher für den Export wichtigste deutsche Industriezweig, die schlesische Leinenindustrie, immer mehr unter den Absatzbeschränkungen und angesichts der ausländischen Konkurrenz (wobei allerdings noch eine Reihe anderer Ursachen eine wesentliche Bedeutung haben). Insgesamt machte die Industrie Preußens jedoch eine rasche Entwicklung durch, die sich hauptsächlich in den rheinischen Provinzen, in Oberschlesien und in Berlin und der Lausitz konzentrierte. Durch Struktur, geographische Lage und vor allem durch die geringe kapitalistische Entwicklung Deutschlands und die deutschen staatlichen Verhältnisse war diese Industrie sehr stark vom Außenhandel abhängig.

Eine rasche Entwicklung der Industrie ging auch in Sachsen vor sich. Die sächsische Industrie war in noch stärkerem Maße als die preußische auf den Absatz ihrer Erzeugnisse im Ausland angewiesen und ebenso abhängig von der Zufuhr ausländischer Baumwolle. Die Nachteile, unter denen sie auf Grund der deutschen Verhältnisse gegenüber den ausländischen Konkurrenten litt, glich sie durch niedrige Löhne aus, die im allgemeinen sogar noch unter denen in Preußen lagen.[27]

Im übrigen Deutschland vollzog sich jedoch während dieser gesamten Periode keine industrielle Entwicklung in größerem Ausmaß. Hier und da Ansätze, vielfach auf örtlichen Rohstoffen beruhend und daher durch deren Anfall von vornherein in ihrer Entwicklung begrenzt, von der ausländischen und preußischen Konkurrenz niedergehalten – das ist das Bild in Deutschland südlich der Mainlinie, ebenso wie im nichtpreußischen Nordwestdeutschland, in Hannover, Oldenburg und Braunschweig. Das industrielle Übergewicht Preußens, geschaffen durch die Grenzlinien des Wiener Kongresses, wurde daher in diesen Jahren noch betonter. Zur territorialen und machtmäßigen Überlegenheit gesellte sich nunmehr in steigendem Maße auch die ökonomische, die zu Beginn des Jahrhunderts zwar vorhanden war, sich aber innerhalb mäßiger Grenzen hielt.

[26] Es scheint dies überhaupt der einzige Fall innerhalb der Grenzen des späteren Deutschen Reiches zu sein, wo die Verwandlung ehemaliger feudaler Grundbesitzer in industrielle Großkapitalisten sich in einem erheblichen Ausmaß vollzogen hat. Der schlesische Adel stellte bekanntlich bis zur Zerschlagung des deutschen Imperialismus im Jahre 1945 eine ganze Reihe Namen innerhalb der deutschen großkapitalistischen Industrie.

[27] Marx-Engels-Lenin-Stalin, Zur deutschen Geschichte. Berlin 1953, Bd. I, S. 546.

Und es wird sich zeigen, wie beide, die territoriale und die ökonomische Überlegenheit, sehr bald von Preußen in die Waagschale geworfen wurden zur Vorbereitung seiner politischen Vorherrschaft.

Auch die deutsche agrarische Produktion erlebte zunächst einen Aufschwung unter dem Einfluß der nach Aufhebung der Kontinentalsperre wieder in Gang kommenden Getreideausfuhr nach England. Dies kam besonders den preußischen Ostprovinzen zugute, jedoch auch Hannover, Oldenburg und Holstein zogen hieraus und aus dem Export sonstiger landwirtschaftlicher Produkte Nutzen. Sehr bald jedoch geriet die deutsche Landwirtschaft, soweit sie auf dem Getreideanbau beruhte, in eine schwierige Lage. Steigende Ernten, verursacht durch eine Aufeinanderfolge guter Jahre und durch bessere Bewirtschaftung des Bodens, wurden nicht ergänzt durch erhöhte Ausfuhrmöglichkeiten. Im Gegenteil: die englischen Corn-laws, die zwar schon vorher bestanden, aber praktisch bedeutungslos waren, wurden jetzt bei sinkenden Getreidepreisen in England wirksam, und England hörte infolge eigener guter Ernten für einige Zeit auf, ein Getreideeinfuhrland zu sein. Abgesehen von den ersten Jahren nach dem Friedensschluß ist die Landwirtschaft daher bis Anfang der dreißiger Jahre in einer schwierigen Situation und findet keinen Absatz für ihr Getreide, da außer England auch andere Staaten Getreidezölle einführen. In einer besseren Situation ist die süddeutsche Landwirtschaft, die, in ungleich stärkerem Maße auf der Viehwirtschaft beruhend, für ihre im Land nicht absetzbaren Waren Auslandsmärkte, hauptsächlich in Frankreich, findet. Fast überall in Deutschland macht jedoch die Landwirtschaft erhebliche Fortschritte – die die Grundlage schaffen für eine erhöhte Ausfuhr, sobald sich durch die Handelsgesetzgebung anderer Länder die Möglichkeit dazu ergibt. Aber auch in der Landwirtschaft sehen wir eine recht unterschiedliche Entwicklung der einzelnen deutschen Gebiete, wobei im allgemeinen der Norden große Schwierigkeiten zu überwinden hat, während die süddeutschen Länder in einer günstigeren Situation sind.

Die deutsche ökonomische Entwicklung von 1815 bis 1833 war keine stürmische, aber sie war rascher als in einer vorangegangenen Wirtschaftsepoche. Das kapitalistische Gesicht Deutschlands beginnt sich deutlich zu formen, und um so spürbarer werden die Hemmnisse, die sich seiner stärkeren Beteiligung am Welthandel entgegenstellten. Der Auslandshandel, bis zur Jahrhundertwende eine fiskalische Notwendigkeit, war jetzt zu einer kapitalistischen Notwendigkeit geworden. Alle die Faktoren, die den Außenhandel zu einem unabdingbaren Bestandteil jeder kapitalistischen Wirtschaft machen, waren bereits in mehr oder weniger rudimentärer Form vorhanden und begannen zu wirken. Sie drängten mit steigender Intensität zur Entwicklung des auswärtigen Handels auf der Basis der zwischen kapitalistischen Ländern eigentümlichen Wirtschaftsbeziehungen. Zwei Hindernisse stellten sich hauptsächlich in den Weg: Die Handelspolitik der europäischen Staaten und das Fehlen eines nationalen Marktes, der den Zusammenschluß der deutschen Länder zu einem Wirtschaftsgebiet voraussetzte. Und es wurde immer klarer, daß das erste Hindernis nur nach der vorherigen Wegräumung des zweiten zu beseitigen ist, daß die Durchsetzung der Interessen der deutschen Industrie- und Handelsbourgeoisie auf dem Weltmarkt die Herstellung eines deutschen handelspolitischen Verbandes voraussetzt, eines Zusammenschlusses deutscher Staaten, der, wenn auch nicht ein gleichberechtigter, so doch wenigstens beachteter Partner für die anderen kapitalistischen Nationen sein mußte.

Die großen europäischen Länder waren zu jener Zeit sämtlich dem Schutzzoll, ja teilweise Prohibitivzöllen verschrieben. Ob Österreich oder Frankreich, ob Rußland oder England, – alle hatten sie Zolltarife, die eine Erschwerung oder gar Verhinderung der Einfuhr bewirkten. Dabei waren sie alle in einer Lage, in der sich diese Zollmauern als ein Mittel der Entwicklung ihrer nationalen Wirtschaft erwiesen hatten. Aber bei der fortgeschrittensten kapitalistischen Nation, den Engländern, zeigten sich bereits starke Widerstände gegen die protektionistische Politik, hauptsächlich ausgehend von der industriellen Bourgeoisie und hier wiederum von jenen Teilen, deren Betriebe auf Grund ihrer technischen Überlegenheit keine ernsthafte ausländische Konkurrenz zu fürchten hatten, was im wesentlichen bei den neuen Produktionen der Fall war. Es war daher nicht ganz aussichtslos, zu versuchen, eine Bresche in die Deutschland umgebenden Schutzzollmauern zu schlagen und den deutschen Waren Zugang auf ausländischen Märkten zu verschaffen, vorausgesetzt, daß die Drohung in die Waagschale geworfen werden konnte, den deutschen Markt durch eine entsprechende Zollpolitik reziprok ausländischen Waren zu verschließen. Solange jedoch Deutschland in mehr Zollsysteme aufgegliedert war, als es „souveräne" Staaten umfaßte – was es unter Berücksichtigung der jeweiligen Zolltarife der preußischen Provinzen war –, solange die deutschen Länder und Ländchen selbst wieder in Stammland, Enklaven und Exklaven zerfielen und dadurch jede Kontrolle der Ein- und Ausfuhr unmöglich wurde, solange war es unmöglich, ausländischen Mächten anders als mit Bitten und Vorstellungen zu begegnen, die natürlich völlig ungehört verhallten. Welche Situation sich daraus selbst für Preußen ergab, zeigen die Handelsvertragsverhandlungen mit England und Rußland, die in jeder einzelnen Phase die inferiore Position Preußens erweisen und auch kaum nennenswerte Erfolge für den deutschen Handel zeitigen.[28]

Der Schlüssel zur Änderung der gesamten Situation lag also offenkundig in Deutschland selbst, die Entwicklung des Außenhandels war abhängig von der Herstellung des nationalen Marktes, die nicht nur die rasche Entfaltung der nationalen Produktivkräfte, sondern auch die Schaffung eines handelspolitischen Partners von einigermaßen Gewicht zur Folge gehabt hätte.

Der entscheidende Schritt in dieser Richtung war das preußische Zollgesetz vom 26. Mai 1818. Dieses Gesetz ist in der bürgerlichen zeitgenössischen und

[28] Ausführliche Darstellung bei:
Zimmermann, A., Geschichte der preußisch-deutschen Handelspolitik. Oldenburg und Leipzig 1892, 2. und 3. Kapitel; Brinkmann, C., Die Preußische Handelspolitik vor dem Zollverein und der Wiederaufbau vor hundert Jahren. Berlin und Leipzig 1922.

späteren Literatur ausführlich kommentiert und in den Himmel gehoben worden als hervorragendster Ausdruck preußischer Staatsklugheit. Es ist hier nicht der Ort, sich mit diesen Glorifizierungen hohenzollernscher Staatsweisheit auseinanderzusetzen, denn in der nüchternen Betrachtung reduzieren sie sich ohnehin auf das gebührende Maß. Tatsächlich jedoch hat das Zollgesetz von 1818 für die spätere Entwicklung des deutschen Außenhandels eine große Bedeutung, weil es einmal das Instrument im Kampf um einen deutschen Zollverband unter preußischer Hegemonie wurde und zum anderen, weil seine handels- und tarifpolitischen Grundsätze die Grundlage für die Außenhandelspolitik des Deutschen Zollvereins während der ganzen Zeit seines Bestehens bilden.
Die Situation nach 1815 in Preußen, dem insgesamt am stärksten kapitalistisch entwickelten und größten deutschen Staat, war unhaltbar. Waren seit dem 18. Jahrhundert in den einzelnen preußischen Provinzen schon eine Vielzahl von Zolltarifen, Akziseordnungen und Mautgebühren in Kraft, so wurde der Wirrwarr noch durch die Landerwerbungen nach dem Friedensschluß vergrößert. Im Osten wurden wiederum polnische Provinzen angegliedert, die nach den Beschlüssen des Wiener Kongresses eine handelspolitische Sonderbehandlung erfahren sollten. Im Westen herrschte in den ehemals französischen Provinzen völlige Einfuhrfreiheit, da der geltende französische Tarif in Wegfall gekommen war und eine neue Zollordnung nicht erlassen wurde. Dazwischen lag die Buntscheckigkeit der alten preußischen Provinzen, die noch vermehrt wurde durch Anordnungen, die während des Krieges oder nach Aufhebung der Kontinentalsperre erlassen worden waren, aber nur jeweils für einzelne Provinzen. Allein die Tatsache, daß es der endlosen Verhandlungen dreier Jahre bedurfte, um diesem himmelschreienden Zustand ein Ende zu bereiten, ist alles andere als ein überzeugender Beweis für die staatsmännische Klugheit der preußischen Staatslenker.
Das neue Zollgesetz brachte zunächst als wichtigste Neuerung die Errichtung einer einheitlichen preußischen Zollinie, die mit der Staatsgrenze zusammenfiel und damit den Wegfall aller Provinzialzölle und sonstigen Handelsabgaben. Der Zollpflicht mußte bei der Einfuhr in das Staatsgebiet genügt werden, nicht wie vordem bei einem der Zollämter im Inneren des Landes; die notwendige Ergänzung hierzu war die Errichtung eines Zollgrenzdienstes. Mit der Verlagerung der Verzollung an die Staatsgrenze war auch dem bis dahin enorm blühenden Schmuggel eine seiner wesentlichsten Existenzgrundlagen entzogen.
Des weiteren proklamierte das Gesetz den Grundsatz der Freiheit für die Ein- und Ausfuhr von Waren und damit die Aufhebung aller bis dahin noch geltenden Ein- und Ausfuhrverbote. Der gleichzeitig in Kraft gesetzte Zolltarif ließ die Einfuhr industrieller Rohstoffe fast zollfrei, belegte Industrieerzeugnisse im allgemeinen mit einem Zoll von 10 Prozent ihres Durchschnittswertes, berechnet nach dem Gewicht, und erhob bei Kolonialwaren eine Zollgebühr bis zu 20 Prozent. Bestimmte einheimische Rohstoffe, wie z. B. Wolle, wurden mit einem Ausfuhrzoll belegt. Die Durchfuhr von Waren wurde mit ½ Thlr. Transitzoll pro Zentner belastet.

Das Zollgesetz räumte damit die Haupthindernisse für die Schaffung eines einheitlichen inneren Marktes innerhalb der preußischen Staatsgrenzen weg. Wäre es aber nur das gewesen, so ginge seine unmittelbare Bedeutung nicht über die Grenzen Preußens hinaus. Es wurde jedoch eine Waffe in der Hand der preußischen Regierung, die zunächst zur Unterordnung einiger kleiner nord- und mitteldeutscher Fürstentümer unter die preußische Botmäßigkeit benutzt wurde.

Die Errichtung eines einheitlichen preußischen Zollgebiets schloß einige Gebietsfetzen anderer deutscher Staaten mitten im preußischen Gebiet, auch ganze deutsche Zwergfürstentümer, in die preußische Zollmauer ein. Daraus ergab sich ein unerträglicher Zustand. Importwaren, die als für diese Gebiete bestimmt deklariert waren, passierten die preußische Zollgrenze zunächst abgabenfrei. Was lag näher, als der Versuch, der preußischen Zollbelastung zu entgehen, indem massenweise eingeführte Waren als für ein nichtpreußisches Gebiet bestimmt ausgewiesen wurden, sie in Wirklichkeit aber auf preußischem Territorium zum Verkauf gebracht wurden. Das Zentrum derartiger Schmuggeloperationen waren in erster Linie die anhaltischen Herzogtümer.

Die preußische Regierung konnte naturgemäß einer solchen Umgehung ihres Zollgesetzes und der Pflicht zur Verzollung nicht tatenlos zusehen. Die Trümpfe waren in ihrer Hand; zunächst durch eine schärfere Anwendung des Zollgesetzes, dann durch einige verkehrspolitische Maßnahmen wurde diesen deutschen Duodezfürsten die reale Situation zum Bewußtsein gebracht. Immerhin dauerte es zehn Jahre, bis der Letzte der Betroffenen sie begriffen hatte, sich der Realität beugte und mit Preußen zu einem Übereinkommen gelangte, wonach den Kleinstaaten ein der Einwohnerzahl ihrer „enklavierten" Gebiete – wie es in der Sprache der Zeit heißt – entsprechender Anteil an den Zolleinnahmen überlassen wurde. Das ging nicht ohne lautes Geschrei, Anrufen des völlig ohnmächtigen Bundestags und sonstiges Aufwirbeln von Staub ab. Die schließliche Lösung der Frage aber war auch für die betroffenen deutschen Monarchen befriedigend, da die Zolleinnahmen, die ihnen zuflossen, fast immer beträchtlich höher waren als früher, als der Schmuggel und die Zollhinterziehung für viele Waren der beinahe normale Weg der Einfuhr waren. Die ökonomische Annektion der in das preußische Gebiet eingesprengten Kleinfürstentümer war vollzogen, der erste Waffengang mit Hilfe des Zollgesetzes für Preußen siegreich durchgekämpft.

Die zweite Phase begann 1828, als der erste an Preußen angrenzende Staat, Hessen-Darmstadt, den Zollanschluß an Preußen vollzog. Durch die preußische Zollgrenze schwer getroffen, da sie die vorher ungehinderte Ausfuhr in die preußischen Rheinprovinzen unterband, bei der Einfuhr ausländischer Waren dem preußischen Transitzoll unterworfen, blieb dem Lande keine andere Möglichkeit, als mit Preußen zu einer Einigung zu kommen. Damit wurde ein Weg beschritten, der jeden an Preußen angrenzenden Staat offenstand, und der auch bald, nämlich 1831, von Kurhessen beschritten wurde.

In Süddeutschland waren ebenso wie in Mitteldeutschland in der Zwischenzeit äußerlich ähnliche Gebilde entstanden. Bayern und Württemberg hatten sich auf den Zusammenschluß ihrer beiden Staatsgebiete zu einem gemeinsamen Zollgebiet geeinigt, jedoch waren alle Versuche einer Erweiterung dieses Zollvereins vergeblich. In Mitteldeutschland hatte sich der „Mitteldeutsche Handelsverein" unter Führung des Königreiches Sachsen konstituiert. Beide Zusammenschlüsse waren jedoch nicht mit dem geschlossenen preußisch-hessischen Zollgebiet zu vergleichen. Nicht nur durch ihre geographische Position und ihre Größe, sondern vor allem in ihrer handelspolitischen Zielsetzung waren sie Preußen und seinen zollpolitischen Anhängseln unterlegen. Was Bayern und Württemberg einte, waren unmittelbare Zweckmäßigkeitsmotive und fiskalische Erwägungen, und der Mitteldeutsche Handelsverein wurde nur durch den antipreußischen Kitt verbunden. Der Inhalt der gegenseitigen Verpflichtungen reduzierte sich bei letzterem auf das Versprechen, keinem anderen Zollverband beizutreten, während im übrigen auch zwischen seinen Mitgliedsstaaten die Zollgrenzen bestehen blieben und diese die Zollhoheit auf ihrem Territorium behielten. Es ist offensichtlich, daß es sich hier um höchst unstabile Gebilde handelte, die beim ersten Vorstoß aus Berlin auseinanderfallen mußten.

Die Gelegenheit dazu ergab sich 1829, als Preußen eine bayrische Initiative aufgriff und mit dem bayrisch-württembergischen Verband eine Vereinbarung schloß, in der erhebliche Begünstigungen für den Warenverkehr zwischen den beiden Gebieten festgelegt wurden. Diesen Vertragsabschluß beschleunigte die Auflösungserscheinungen des „Mitteldeutschen Handelsvereins", einmal deswegen, weil einige seiner Mitgliedstaaten bei einer Annäherung zwischen dem nördlichen und dem südlichen Zollgebiet in eine schwierige Lage zu geraten drohten, zum anderen, weil sich sein Ziel, die Stärkung der preußischen Position zu verhindern, als nicht realisierbar erwiesen hatte. Als im Ergebnis dieser Erschütterung Kurhessen 1831 eine Zollunion mit Preußen aushandelte, wobei die Bedingungen nach dem Muster des mit Hessen-Darmstadt 1828 geschlossenen Vertrages vereinbart wurden, kam die Lawine ins Rollen. In zeitlich parallel laufenden Verhandlungen mit Bayern und Württemberg einerseits, den mitteldeutschen Ländern andererseits wurde die Ausdehnung des preußisch-hessischen Zollsystems auf alle beteiligten Staaten vereinbart und damit die Gründung eines den größten Teil Deutschlands umfassenden „Deutschen Zollvereins" beschlossen.

Mit dem 1. Januar 1834 trat der Deutsche Zollverein ins Leben. Die Anziehungskraft dieses neuen Verbandes war so groß, daß er durch weitere Beitritte Mitte des Jahres 1836 bereits 25,151 Millionen Einwohner hatte, das sind 86,5 Pro- der Einwohner des späteren Reichsgebiets (ausschließlich Elsaß-Lothringen). Außer der bis 1854 in zoll- und handelspolitischer Separation verharrenden Nordwestecke Deutschlands, repräsentiert durch die beiden Länder Hannover und Oldenburg, und die erst 1888 in das deutsche Zollgebiet eingegliederten Hansestädte Hamburg und Bremen, blieben von nennenswerten Gebieten nach 1836 nur noch Mecklenburg und Holstein außerhalb des Zollvereins.

„Der Zollverein war ein großer Erfolg Preußens. Daß er einen Sieg über den österreichischen Einfluß bedeutete, war noch das wenigste. Die Hauptsache war, daß er das ganze Bürgertum der Mittel- und Kleinstaaten auf Seite Preußens stellte. Sachsen ausgenommen, war kein deutscher Staat vorhanden, dessen Industrie sich nur annähernd in dem Maße entwickelt hatte wie die preußische; und das war nicht allein natürlichen und geschichtlichen Vorbedingungen geschuldet, sondern auch dem größeren Zollgebiet und inneren Markt. Und je mehr der Zollverein sich ausbreitete und die Kleinstaaten in diesen inneren Markt aufnahm, desto mehr gewöhnten sich die angehenden Bourgeois dieser Staaten, nach Preußen zu blicken als ihrer ökonomischen und dereinst auch politischen Vormacht.“[29]

In dieser Engelsschen Charakteristik sind alle wesentlichen Momente hervorgehoben, die den Zollverein kennzeichnen. Bei seiner Gründung ein Sieg der preußischen Politik, mußte er zu einem Instrument für die Verwirklichung der politischen Vorherrschaft Preußens in Deutschland werden. Entscheidend hierbei waren der innere Markt und das geschlossene Zollgebiet. Und insofern ist das Zollgesetz von 1818 die Voraussetzung und auch ein hervorragendes Mittel gewesen, um diesen Sieg herbeizuführen.

Sieg aber über wen? Zunächst über die partikularistischen und eigenbrötlerischen Interessen der verschiedenen deutschen Dynasten, die ihre vom Wiener Kongreß verliehene Souveränität zu wörtlich genommen hatten und darauf pochten. Sieg auch über Österreich, ebenso wie über die süddeutsche, vornehmlich mit dem Namen List verknüpfte Konzeption der deutschen Zolleinheit. Und schließlich war es ein Sieg auch und vor allem über die europäischen Mächte, deren Politik auf der Verewigung der deutschen Zersplitterung beruhte.

Diese Mächte hatten sich redlich bemüht, den Deutschen Zollverein nicht Wirklichkeit werden zu lassen. Österreichs Politik war in diesem Fall durch seine Position als der offiziell führenden deutschen Macht bestimmt. Seine durch Metternich repräsentierte Haltung war vor allem diktiert durch die Feindseligkeit gegenüber dem politischen deutschen Konkurrenten. Ökonomisch hatte es sich durch die Einführung seines Zolltarifs von 1817 von Deutschland völlig geschieden und zeigte keinerlei Neigung, sein Zollsystem zugunsten einer deutschen Zolleinigung zu ändern. Daß Österreich in der Vorperiode des Zollvereins nicht aktiver auftrat, um den schließlichen Zusammenschluß zu verhindern, geht in der Hauptsache darauf zurück, daß Metternich die Versuche Preußens nicht allzu ernst nahm. Seine grundsätzlich feindselige Haltung gegenüber dem Zollverein kam aber ebenso damals wie bei späteren Gelegenheiten zum Ausdruck und äußerte sich hauptsächlich in der Form, daß er seinen Einfluß auf einige deutsche Klein- und Mittelstaaten geltend machte, um durch deren ablehnende Haltung eine Blockierung des Zusammenschlusses zu erreichen.

[29] Engels, Friedrich, Über die Gewaltstheorie. Gewalt und Ökonomie bei der Herstellung des neuen deutschen Reiches. Dietz Verlag, Berlin 1952, S. 30.

Dasselbe Mittel wandten England und Frankreich an, wobei ersteres einen zeitweiligen Teilerfolg erzielte. Hannover und Oldenburg, die Exponenten des englischen Einflusses in Deutschland, blieben bis 1854 außerhalb des Zollvereins, und Hannover machte sich zum Wortführer der Gegner eines preußisch-geführten Zollvereins im Bundestag. Wer dahinter stand, geht aus der Tatsache hervor, daß ein entsprechender Antrag Hannovers im Bundestag durch ein Zirkularschreiben der englischen Regierung an ihre Gesandten in Deutschland unterstützt wurde, in dem es u. a. heißt, daß die Schritte Hannovers beim Bundestag ebenso wichtig für Deutschland wie für England seien und daß England sich nicht des deutschen Marktes berauben lasse. Noch im Dezember 1833, als der Abschluß der Zollvereinsverträge schon perfekt war, erklärte der englische Premierminister Palmerston dem preußischen Gesandten von Bülow, er erblicke im Zollverein eine gegen England gerichtete feindselige Maßnahme, die Repressalien hervorrufen werde.[30]

Frankreich versuchte zu demselben Zweck zunächst Hessen-Darmstadt und Nassau mit Handelsvorteilen zu ködern, dann einen Vertrag mit Nassau, der dessen Beitritt zum Zollverein verhindert hätte, zu schließen und schließlich Baden vom Eintritt abzuhalten. Alle diese Bemühungen blieben erfolglos, da die wirtschaftlichen Realitäten zugunsten der preußischen Politik sprachen.

Die Gründe für die Feindseligkeit beider Staaten waren ebenso politischer wie ökonomischer Natur. Daß ein Zollverein unter preußischer Vorherrschaft in der weiteren Entwicklung jene politische Kräfteverteilung, die mit Sorgfalt 1815 in Wien von den Großmächten zu ihrem eigenen Nutzen ausgeklügelt worden war, unterminieren mußte, war offensichtlich. Neben diese politische Erwägung trat die handelspolitische. Deutschland war in Europa das einzige größere Gebiet, in dem Schutzzölle nicht den Absatz englischer und französischer Waren maßlos erschwerten oder gar unmöglich machten. Zwar hatte das preußische Zollgesetz durch seine Durchfuhr- und Einfuhrzölle diesen nach 1815 bestehenden Idealzustand verschlechtert, aber was blieb, war immer noch bedeutend mehr als nach einer Zolleinigung vorhanden sein konnte. Auch flogen damit Frankfurt a. M. und Hamburg als Schmuggeldepots englischer Waren auf oder wurden weitgehend wertlos. Und schließlich würde man dann die unangenehme Tatsache hinnehmen müssen, mit dem Zollverein, vertreten durch Preußen, als einem achtunggebietenden Partner verhandeln zu müssen, statt sich wie bisher durch politische Bestechung der kleineren und mittleren deutschen Fürstenhöfe zu helfen. Der Deutsche Zollverein als erster Schritt zu einem gesamtdeutschen nationalen Markt, als erster Versuch einer deutschen Einigung auf einem begrenzten Aufgabengebiet begegnete also noch vor seiner Gründung der Feindseligkeit der europäischen Großmächte, die in der Verewigung der deutschen Zersplitterung die oberste Maxime ihrer Deutschlandpolitik sahen. Diesen Zusammenschluß zu verhindern, gelang nicht, weil die überwältigende

[30] Zimmermann, A., Geschichte der preußisch-deutschen Handelspolitik. Oldenburg und Leipzig 1892, S. 59 und 96.

Mehrheit des deutschen Volkes ihn begrüßte. Art und Weise dieser Einigung, als ökonomische Annektion der deutschen Mittel- und Kleinstaaten durch Preußen, entsprach zwar nicht den Vorstellungen und Sehnsüchten der Massen, ebensowenig wie sie von großen Teilen der Bourgeoisie gebilligt wurde; nichtsdestoweniger blieb die Tatsache, daß die vielen Dutzende Deutschland zerschneidender Zollinien gefallen und daß ein entscheidender Schritt zur Bildung eines nationalen Marktes getan worden war. Das historische Recht und die Notwendigkeit waren mit dem deutschen Volke, und die Einheitsfeindlichkeit der Großmächte mußte davor kapitulieren.

Die Grundlage des Deutschen Zollvereins für den Warenverkehr mit dem Ausland war das preußische Zollgesetz vom Jahre 1818, das nun von den Staaten des Zollvereins generell übernommen wurde. Die offizielle preußische und hohenzollernhörige Geschichtsschreibung feiert das Gesetz einmal als eine Vorwegnahme des Manchesterliberalismus, zum zweiten aber als ein Gesetz, das in weiser Voraussicht so geschaffen worden sei, daß es für alle deutschen Länder akzeptabel war und daher als Grundlage einer späteren Zolleinigung dienen konnte. Für beide Behauptungen bietet die Entstehungsgeschichte des Gesetzes keinen stichhaltigen Anhaltspunkt, und sie sind in der Tat nackter Humbug. In dem Gesetz drücken sich die Interessen der herrschenden Klasse des preußischen Staates aus; es als Instrument zur ökonomischen Einigung Deutschlands zu betrachten, lag seinen Schöpfern völlig fern und ebenso kann man sie auch nicht liberalistischer Gedankengänge verdächtigen.

Der preußische Staat spiegelt in seiner ökonomischen Struktur, wie schon ausgeführt, von Osten nach Westen eine Skala verschiedener Entwicklungsstufen wider. Die Handelsinteressen des agrarischen Ostens lagen hauptsächlich in der Ausfuhr von Getreide und in zweiter Linie von anderen land- und forstwirtschaftlichen Produkten. Der Absatz dieser Waren konnte nur in den industrialisierten Staaten des Westens, hauptsächlich Großbritannien, gefunden werden. Es kam also handelspolitisch darauf an, die Ausfuhr von Getreide, Holz usw. nach England zu sichern und Maßnahmen von englischer Seite, die diese Ausfuhr erschweren könnten, zu vermeiden. Jede Belegung englischer Industriewaren mit einem hohen Schutzzoll hätte notwendigerweise Vergeltungsmaßnahmen zur Folge gehabt, die die preußische Ausfuhr nach den britischen Inseln schwer getroffen hätte. Die preußische Junkerkaste, noch immer und auf längere Sicht das Fundament des Hohenzollernstaates, war daher an niedrigen Zöllen für britische Industriewaren interessiert und setzte ihre Interessen, wie gewöhnlich, durch. Die handelspolitischen Verhandlungen mit England drehen sich während der Jahre nach 1815 immer wieder um Holz und Getreide, und als der preußische Gesandte von Maltzahn 1825 im Auftrage seiner Regierung in London den Abschluß eines Handelsvertrages anbot, war u. a. im Entwurf gegen Herabsetzung des Holzzolls und Erleichterung der Getreideeinfuhr die Ermäßigung des Zolls auf britische Industriewaren um ein Drittel vorgesehen. Wessen Interessen hier vertreten und wessen geopfert wurden, ist unschwer erkennbar.

In den westlichen Provinzen aber war der Schrei nach Zollschutz gegen die ausländischen industriellen Erzeugnisse allgemein. Die Schutzlosigkeit, in die die rheinische Industrie nach dem Zusammenbruch des napoleonischen Imperiums geraten war, führte in der Tat zum Zusammenbruch von Unternehmungen. Die Industrie dieser Gebiete ohne Zollschutz zu lassen, ging nun jedenfalls nicht an. Die Aufgabe bestand also darin, die junkerlichen Interessen des Ostens, die keinesfalls beeinträchtigt werden durften, unter einen Hut zu bringen mit denen der westdeutschen Industrie. Das Zollgesetz löst diese Aufgabe dadurch, daß es die Rohstoffeinfuhr zollfrei läßt und auf die Einfuhr von Industriewaren einen zehnprozentigen Wertzoll erhebt, also sie mit einem Zoll belegt, der außerordentlich niedrig erscheint, verglichen mit dem der europäischen großen Länder. Dieser Wertzoll wurde aber nach dem Gewicht erhoben, d. h. die Grundlage seiner Festsetzung war der angenommene Durchschnittswert eines Zollzentners von Waren einer bestimmten Tarifklasse. Da die Klassifizierung des Zolltarifs äußerst grob war, wurden dadurch feine Waren, von denen gewichtsmäßig viel mehr auf den Zentner gehen als von groben und die in sich einen höheren Wert repräsentieren, begünstigt, während auf der anderen Seite die groben Erzeugnisse getroffen wurden. Beim damaligen Entwicklungsstand der preußischen Industrie bedeutete das einen gewissen Schutz, während die feineren englischen und französischen Erzeugnisse, die in Deutschland ohnehin kaum erzeugt wurden, geringfügig belastet wurden. Wo aber dieser Zollschutz nicht ausreichte, da blieben die Folgen auch nicht aus, was allerdings die preußischen Staatslenker nicht allzusehr genierte.

> „Für Berlin ist es höchst wünschenswert, daß die dürftig nährenden Gewerbe sich wegziehen; zu diesen gehört die Baumwollweberei... Für den wenngleich nicht wahrscheinlichen, aber als möglich angenommenen Fall, daß eine Anzahl einheimischer Weber auf einige Zeit arbeitslos würde, bieten sich andere Arbeiten und die sonst schon gebrauchten Hilfsmittel"

argumentierten die geistigen Väter des Gesetzes gegen die Behauptung von der Schädlichkeit niedriger Zollsätze.[31]

Das preußische Zollgesetz ist also in sich der Versuch, die Interessen der junkerlichen Produzenten von Marktgetreide mit denen der jungen westdeutschen Industriebourgeoisie zu vereinen, – ein im wesentlichen gelungener Versuch. Seine Bedeutung besteht daher zunächst in der Schaffung eines einheitlichen preußischen Zollgebietes, innerhalb dessen den entwickeltsten Teilen der deutschen Industrie ein mäßiger Zollschutz und daher Entwicklungsmöglichkeiten gewährt werden. Später jedoch wurde es zu einem Instrument für die Herbeiführung einer allgemeinen deutschen Zolleinigung, und die preußische Regierung begriff in der Folge sehr rasch die Bedeutung des Gesetzes für die ökonomische Annektion Deutschlands. Zur Zeit seines Erlasses war die preußische

[31] v. Festenberg-Packisch, H., Geschichte des Zollvereins mit besonderer Berücksichtigung der staatlichen Entwicklung Deutschlands. Leipzig 1869, S. 131.

Politik auf Norddeutschland orientiert, während man Süddeutschland hingegen zu sehr als österreichische Domäne betrachtete, um so weitreichende Pläne zu hegen.

Das Zollgesetz trug darüber hinaus den fiskalischen Interessen durch entsprechende Zollsätze für Kolonialwaren Rechnung. Die Finanzbedürfnisse des preußischen Staates waren bei den früheren Zollordnungen der entscheidende Gesichtspunkt gewesen und waren auch jetzt zumindest mitbestimmend. Ihren praktischen Niederschlag fanden sie im Tarif außer bei den Transitzöllen aber nur in den Zollsätzen für Kolonialwaren.

Das Zollgesetz war also in Preußen für die Junker und den größten Teil der Bourgeoisie annehmbar, während die Leidtragende hauptsächlich die Textilindustrie der altpreußischen Provinzen war, die geopfert wurde. Was aber für Preußen als dem industriell entwickeltsten deutschen Staat als Lösung akzeptabel war, wurde in der Folge in Süddeutschland auf Grund des niedrigeren Standes der kapitalistischen Entwicklung als nachteilig empfunden. Die Industrie der preußischen Rheinprovinzen war ebenso an einem mäßigen Zollschutz, der für sie genügte, wie im übrigen an der Durchsetzung des Prinzips des freien Handels interessiert. Die süddeutsche Industrie, die weder ausfuhrorientiert noch genügend entwickelt war, um für den freien Handel einzutreten, brauchte einen nationalen Markt für ihre Entfaltung, auf dem sie vorerst der ihr überlegenen ausländischen Konkurrenz nicht gegenübertreten mußte, d. h. sie brauchte Schutzzölle.[32]

Die Agitation der süddeutschen Bourgeoisie, deren Ausdruck die Schriften von List, Nebenius u. a. sind, scheiterte letzten Endes aber an den realen Tatsachen. Wie sehr man auch die ökonomische Vorherrschaft Preußens ablehnte, das Faktum blieb, daß die süddeutschen Länder nunmehr zwischen dem französischen, österreichischen und preußischen Zollgebiet eingekeilt und nicht imstande waren, auf Grund der Größe, der territorialen Verhältnisse und anderer Faktoren eine Handelspolitik zu entwickeln und durchzuführen. Von allen Möglichkeiten in dieser Situation war nur eine einzige wirklich möglich: Die Eingliederung in das preußische Zollsystem, das trotz aller Ablehnung besser war als überhaupt keines oder als die Beibehaltung der süddeutschen Kantönliwirtschaft.

Die Jahre von 1815 bis 1833 sind somit eine Zeit, in der die innerdeutsche Entwicklung beherrscht wird durch die erste Phase der Herausbildung eines natio-

[32] Die Charakterisierung dieses handelspolitischen Gegensatzes als eines solchen zwischen Schutzzöllnern und Freihändlern ist nicht ganz richtig, weil sie das Problem vereinfacht. Weder der preußische Tarif noch später der Tarif des Deutschen Zollvereins beruhen auf einer Zollfreiheit der Einfuhr, sondern sehen – allerdings sehr mäßige – Schutzzölle für Fertigwaren vor. Die Auseinandersetzung ging in der Tat um die Einführung einer Zollschutzpolitik mit einem umfassenden System von Schutzzöllen für die deutsche Industrie, während die „Freihändler“ für die Beibehaltung des geltenden Tarifs, zumindest im Prinzip, eintraten. Wenn aber auch in dieser Arbeit die beiden Parteien der Kürze halber mit „Freihändler“ und „Schutzzöllner“ bezeichnet werden, so sind diese Benennungen eben nur mit den erwähnten Einschränkungen anwendbar.

nalen Marktes, die ihren Abschluß in der Bildung des Zollvereins findet. Der Zollverein beseitigt die Zollgrenzen zwischen den deutschen Ländern und damit die unmittelbaren Hindernisse der Warenzirkulation auf seinem Gebiet. Er ließ aber die Verschiedenheit der Gesetze in den Vereinsländern, die Unterschiedlichkeit der Maß- und Münzsysteme, der Besteuerung und vieles andere bestehen, deren Einheitlichkeit Attribute eines nationalen Marktes sind.

Die wirkliche ökonomische Grundlage für die Bildung des Zollvereins war die kapitalistische Entwicklung der Industrie und des inneren Marktes, die seit 1800 zwar unterschiedlich in den einzelnen Gebieten, aber gegen früher doch verstärkt vor sich gegangen war. Diese industrielle Entwicklung, bescheiden wie sie gegenüber der nach Gründung des Zollvereins einsetzenden war, machte die Aufrechterhaltung des alten Zustandes zu einer Unmöglichkeit. Die politische Basis der Zolleinheit aber bildete das Übergewicht des im Ergebnis der Napoleonischen Kriege als deutsche Großmacht geschaffenen Preußen innerhalb Deutschlands, das die deutschen Klein- und Mittelstaaten zunächst in seinen ökonomischen Bannkreis zwingt. Dieser Prozeß vollzieht sich gegen den Widerstand der Großmächte, besonders Englands, Frankreichs und Österreichs. Obzwar die schließlich gefundene Lösung den Interessen des überwiegenden Teils der preußischen Bourgeoisie entspricht, vermag sie jedoch nicht die Entwicklung des Gegensatzes zwischen der süddeutschen Bourgeoisie und den in der preußischen Handelspolitik verankerten Interessen der Junker und der rheinischen Bourgeoisie zu verhindern.

DIE ENTWICKLUNG DES DEUTSCHEN AUSSENHANDELS IN DER VORPERIODE DES ZOLLVEREINS

Ein Versuch, die Entwicklung des deutschen Außenhandels in der Zeit von 1815 bis 1833 zu untersuchen, muß sich notwendigerweise auf zwei Seiten dieses Handels beschränken: Auf eine Schätzung des Gesamtvolumens und eine Analyse der Struktur des preußischen Außenhandels, die wertvolle Aufschlüsse auch über die Zusammensetzung des deutschen Außenhandels auf Grund der relativen Größe und industriellen Bedeutung Preußens gibt.

Der deutsche Außenhandel, der um die Jahrhundertwende in beiden Richtungen etwa 730 Mill. Mark betrug, hat in den ersten zwei Jahrzehnten des 19. Jahrhunderts nur eine geringe Entwicklung durchgemacht. Unter der napoleonischen Herrschaft waren zwar die materiellen Voraussetzungen für eine Steigerung des deutschen Außenhandels wesentlich bessere geworden, dieser Außenhandel selbst aber teilweise vernichtet worden. Als die Kontinentalsperre fiel und die deutschen Länder nicht nur dieses Schutzes, sondern auch zum Teil des Zollschutzes überhaupt beraubt wurden, gab es zunächst einmal einen erheblich gestiegenen Import englischer Industriewaren nach Deutschland. Die deutschen Unternehmer und Kaufleute beklagten sich im Jahre 1815 bitter über die Masseneinfuhr englischer Industrieprodukte. In dem ausgesogenen und ausgepowerten Land bestanden nur relativ geringe Absatzmöglichkeiten, und die deutsche Industrie, die zum Teil den großen französischen Markt als Abnehmer gehabt hatte, wurde nicht nur auf den unvergleichlich beschränkteren deutschen Markt zurückgedrängt, sondern war auch hier noch der Konkurrenz der erheblich wohlfeileren englischen Industrieerzeugnisse ausgesetzt.

Die folgenden Jahre bis 1820 stehen zunächst im Zeichen einer katastrophalen Mißernte im Jahre 1816 und einer darauf folgenden Hungersnot, die in ihren Auswirkungen die Wirtschaft des gesamten Landes beeinflußten. Trotzdem sich von 1818 an, besonders auch durch die preußische Zollregelung, der Außenhandel hob, war er 1820 nicht höher als etwa 760 Mill. Mark, hatte also in den zwanzig Jahren einen nur geringen Fortschritt gemacht.[33]

Wenn man bedenkt, daß die Preise in dieser Zeit im allgemeinen unter den von 1800 lagen, erscheint dieser Fortschritt jedoch größer, da das Warenvolumen

[33] Über die Quellen bzw. Grundlagen der Errechnung oder Schätzung von Zahlenangaben über den deutschen Außenhandel hier und im folgenden, soweit sie nicht unmittelbar angegeben sind, vgl. die Erläuterungen zum „Statistischen Anhang".

der Ein- und Ausfuhr demnach erheblich stärker gestiegen ist, als die Gesamtsumme der Außenhandelsumsätze anzeigt.[34]

Von diesen Umsätzen des deutschen Welthandels entfällt ein großer Anteil auf Preußen, der mit etwa 60 Prozent anzunehmen ist.[35]

Von 1820 bis 1830 ist die Steigerung des Außenhandels größer als in den vorhergehenden zwei Jahrzehnten. Der deutsche Außenhandel hatte im Jahre 1830 Umsätze in Höhe von etwa 820 Mill. Mark zu verzeichnen, die wiederum ein weit stärker angestiegenes Warenvolumen repräsentieren, als es zunächst den Anschein hat. Die Preise sind während dieses Jahrzehnts weiter gefallen, teilweise sogar recht erheblich. Bei Industriewaren und industriellen Rohstoffen waren sie 1830 um fünfzehn bis zwanzig Prozent niedriger als 1820, wobei einige für den deutschen Außenhandel bedeutende Waren einen noch stärkeren Preissturz erfuhren. In diesem Jahrzehnt stieß der deutsche Außenhandel auf erhebliche Schwierigkeiten, die teilweise ein Erbe der Vergangenheit, teilweise Folgen der politischen Zustände Deutschlands sind.

Wenn auch die ersten Jahre des 19. Jahrhunderts die industriellen Grundlagen des deutschen Außenhandels erheblich gestärkt hatten, so waren andererseits die übrigen materiellen Grundlagen für eine bedeutende Steigerung durchaus nicht vorhanden. Der Zustand der Binnentransportwege war schlecht, in einzelnen preußischen Provinzen gab es so gut wie keine Straßen.[36] Die vorhandenen Verbindungswege waren, soweit sich Gemeinden oder Gutsherren nicht um sie kümmerten, sich selbst überlassen und daher auch in einem entsprechenden Zustand. Die Flußwege standen natürlich zur Verfügung, waren aber größtenteils auch in dem Zustand, in dem sie von der Natur geschaffen worden waren, d. h. für eine ganzjährige Schiffahrt auch bei günstigen Verhältnissen nicht benutzbar. Darüber hinaus waren und sind die deutschen Flüsse nur Verkehrswege in der Nord–Süd-Richtung, während Wasserstraßen von Osten nach Westen fehlen. Außerdem waren die Schiffahrtsrechte auf ihnen nach dem Wiener Kongreß zunächst völlig ungeklärt, und besondere Regelungen waren vorbehalten, die bei der Vielzahl in- und ausländischer Sonderrechte und -inter-

[34] Vgl. dazu: Sonderhefte des Instituts für Konjunkturforschung. „Die Großhandelspreise in Deutschland von 1792–1934", Berlin 1935, Nr. 37, S. 82.

[35] Freiherr von Malchus gibt auf der Grundlage offizieller Berechnungen den Außenhandelsumsatz Preußens für 1823 in Rohstoffen, Halb- und Fertigfabrikaten mit 509 Mill. Mark an. Auf Grund der offiziellen Daten und der Berechnungen Dietericis für 1928 kann nach Absetzung der in der genannten Summe enthaltenen Durchfuhr der reine Außenhandel Preußens mit etwa 450 Mill. Mark angenommen werden.
v. Malchus, C. A., Statistik und Staatenkunde. Stuttgart und Tübingen 1826, S. 305.

[36] Dieterici gibt die Gesamtlänge der preußischen Straßen im Jahre 1816 mit 522,5 Meilen, davon 324,4 Meilen in den westdeutschen Landesteilen an. Staatsstraßen gab es in Ostpreußen, Posen und Pommern überhaupt keine, und die gesamte Straßenlänge dieser drei Provinzen betrug 1,1 Meilen. Bis Ende 1830 hatte sich die Länge des Straßennetzes mehr als verdoppelt (auf 1147,5 Meilen), was auch dann noch mehr als bescheiden war. Immerhin verfügte Pommern damit schon über Straßen in der Länge von 6 Meilen (!).
Dieterici, C. F. W., Der Volkswohlstand im preußischen Staat. Berlin, Posen und Bromberg 1846, S. 189.

essen der zahlreichen Anliegerstaaten zu einer Quelle jahrelanger Streitigkeiten wurden. Von einem umfangreichen Bau von Kanälen für die Binnenschiffahrt konnte natürlich beim damaligen Stand der ökonomischen Entwicklung noch keine Rede sein.

Auch die Seeschiffahrt befand sich in einem sehr schlechten Zustand. Die hamburgische und bremische Flotte hatte sich zwar zunächst bis 1817 gehoben, dann zeigte sich aber eine scharf rückläufige Bewegung bis 1825, von der die Erholung nur langsam war. Ebenso hatte sich der Schiffsbestand der preußischen Handelsflotte seit 1806 bis 1821 von 1102 auf 676 Seeschiffe bei einer Verminderung der Tragfähigkeit auf fast die Hälfte reduziert.[37] Die Entwicklung der Schiffahrt hatte also nicht nur nicht mit den gestiegenen Außenhandelsmöglichkeiten Schritt gehalten, sondern zeigte sogar noch eine scharf rückläufige Bewegung. Insgesamt zeigte sich eine Diskrepanz zwischen der industriellen Produktion und der materiell-technischen Basis des Landes, deren Entwicklung nicht dem erreichten Stand der Industrieproduktion entsprach.

Bereits früher wurde der politische Zustand Deutschlands behandelt, so daß es sich erübrigt, nochmals ausführlicher darauf einzugehen. Welche negativen Wirkungen auf den Außenhandel die Existenz von Dutzenden von Zollinien und Zollsystemen, ganz abgesehen von der Verschiedenheit der staatlichen Einrichtungen, der Münz-, Gewichts- und Steuersysteme hatten, ist offensichtlich. Daß die preußischen Durchfuhrzölle nach 1818, die auch noch als Kampfmittel benutzt wurden, alles andere als fördernd auf den Außenhandel wirkten, bedarf ebenfalls keiner Erläuterung. Zusätzlich sah sich aber die deutsche Ausfuhr noch den Zollschranken der anderen Staaten gegenüber, deren teilweiser Abbau nur auf dem Wege von Handelsverträgen möglich gewesen wäre.

Die Geschichte der von dem stärksten deutschen Staat, Preußen, in dieser Zeit geführten Verhandlungen über beabsichtigte Handelsverträge legt ein beredtes Zeugnis ab für die Ohnmacht, mit der die deutschen Einzelstaaten auch in handelspolitischen Fragen anderen Ländern ausgeliefert waren. Mit Rußland zogen sich die Verhandlungen zunächst bis 1825 hin, um dann in einem Vertrag zu gipfeln, der nicht eingehalten wurde, so daß der legale Handel unbedeutend blieb im Vergleich mit dem ausgedehnten Schmuggel, der, wie es scheint, von beiden Seiten ermutigt wurde. Trotzdem Preußen dabei eine nicht allzu ungünstige Position dadurch hatte, daß die Ausfuhr aus Russisch-Polen auf die Benutzung der preußischen Ostseehäfen angewiesen war, war seine Behandlung durch die russische Regierung die einer zweit- oder drittrangigen Macht. Vorstellungen Preußens gegen einseitige, den preußischen Handel empfindlich treffende Maßnahmen blieben entweder unbeantwortet oder wurden höhnisch abgefertigt, da man wußte, daß Preußen nicht imstande sei, sich zu einem ernsthaften Schritt aufzuraffen. Es wurde nicht nur durch die politische Gefolgschaft daran gehindert, die es im Rahmen der Heiligen Allianz Rußland leistete, sondern auch durch die Inferiorität als handelspolitischer Part-

[37] Zimmermann, A., Geschichte der preußisch-deutschen Handelspolitik. Oldenburg und Leipzig 1892, S. 91.

ner, unter der das zweigeteilte, sich von den Kriegsfolgen langsam erholende Land litt.
In ähnlicher Weise entwickelte sich das handelspolitische Verhältnis zu England, wobei dessen Haltung gegenüber Preußen noch selbstbewußter als die Rußlands war. Bis 1820 wurden Vorstellungen und Proteste der preußischen Regierung in London in handelspolitischen Fragen überhaupt nicht beachtet oder nicht ernst genommen. Nach 1820 wurde dann einigen preußischen Wünschen Rechnung getragen, jedoch nur, weil eine zeitlich begrenzte liberale Ära der englischen Handelspolitik einsetzte, nicht aber, weil man nun etwa Preußen ernsthaft als handelspolitischen Partner betrachtet hätte. Als 1825 von Preußen ein Handelsvertrag angeboten wurde, der Begünstigungen für die Einfuhr von Getreide und Holz nach England vorsah, wurde der Abschluß eines Handelsvertrages überhaupt abgelehnt. Die Vorstellungen des preußischen Gesandten von Maltzahn wurden abgewiesen und der englische Premierminister Canning schrieb ihm am 6. Februar 1826 ziemlich grob und deutlich, daß aus Furcht vor preußischen Maßnahmen das Parlament niemals die Zölle herabsetzen werde; Preußen sei außerdem, wie die Erfahrung lehre, zu Repressalien gar nicht in der Lage.[38] Canning schätzte damit die Lage völlig richtig ein: Jede preußische Maßnahme mußte ein Fehlschlag sein und konnte die Einfuhr englischer Waren nach Deutschland oder Preußen nicht ernsthaft treffen. Hatte doch England Hamburg und Frankfurt als Schmuggeldepots zur Verfügung und teilte doch außerdem das Königreich Hannover, das durch Personalunion mit England verbunden war, Preußen in zwei Teile. Die deutsche Vielstaaterei wurde geschickt dazu benutzt, Preußen in eine inferiore Position zu drängen.
Gegenüber Österreich und Frankreich war das Verhältnis nicht prinzipiell verschieden. Das Verhältnis zu ersterem war gekennzeichnet durch ein Einfuhrverbot für die meisten preußischen Waren, einen behördlich unterstützten Schmuggel und Zollschikanen bei Fehlen jeglicher vertraglichen Handelsvereinbarungen. Frankreich jedoch behandelte Preußen völlig von oben herab, da man wußte, daß die hauptsächlichsten Waren der preußischen Einfuhr aus Frankreich durch Maßnahmen Preußens gar nicht getroffen werden konnten. Weitere Zollerhöhungen auf die ohnehin hoch belastete Einfuhr französischer Luxusgüter, der hauptsächlichsten Handelsware, hätten nur die illegale Einfuhr auf Kosten der legalen erhöht, und die erstere wurde durch die französische Regierung sowieso kräftigst gefördert.
Um die Situation, in die der deutsche Außenhandel durch die deutschen Verhältnisse geraten war, zu charakterisieren, sei noch eine bezeichnende Tatsache angeführt. Schiffe unter der Flagge eines deutschen Staates konnten zu jener Zeit das Mittelmeer kaum befahren, da die an der nordafrikanischen Küste liegenden Raubstaaten, deren herrschende Klassen von der Kaperei und dem Sklavenhandel lebten, Schiffe jener Staaten, die keinen Schutz stellen konnten, einfach raubten und die Besatzung in die Sklaverei verkauften. Die euro-

[38] Zimmermann, A., Ebenda, S. 95.

päischen Großmächte wußten ihre Handelsfahrzeuge durch ihre Kriegsflotte zu schützen, so daß der Mittelmeerhandel vollständig in ihren Händen lag. Als aber 1815 preußische Schiffe gekapert wurden und ein preußisches Fahrzeug in einem portugiesischen Hafen durch Seeräuberschiffe belagert wurde, verweigerten englische Kreuzer jeden Schutz. Der preußische Staat mußte die zu Sklaven gemachten Seeleute loskaufen und wandte sich mit der Bitte um Schutz seiner Handelsfahrzeuge an Schweden! Die großmütig zugesagte schwedische Protektion wurde nur nicht Wirklichkeit, weil die dafür geforderte Summe in Berlin zu hoch erschien und daher blieb bis Ende der dreißiger Jahre den deutschen Schiffen der Zugang zum Mittelmeer praktisch versagt.

Die Möglichkeiten, die durch die deutsche industrielle Entwicklung für eine stärkere Entwicklung des Außenhandels gegeben gewesen wären, konnten also nicht ausgeschöpft werden. Der Widerspruch zwischen den Fortschritten der materiellen Produktion auf der einen Seite, der Entwicklung der übrigen Teile der Ökonomik des Landes und den politischen und staatlichen Verhältnissen auf der anderen Seite wurde zu einem überall spürbaren Hemmnis der weiteren Entwicklung. Hier liegt auch die Hauptursache dafür, daß sich der deutsche Außenhandel wertmäßig nur um etwa 8 Prozent zwischen 1820 und 1830 hob, wenn auch das Wachstum des Volumens tatsächlich größer war.

DIE STRUKTUR DES DEUTSCHEN AUSSENHANDELS VOR DER GRÜNDUNG DES DEUTSCHEN ZOLLVEREINS

Für eine Untersuchung der Struktur des deutschen Außenhandels stehen in dieser Zeit nur Unterlagen für Preußen zur Verfügung, die, so unvollkommen sie durch die Beschränkung auf das größte deutsche Land auch sein mögen, doch die Zusammensetzung der deutschen Ein- und Ausfuhr in groben Zügen erkennen lassen. Die Zahlen selbst können schon deswegen nicht als Außenhandelszahlen genommen werden, da sie ja auch den Handel mit anderen deutschen Staaten, die zollpolitisch Ausland waren, einschließen. Jedoch war einmal der „innerdeutsche Handel" Preußens relativ zu seinem Gesamtaußenhandel gering, zum anderen geht es in diesem Zusammenhang nur darum, die hauptsächlichsten Gegenstände der Ein- und Ausfuhr festzustellen, wozu die Zahlen gut genug sind.

Dieterici[39] hat die für das Jahr 1828 von der preußischen Statistik erfaßten ein- und ausgeführten Mengen bewertet und danach eine Übersicht über den Außenhandel des preußischen Staates zusammengestellt. Unter Außerachtlassung des reinen Transitverkehrs betrug danach die Einfuhr 255,5 Mill. Mark, die Ausfuhr 319,4 Mill. Mark.

Die nebenstehende Tabelle, die auf Grund der Berechnungen Dietericis zusammengestellt wurde, zeigt die charakteristischen Merkmale der Zusammensetzung des preußischen Außenhandels um das Jahr 1830 deutlich.

Die auf den ersten Blick in die Augen springende Tatsache ist der wesentlich mehr als die Hälfte betragende Anteil der Fertigwaren an der Ausfuhr, dem die Einfuhr von Rohstoffen und Halbfabrikaten, die fast die Hälfte der Einfuhr ausmacht, gegenübersteht. Das zweite bedeutungsvolle Charakteristikum ist die geringe Bedeutung, die der Außenhandel mit Nahrungsmitteln – wenn wir von Kolonialwaren zunächst absehen – hat. Das dritte beachtenswerte Faktum ist der hohe Anteil von fast einem Drittel der Rohstoffe und Halbfabrikate an der Gesamtausfuhr.

Preußen war also zu jener Zeit ein in verhältnismäßig bescheidenem Umfang Getreide exportierendes Land, während der Getreideimport kaum ins Gewicht fällt, zumal er noch zu einem Teil auf die Verschiffung von Getreide aus Russisch-Polen in preußische Häfen zurückzuführen ist. Der Getreideexport litt damals weniger unter dem etwaigen Mangel an Produktionsfähigkeit in der

[39] Dieterici, C. F. W., Der Volkswohlstand im preußischen Staat. Berlin, Posen und Bromberg 1846, S. 159ff.

Zusammensetzung der Ein- und Ausfuhr Preußens 1828
nach Anteilsätzen oder einzelnen Warenklassen

Einfuhr			Ausfuhr		
Lebensmittel u. Getränke		8,0	Lebensmittel u. Getränke		9,7
darunter Getreide	1,4		darunter Getreide	8,1	
Kolonialwaren		19,1	Kolonialwaren		1,0
Rohstoffe und Halbfabrikate		49,7	Rohstoffe und Halbfabrikate		31,3
darunter:			darunter:		
f. d. Leinenindustrie	3,9		f. d. Wollindustrie	8,0	
f. d. Seidenindustrie	3,8		f. d. übrige Textilindustrie	6,8	
f. d. Baumwollindustrie	10,1				
f. d. Wollindustrie	3,3		Fertigwaren		56,9
Farbstoffe	5,4		darunter:		
f. d. Textilindustrie gesamt	26,5		Leinenwaren	23,4	
			Seidenwaren	9,9	
Fertigwaren		21,0	Baumwollwaren	4,3	
darunter Textilien	13,7		Wollwaren	12,3	
			Textilien gesamt	49,9	
Verschiedene Waren		2,2	Verschiedene Waren		1,1
		100,0			100,0

preußischen Landwirtschaft, sondern unter den Importbeschränkungen der Getreideeinfuhrländer und den damit verbundenen niedrigen Getreidepreisen. Jedoch ist dieser Faktor nicht als die wesentliche Ursache des geringen Umfangs der Getreideausfuhr anzusehen, sondern als ein zusätzlich vorhandener Grund. Entscheidend dabei ist, daß Preußen nach 1815 ein Land geworden war, dessen ökonomisches Gesicht nicht mehr durch die Ostprovinzen und deren landwirtschaftliche Produktion bestimmt wurde, sondern daß die westlicheren Landesteile, besonders die Rheinprovinz und Westfalen mit ihrer industriellen Produktion dem Lande in viel stärkerem Maße das wirtschaftliche Gepräge gaben. Die Lebensmittelproduktion wurde daher zum größten Teil durch den Binnenmarkt aufgenommen, Einfuhr und Ausfuhr von Lebensmitteln halten sich wertmäßig etwa die Waage, wobei die Ausfuhr überwiegend aus Getreide – davon wertmäßig zu 70 Prozent aus Weizen –, die Einfuhr aus tierischen Produkten und Fischen, z. T. auch aus Wein, besteht. Lebensmittel und Getränke zusammen bestreiten nicht mehr als ein Zwölftel des gesamten Außenhandelsvolumens.

Zur Lebensmitteleinfuhr in einem weiteren Sinne ist die der Kolonialwaren zu rechnen. Die bedeutende Einfuhr ausländischer Nahrungsmittel und Genußmittel, darunter hauptsächlich Zucker und Kaffee, geht kaum auf den Massenkonsum dieser Importwaren durch die arbeitenden Klassen zurück, wie es die damalige Literatur gern wahrhaben möchte, sondern auf die Existenz einer breiten Oberschicht und noch viel zahlreicherer Angehöriger der Mittelschichten.

Die Vielzahl der provinziellen Verwaltungen mit ihrem umfangreichen bürokratischen Apparat, die Militärkaste und die vielen parasitären Existenzen, die von ihrer Zugehörigkeit zum preußischen Grundbesitzer-, Militär- und Beamtenadel lebten, ebenso wie die zu einem kleinen Teil schon in das preußische Zollgebiet eingeschlossenen kleinstaatlichen Hofhaltungen mit ihrem Schwanz von Höflingen, Lakaien und Lieferanten waren die Treibhäuser, in denen eine zahlreiche Mittelklasse hochgezüchtet wurde. Das sind auch die Konsumenten der ausländischen „Verzehrungsgegenstände", wie die preußische Statistik sie nennt, die in verhältnismäßig bedeutendem Umfange importiert wurden. Die geringe Bedeutung, die sie auf der Ausfuhrseite haben, zeigt, daß sie für den Verbrauch im Lande bestimmt waren und ein Zwischenhandel kaum existiert.
Ein- und Ausfuhr von Rohstoffen, Halbfabrikaten und Fertigwaren machen etwa drei Viertel des gesamten Außenhandelsvolumens aus. Mit anderen Worten: der preußische Außenhandel wird bestimmt durch die industrielle und handwerkliche Produktion und deren Bedürfnisse. Selbst wenn man übertriebene Schlüsse auf den Stand der kapitalistischen Entwicklung Preußens daraus zu ziehen vermeidet, selbst wenn man sich vor Augen hält, daß die Entwicklung innerhalb der einzelnen preußischen Landesteile eine sehr ungleichmäßige war und Preußen größere Fortschritte in dieser Beziehung gemacht hatte als Deutschland insgesamt, zeigt diese Struktur des Außenhandels doch, in welchem Maße unter der Decke der halbfeudalen Produktions- und politischen Machtverhältnisse die kapitalistische Produktionsweise sich entwickelt hatte. Sie zeigt, ebenso wie der Außenhandel in Getreide, daß bereits zu jener Zeit die uneingeschränkte Bezeichnung „Agrarstaat" für Preußen nicht mehr gerechtfertigt war und beweist, in welchem Maße die politischen Verhältnisse Deutschlands unverträglich waren mit dem Stand der wirtschaftlichen Entwicklung, wie besonders der Binnen- und Außenhandel darunter leiden mußte.
Die in der Tabelle angeführten Anteilsätze zeigen aber noch mehr. Sie lassen erkennen, daß der Außenhandel Preußens beherrscht wird von den verschiedenen Zweigen der Textilindustrie, daß die Erzeugnisse der Textilindustrie und der Handel mit Textilrohstoffen und Halbfabrikaten mehr als die Hälfte des Wertes der gesamten Ein- und Ausfuhr ausmacht. 40,2 Prozent der gesamten Einfuhr, 64,7 Prozent der gesamten Ausfuhr und 53,8 Prozent des Außenhandels insgesamt werden von Textilfabrikaten oder zu deren Fabrikation unmittelbar benötigten Rohmaterialien und Halbfabrikaten gestellt. Die Textilfabrikation beherrscht den Außenhandel in einem noch stärkeren Maße als sie die industrielle und handwerksmäßige Produktion beherrscht. Preußen erscheint damit auf den auswärtigen Märkten vorzugsweise sowohl als Käufer von Textilrohstoffen als auch von Fertigfabrikaten, ebenso wie als Verkäufer von Textilien und bestimmten Rohstoffen zur Textilerzeugung.
Die bedeutendste Stelle nimmt dabei die Leinenindustrie ein. 23,4 Prozent oder ein knappes Viertel der gesamten Ausfuhr Preußens muß der Leinenindustrie gutgeschrieben werden, die fast ausschließlich auf der Verarbeitung inländischer Rohstoffe beruht. Trotz der Schläge, die die Leinenweberei während der Kon-

tinentalsperre und durch die britische Handelsgesetzgebung später erhielt, stellt sie wiederum den bedeutendsten Ausfuhrposten Preußens, wie sie es vor 1800 tat, und sie hat von ihrer dominierenden Rolle innerhalb des preußischen Exports nichts eingebüßt.[40] Jedoch hier zeigt sich gerade die andere Seite der deutschen kapitalistischen Entwicklung. Der wichtigste preußische Exportartikel ist dies nicht etwa auf Grund der fortgeschritteneren Produktionsbedingungen dieses Industriezweiges, sondern ist eigentlich nur Exportartikel auf Grund des rückständigen Verlagssystems, der Heimarbeit und Familienausbeutung und des schlesischen Weberelends. Nur die Anwendung der primitivsten und brutalsten Formen frühkapitalistischer Ausbeutung, notwendigerweise verbunden mit einer rückständigen Technik, erhalten die Leinenproduktion in ihrer Bedeutung für den Außenhandel. Der niedrige Stand der Formen der kapitalistischen Produktion, das Überwiegen von Heimindustrie und Handwerk, die geringe Entwicklung großer Manufaktur- oder sogar Fabrikbetriebe findet hier ihren Ausdruck.

Hausindustrie und Heimarbeit finden sich auch in anderen Zweigen der Textilindustrie, in der Baumwoll- und Wollweberei, wenngleich sie nicht, wie in der Leinenindustrie, absolut dominieren. Nach der Leinenausfuhr nimmt den bedeutendsten Platz die Ausfuhr von Wollgeweben ein, wobei die Produktion in der Hauptsache auf der Verarbeitung inländischer Wolle beruht. Die Ausfuhr von feiner Rohwolle zur industriellen Weiterverarbeitung nahm damals einen bedeutenden Platz ein und repräsentiert einen Wert von 25,6 Mill. Mark, während eingeführt nur Wolle geringer Qualität wurde, in der Hauptsache aus Rußland und Polen. Die Tuche selbst wurden zu einem großen Teil nach Übersee exportiert, und die Durchfuhr von Wollgeweben z. B. durch Rußland nach China spielt bei den handelspolitischen Auseinandersetzungen zwischen Rußland und Preußen eine große Rolle. Die preußischen Westprovinzen, die Cottbuser Gegend und auch Berlin und Umgebung waren die Zentren der Wollmanufaktur. Immer noch wurden aber feine englische Tuche für den Verbrauch der besitzenden Klassen in erheblichen Mengen eingeführt, wobei aber der Wert der eingeführten wollenen Waren nur ein Fünftel der Ausfuhr beträgt.

Die Baumwollindustrie ist der am schwächsten am Export beteiligte Zweig der Textilindustrie. Innerhalb des preußischen Staates trat sie auch an Bedeutung gegenüber der übrigen Textilfabrikation zurück. Sie beruhte großenteils auf der Einfuhr englischer Garne und mußte auf dem inländischen Markt,

[40] Dieterici gibt eine Übersicht über den Außenhandel Preußens im Jahre 1795/96, die er auf Grund eines vom Staatsminister v. Struensee damals gegebenen Berichtes zusammenstellte. Der Wert der Ausfuhr von Leinenprodukten aus dem damaligen preußischen Staat – dessen Außenhandel sich mit dem des Jahres 1828 ansonsten nicht vergleichen läßt wegen der Gebietsveränderungen – macht 21,5% der gesamten Ausfuhr aus. Die Ungenauigkeiten der Struenseeschen Übersicht läßt im Vergleich mit 1828 immerhin den Schluß zu, daß die Leinweberei ihre Position innerhalb des preußischen Außenhandels im Laufe des dreißigjährigen Zwischenraumes gehalten hat. Anders ausgedrückt: Der drohenden Absatzschrumpfung wurde nicht nur mit dem Elendsdasein, sondern auch mit dem Hungertode schlesischer Weber erfolgreich begegnet.

soweit es sich um feinere Erzeugnisse handelt, der ausländischen, hauptsächlich englischen Konkurrenz weichen. Einer Ausfuhr von 13,3 Mill. Mark steht eine Einfuhr von 8,3 Mill. Mark an Baumwollgeweben gegenüber, ein Ausdruck der Beschränkung der preußischen Baumwollwebereien vorzugsweise auf die gröberen Erzeugnisse, für die ihnen auch der Zolltarif Schutz bot.

Die Seidenindustrie, die in Preußen bis zurück zur hugenottischen Einwanderung auf eine lange Tradition blicken kann, zeigt ein ähnliches Bild, wenngleich ihre Bedeutung für die Ausfuhr wesentlich größer als die der Baumwollindustrie ist. Sie hatte sich unter dem Schutz besonderer Privilegien zunächst in der Rheingegend entwickelt, dann auch in anderen Landesteilen Fuß gefaßt. Bedeutend wie ihr Anteil an der Ausfuhr ist, spielt aber auch die Einfuhr französischer seidener Luxuswaren eine nicht unbedeutende Rolle dort, wo die deutsche Produktion die Nachfrage qualitätsmäßig nicht zu befriedigen vermochte.

Der Außenhandel in Textilien in seiner Gesamtheit spiegelt also das Bild einer zum großen Teil auf der Hausindustrie und Heimarbeit beruhenden Produktion, die sich auf die gröberen Textilien konzentriert, wider, während der Bedarf an besseren Qualitäten durch die Einfuhr gedeckt wird. Die Rohstoffgrundlage dieser Industrie bilden in zwei Fällen, bei der Baumwoll- und Seidenfabrikation, ausschließlich ausländische Rohstoffe, die auch bei der Wollindustrie eine Rolle spielen. Hungerlöhne und mörderische Arbeitsbedingungen erhalten zum Teil diese Industrie konkurrenzfähig auf den ausländischen Märkten, zum Teil bietet ihnen das preußische Zollgesetz einen ausreichend geschützten inneren Markt. Das ist das Bild der deutschen Exportindustrie, wie es die Struktur des preußischen Außenhandels wiedergibt.

Was sonst noch über die Struktur des preußischen Außenhandels von 1828 zu sagen wäre, ist recht wenig und beschränkt sich auf die Ein- und Ausfuhr von Rohstoffen und Halbfabrikaten, soweit sie nicht für die Textilindustrie Verwendung finden. Sie dienen fast durchweg der Leichtindustrie, soweit sie überhaupt bestand, oder dem Handwerk. Lederwaren, Glas, Porzellan, Holzindustrie und Baugewerbe bestimmen weitgehend die Rohstoffeinfuhr oder auch die Ausfuhr. Eine untergeordnete Rolle spielt der Außenhandel mit metallurgischen Produkten und Rohstoffen; noch nicht 3 Prozent des Wertes des gesamten Außenhandels stellt der Handel mit diesen Waren in beiden Richtungen dar, ebenso wie die Ausfuhr von Steinkohle ganz unerheblich ist. Nur durch die Textilindustrie war der Außenhandel zu einer ökonomischen Notwendigkeit geworden, während die übrigen Produktionszweige überwiegend noch handwerklich, auf einheimischen Rohstoffen beruhend und auf den Binnenmarkt, meistens sogar noch den lokalen Markt, orientiert produzierten.

Das Bild modifiziert sich etwas, aber ändert sich nicht grundsätzlich, wenn wir, ausgehend vom Außenhandel Preußens, den deutschen Außenhandel betrachten. Die einzige wesentliche Verschiebung liefert Sachsen mit seiner Baumwollindustrie, wodurch der Anteil der Baumwollwaren an der Gesamtausfuhr auf etwa 6 bis 8 Prozent steigen dürfte, während insgesamt die Textilausfuhr wie die Fertigwarenausfuhr überhaupt nur ganz leicht verhältnismäßig zurückgehen dürften. Ebenso ergibt sich wohl kaum eine Verschiebung im Anteil der Lebensmittel- und besonders der Getreideausfuhr. Das Schwergewicht Preußens im Außenhandel Deutschlands war so groß, daß die industrielle Rückständigkeit des deutschen Südens und Nordwestens, die überdies noch großenteils kompensiert wird durch Sachsen, das Gesamtbild wenig ändert. Diese, aus den wenigen vorhandenen Hinweisen gewonnene Überzeugung wird schließlich noch bestätigt durch die Unterlagen für das erste Jahr des Deutschen Zollvereins, 1834, nur 6 Jahre nach der Berechnung Dietericis, Jahre, die keineswegs durch stürmische Entwicklungen oder große Veränderungen gekennzeichnet sind.

KAPITEL III

DEUTSCHLANDS AUSSENHANDEL IN DEN ERSTEN ZWANZIG JAHREN NACN DER GRÜNDUNG DES DEUTSCHEN ZOLLVEREINS (1834—1854)

DIE KAPITALISTISCHE ENTWICKLUNG DEUTSCHLANDS IM VORMÄRZ UND DER KAMPF UM EIN DEUTSCHES SCHUTZZOLLSYSTEM

Der mit dem 1. Januar 1834 wirksam gewordene zoll- und handelspolitische Zusammenschluß der meisten deutschen Länder zu einem Zollverband ist in der damaligen Literatur oftmals maßlos übertrieben als die geniale Lösung der politischen Schwierigkeiten, die der wirtschaftlichen Entwicklung Deutschlands im Wege standen, gefeiert worden. Daß der Zollverein ein großer Schritt nach vorwärts war, ist bereits betont worden. Er räumte die Zollgrenzen zwischen den ihm zugehörigen Staaten hinweg, hob innerhalb seines Gebietes Ein- und Ausfuhrverbote auf und schuf so die wichtigsten Bedingungen für die Herstellung eines einheitlichen deutschen Marktes. Er stellte dadurch gegenüber dem Ausland ein mehr oder weniger geschlossenes Handelsgebiet dar, dessen Gewicht im Welthandel und als handelspolitischer Partner ungleich größer war als das der Einzelstaaten zusammengenommen. Er erreichte eine gewisse Vereinheitlichung der Verbrauchsabgaben, die notwendig wurde, weil sonst die Gleichartigkeit der Zollsätze durch die Verschiedenheit der inneren Abgaben, die praktisch wie Binnenzölle wirkten, hinfällig geworden wäre. Und schließlich stellte er sich die Aufgabe einer Vereinheitlichung der Maß-, Gewichts- und Münzsysteme sowie einer gleichartigen Handelsgesetzgebung auf einigen Spezialgebieten, die allerdings bis 1870 nur in einem bescheidenen Maße gelöst wurde. Das alles waren wichtige Schritte zur Lösung, war aber keineswegs die Lösung selbst der Fragen, die sich aus der Entwicklung des deutschen Kapitalismus einerseits, aus der politischen Verfassung Deutschlands nach dem Wiener Kongreß andererseits ergaben. Es war auch nicht die Lösung für die Probleme, die durch die Notwendigkeit für die deutsche Bourgeoisie, sich auf dem Weltmarkt neben den alten Handelsnationen und in Konkurrenz mit ihnen zu bewähren, aufgeworfen wurden.

Denn was blieb, war immer noch mehr als genug. Die einzelstaatliche Souveränität war weder politisch noch im Grunde genommen wirtschaftspolitisch angetastet. Es blieben die Zunftordnungen, wo sie bestanden, weiter bestehen. Es blieben die verschiedenen einzelstaatlichen fiskalischen Systeme mit ihrer unterschiedlichen Besteuerung der Produktion und des Handels. Die Entwicklung des Verkehrsnetzes, die Eisenbahn- und Schiffahrtsgesetzgebung, die Wanderungsbestimmungen für Arbeiter, die Agrargesetzgebung blieben preußisch, sächsisch oder reuß-schleiz-greiz-lobensteinisch. Und es blieb natürlich

der dynastischen Politik die Möglichkeit, trotz der Zugehörigkeit zum „preußischen“ Zollverein österreichische Politik oder die einer ausländischen Macht in Deutschland zu machen und dadurch der preußischen Politik im Zollverein Knüppel zwischen die Beine zu werfen. Der Zollverein, vom Standpunkt der deutschen Dynastien aus betrachtet, war eben doch nur die widerwillig anerkannte Tatsache, daß angesichts der ökonomischen Entwicklung Deutschlands ein preußisch geführter Zollverband die einzige Realität war, der man allerdings so wenig wie möglich von der eigenen Souveränität opfern wollte.
Diese wirtschaftliche Entwicklung ging nach der Gründung des Zollvereins in raschem Tempo voran. Die Industrie hob sich in den alten Zentren, und neue Gebiete wurden in den Industrialisierungsprozeß einbezogen. Vor allen Dingen machte die Textilindustrie erhebliche Fortschritte und wie schon angeführt, war sie bereits vordem der allgemein und für den Außenhandel im besonderen weitaus wichtigste Zweig der industriellen Produktion Deutschlands. Obwohl die metallverarbeitende Industrie einen Aufschwung zu verzeichnen hatte, wuchs sie doch langsamer als die Textilindustrie, wie überhaupt die Produktion von Produktionsmitteln hinter der Entwicklung der Konsumgüterindustrie zurückblieb. Der folgende von Kuczynski[41] berechnete Index illustriert diese Entwicklung deutlich:

Deutsche Industrieproduktion 1800–1850
(1860 gleich 100)

Jahrzehnt	insgesamt*	Produktionsgüter	Konsumgüter	insgesamt**
1801–1810	(6)	9	(3)	1
1811–1820	(7)	9	(5)	1
1821–1830	(12)	13	(10)	2
1831–1840	(23)	21	(25)	3
1841–1850	(36)	37	(35)	5

* Zahlen in Klammern sind rohe Schätzungen.
** 1913 gleich 100.

Die Berechnung zehnjähriger Durchschnitte läßt hier eine Tatsache nicht erkennen, die gerade für den deutschen Außenhandel von Bedeutung ist: daß nämlich die Entwicklung von 1834 bis 1846 noch viel rascher vor sich geht als die vorstehenden Zahlen für die dreißiger und vierziger Jahre erkennen lassen. 1847 erlebte Deutschland die erste zyklische Krise, deren Auswirkungen bis 1850 dauerten, so daß der Zehnjahresdurchschnitt den 1845 und 1846 erreichten Höhepunkt nicht zeigt. Jedoch nicht nur die industrielle Produktion nahm einen gewaltigen Aufschwung, sondern auch die anderen Bedingungen für eine Entfaltung des auswärtigen Handels verbesserten sich wesentlich.

[41] Kuczynski, J., Die Geschichte der Lage der Arbeiter in Deutschland. Berlin 1954, Bd. I, 1. Teil, 1789–1870, S. 48.

An erster Stelle ist hierbei der Beginn des Eisenbahnbaus in Deutschland zu nennen, der mit der 1835 eröffneten Eisenbahn zwischen Nürnberg und Fürth seinen Anfang nahm und bis Anfang der fünfziger Jahre bereits ein beachtliches deutsches Eisenbahnnetz geschaffen hatte (1850 betrug die Länge der deutschen Eisenbahnstrecken bereits über 6000 km). Nicht nur für die Entwicklung des Binnenhandels, sondern auch für die des Außenhandels Deutschlands hatte der Eisenbahnbau eine besondere Bedeutung auf Grund der geographischen Lage des Landes, die den Zugang zur See nur vom Norden her zuläßt, und für die Entwicklung des Handels besonders die Existenz guter Verbindungen landeinwärts von den Seehäfen verlangt. Ebenso verbesserte sich der Zustand der Straßen in dieser Zeit erheblich, und die Binnenwasserwege wurden von dem Würgegriff der unzähligen Zwischenzölle befreit, wodurch sie als Verkehrsstraßen erstmalig voll zur Geltung kamen. Die deutsche Seeschiffahrt kam aus der Abwärtsentwicklung, die sie in den zwanziger Jahren durchgemacht hatte, heraus, und obzwar ein schneller Aufstieg nicht einsetzte, kann man doch von einer Periode langsamer Erholung sprechen.

Zweifellos war die Entwicklung in solchen Ausmaßen erst möglich durch den Zusammenschluß der meisten deutschen Länder zum Zollverein. Der Zollverein war aber keineswegs, wie es oftmals dargestellt wird, der einzige Grund der raschen Entwicklung zwischen 1830 und 1850. Die kapitalistische Entwicklung Deutschlands war in den ersten drei Jahrzehnten des 19. Jahrhunderts bis zu einem Punkt vor sich gegangen, wo ein rascheres Tempo der Vorwärtsbewegung aus inneren Gesetzmäßigkeiten heraus unausbleiblich wurde. Der Zollverein selbst ist ein Ausdruck dieser herangereiften Entwicklung, und einmal vorhanden, hat er das Tempo des Wachstums beschleunigt; er war aber keineswegs alleinige Ursache für den raschen Aufstieg jener Zeit. Behauptungen dieser Art, die sich des öfteren finden, gehören zu der Gloriole, die die deutsche Geschichtsschreibung des 19. Jahrhunderts um die deutschen Dynastien, besonders die der Hohenzollern, zu winden bemüht war, als deren Werk der Zollverein und damit die wirtschaftliche Entwicklung der dreißiger und vierziger Jahre dargestellt wird.

Der Zollverein umfaßte bei seiner Gründung die meisten deutschen Länder und vergrößerte seinen Umfang bis 1837 durch den Beitritt deutscher Gebiete, unter denen Baden das größte war. Auch in den folgenden Jahren gingen einige Veränderungen durch den Zollanschluß kleinerer Territorien vor sich, jedoch hat sich von 1837 bis 1854 das Gebiet des Zollvereins nur unerheblich verändert. Erst 1854 sah den Eintritt Hannovers und Oldenburgs, wodurch von diesem Zeitpunkt an der Deutsche Zollverein fast alle deutschen Länder umfaßt (außerhalb standen noch die Hansestädte, Mecklenburg und Holstein).

Aber die Gründung des Zollvereins hatte die Differenzen und Gegensätze zwischen den deutschen Ländern, die ihn bildeten, nicht beseitigt, sondern nur auf eine andere Ebene verschoben. In der Vorperiode des Zollvereins ging es um die Bildung eines handelspolitischen Verbands unter preußischer Führung und die damit verbundene Rezeption des preußischen Zoll- und Handelssystems.

Der Hauptwiderstand erfolgte durch die deutsche einzelstaatliche Politik wegen der Furcht, zu einem Bestandteil Preußens, zumindest aber zu einem Anhängsel der preußischen Deutschlandpolitik zu werden. Als der Zollverein Realität geworden war, liefen die Bestrebungen der deutschen Mittel- und Kleinstaaten darauf hinaus, bei Ausnutzung aller Vorteile, die der Zollverein bot, sich weitestgehend die politische Bewegungsfreiheit gegenüber der preußischen Politik zu erhalten, oder, anders ausgedrückt, ihre pro-österreichische Orientierung nicht aufzugeben. Die Folge davon war, daß jede neue Etappe der österreichisch-preußischen politischen Beziehungen ihren Widerhall in Form von Auseinandersetzungen innerhalb des Zollvereins fand.

Bei der Gründung des Zollvereins hatten zunächst handelspolitische Fragen eine geringe Rolle gespielt. Für das einzige einigermaßen industrialisierte deutsche Land außerhalb Preußens, Sachsen, war die preußische Tarif- und Handelspolitik annehmbar, und soweit sie Nachteile zu haben schien, wurden diese doch aufgewogen durch den ungleich größeren Nutzen, den der Anschluß an den Zollverein versprach. Die Regierungen der süddeutschen Länder betrachteten die Zollpolitik zunächst vorwiegend vom fiskalischen Gesichtspunkt, und da begründete Aussichten vorhanden waren, daß der Zollverein zu einer Erhöhung ihrer Staatseinnahmen führen werde, gab es auch von dieser Seite keine Schwierigkeiten, zumal Preußen sich zunächst konziliant bei der Ausarbeitung des Verteilungsschlüssels der Zolleinkünfte zeigte. Es war jedoch unvermeidlich, daß Gegensätze in Fragen der Handelspolitik auftraten, sobald die kapitalistische Entwicklung in Süddeutschland größere Fortschritte zu machen begann und die Industriebourgeoisie als Klasse stärker hervortrat und ihr politischer Einfluß dementsprechend wuchs, – Dinge, die in den vierziger Jahren eintraten.

Die Vereinbarungen zwischen den Zollvereinsländern sahen zunächst das Bestehen des Zollvereins bis zum Ende des Jahres 1841 vor. Es war also notwendig, Verhandlungen aufzunehmen, die die weitere Existenz des Zollvereins sicherten. Die Initiative dabei lag wiederum bei Preußen, das nun, nachdem es vorher in finanziellen Dingen Samtpfötchen angewendet hatte, die Krallen zu zeigen begann. Es trat mit einer ganzen Reihe von Forderungen auf, die allesamt darin gipfelten, die fiskalischen Nachteile, die Preußen durch den Zollverein angeblich gehabt hätte, in Zukunft abzustellen durch einen höheren Anteil an den Einnahmen des Zollvereins. Man hatte jedoch in Berlin die Situation falsch eingeschätzt. Eine solche preußische Forderung konnte notwendigerweise nur Aussicht auf Erfolg haben, wenn die anderen deutschen Länder bereits so fest mit dem Zollverein verbunden waren, daß sie sich einem solchen Verlangen Preußens fügen mußten. Dies war aber keineswegs der Fall. Die Drohung mit dem Austritt aus dem Zollverein war noch nicht ganz unreal geworden, wobei im Hindergrund die allerdings sehr unbestimmte und keineswegs wirklich begründete Hoffnung auf die österreichische politische und wirtschaftliche Rückendeckung stand. So mußte man in Berlin einlenken, die meisten Forderungen fallen lassen oder wesentlich modifizieren, um den Weiterbestand des Vereins zu sichern. Die Berliner Politik hatte das Gewicht der politischen und wirtschaftlichen Hegemonie Preußens überschätzt und mußte einen Schritt zurückgehen. Der Vertrag über die Verlängerung des Zollvereins bis zum 31. Dezember 1853, d. h. also für die Dauer von 12 Jahren, wurde abgeschlossen, ohne daß dem größten Teil der preußischen Forderungen Rechnung getragen worden war. Daraus ergab sich noch die merkwürdige Tatsache, daß Preußen nur auf eine sechsjährige Dauer eingehen wollte – um sich die Möglichkeit einer Revision der finanziellen Vereinbarungen zu einem nahen Zeitpunkt vorzubehalten –, und nur die Drohung Bayerns, dann überhaupt den Vertrag nicht zu erneuern, bewirkte eine Änderung des preußischen Standpunktes.

War somit zunächst der Weiterbestand des Zollvereins gesichert, so brach unmittelbar darauf, im Jahre 1842, der Gegensatz zwischen Schutzzöllnern und Freihändlern offen auf. Auf die realen Grundlagen dieses Gegensatzes ist schon mehrfach verwiesen worden, an dieser Stelle erscheint es jedoch notwendig, etwas ausführlicher darauf einzugehen.

Der preußische Zolltarif, dessen Grundsätze später die des Zollvereinstarifs wurden, war, wie schon angeführt, ein Kompromiß zwischen der politisch mächtigsten Klasse der preußischen Monarchie, den Junkern, und der aufstrebenden preußischen Bourgeoisie, in dem im wesentlichen die Interessen des Junkertums berücksichtigt wurden. Diese Regelung war bei der Gründung des Zollvereins auch für die anderen industriell nicht entwickelten deutschen Staaten annehmbar, sie war jedoch mittlerweile zu einem Hemmnis für die hauptsächlich in Süd- und im außerpreußischen Westdeutschland beginnende Entfaltung der Industrie geworden. Während vordem die deutsche Baumwollindustrie sich überwiegend auf die Weberei erstreckte und vornehmlich auf der Einfuhr englischer Garne beruhte[42], waren nunmehr in Südwestdeutschland in den ersten Jahren des Bestandes des Zollvereins Spinnereien entstanden. Sie konnten sich bei dem niedrigen Einfuhrzoll von 2 preußischen Talern für den Zentner Garn gegen die englische Konkurrenz, deren Produktionsbedingungen ungleich besser und fortgeschrittener waren, nur schwer oder überhaupt nicht behaupten. Eine ähnliche Situation war in der rheinischen Eisenindustrie entstanden, die ebenfalls unter der englischen Konkurrenz schwer zu leiden hatte, besonders, als nach 1840 ein Preisfall für Eisenwaren in England eintrat und Eisen in größeren Mengen nach Deutschland exportiert wurde. Zu diesen beiden Hauptfragen kam dann noch die eventuelle Erhöhung des Zolles auf Leinenwaren und auf feine Glaswaren, die beantragt wurde.

In der gesamten Auseinandersetzung, die zwischen den Regierungen geführt wurde, zeigt sich der von den junkerlichen Interessen diktierte Standpunkt der halbfeudalen preußischen Regierung völlig klar. Wortführer der Schutzzollpartei waren Württemberg und Baden, gefolgt von Bayern und einigen kleineren

[42] Die Einfuhr an Baumwollgarn betrug bis zum Jahre 1842 mehr als das Doppelte der Produktion im Gebiet des Zollvereins, d. h. weniger als ein Drittel des Bedarfs der Webereien wurde durch die inländische Erzeugung gedeckt.

deutschen Ländern. Als Vorkämpfer für die Beibehaltung des bisherigen Zollsystems trat Preußen, dem Sachsen bedingt Gefolgschaft leistete, auf. Eine Erhöhung der Zölle auf Baumwollgarn und Eisen hätte sich eindeutig gegen die englische Industrie gerichtet und Drohungen mit Retorsionsmaßnahmen Englands tauchten schon bei der Diskussion der Frage auf. Zwar waren Teile der preußischen Bourgeoisie an einer solchen Erhöhung interessiert, nämlich diejenigen, die ihr Kapital in den neu entstandenen Spinnereien und in der eisenschaffenden Industrie des Rheinlandes angelegt hatten. Aber diese Gruppe fiel als politische Kraft noch nicht allzusehr ins Gewicht. Gleicherweise hätte die schlesische Leinenmanufaktur einen höheren Zollschutz für ihre Erzeugnisse begrüßt. Alle Anträge anderer Staaten des Zollvereins scheiterten jedoch an dem Widerstand Preußens, dessen ostelbische Junker für den Export ihres Getreides und Holzes nach England fürchteten. Als zur selben Zeit aber eine französische Zollerhöhung für Leinen und Leinengarn durchgeführt wurde, reagierte die preußische Regierung sofort heftig und forderte die Durchführung von Vergeltungsmaßnahmen. Die preußischen Junker exportierten eben kein Getreide nach Frankreich!

Der Kampf entbrannte 1842 und zog sich zunächst in dieser Phase bis 1846 hin, wo er durch ein Kompromiß scheinbar vorläufig beendet wurde. Verhältnismäßig geringe Zollerhöhungen für Leinen und Leinengarn sowie für Baumwollgarn wurden beschlossen, während die Eisenzölle schon zwei Jahre früher geringfügig erhöht worden waren. Aber diese unerheblichen Konzessionen an die süddeutschen Staaten beeinträchtigen nicht die Tatsache, daß in dieser wie auch in den nachfolgenden Auseinandersetzungen über die Handelspolitik des Zollvereins Preußen seine Interessen durchsetzte. Die wirkliche Grundlage für die preußischen Erfolge war jedoch die mit der fortschreitenden industriellen Entwicklung wachsende Erkenntnis, daß eine Rückkehr zum früheren handelspolitischen Einzeldasein unmöglich geworden war und eine Alternative zu einem preußisch geführten Zollverein praktisch nicht bestand.

Nur nebenbei sei erwähnt, daß auch 1848 in den Verhandlungen des Frankfurter Parlaments der Gegensatz zwischen Schutzzoll und Freihandel wiederum auftaucht. Es lagen dem Parlament zwei Anträge, der eine auf die Errichtung eines Systems von Schutzzöllen, der andere auf Einführung eines liberalen Zollsystems für das künftige Deutschland, vor. Wie nicht anders zu erwarten, waren die hinter dem ersten Antrag stehenden Abgeordneten hauptsächlich Süddeutsche, während der zweite überwiegend von norddeutschen Abgeordneten unterstützt wurde.

DER ZOLLVEREIN ALS OBJEKT DES KAMPFES UM DIE VORHERRSCHAFT IN DEUTSCHLAND

Alle hauptsächlichen Gegensätze der deutschen Politik kamen jedoch 1850 zum Durchbruch, als Österreich versuchte, mit und innerhalb des Zollvereins eine aktive Deutschlandpolitik zu betreiben. Seit 1834 hatte Österreich, durch Prohibitivzölle handelspolitisch von der Außenwelt abgesperrt, nur mittelbar in die Angelegenheiten des Zollvereins eingegriffen, indem es gelegentlich ihm politisch ergebene Staaten zur anti-preußischen Opposition in dieser oder jener Einzelfrage ermunterte. Die Nachwehen der Revolution von 1848 hatten in Österreich aber auch zu einer Änderung seiner deutschen Politik geführt, so daß der Gedanke einer Österreich umfassenden deutschen Zollunion von der österreichischen Regierung in die Diskussion geworfen wurde. Das entscheidende Motiv dafür lag auf der politischen Ebene, nämlich in der Absicht, den preußisch geführten Zollverein zu ersetzen durch einen österreichisch geführten, in dem Preußen allenfalls die zweite Geige spielen könne. Daß Preußen einen solchen Plan um jeden Preis verhindern mußte, liegt auf der Hand. Damit wird erstmalig der Zollverein zum Feld der offenen Auseinandersetzung zwischen Österreich und Preußen um die Vorherrschaft in Deutschland.

War auf der einen Seite die wichtigste Ursache, die zu dieser längeren politisch-diplomatischen Auseinandersetzung führte, der Eintritt in eine neue, aktivere Etappe des preußisch-österreichischen Kampfes um die Vorherrschaft in Deutschland, so trat als weiterer Gegensatz die Handelspolitik hinzu. Das sich aus der josephinischen Zeit herleitende österreichische Prohibitivsystem konnte nicht weiter aufrechterhalten werden, soviel war auch in Österreich klar. Ebenso klar ergab sich aber auch aus der ökonomischen und politischen Struktur Österreichs, daß es nur einem System hoher Schutzzölle, nicht aber einer im Prinzip freihändlerischen Politik Platz machen konnte, wie es auch tatsächlich dann mit dem neuen Zolltarif, der durch kaiserliches Patent mit dem 1. Februar 1852 in Kraft gesetzt wurde, geschah. Österreich im Zollverein hätte aber zusammen mit den schutzzöllnerischen Mittelstaaten ein solches Übergewicht gegenüber der preußischen Handelspolitik bedeutet, daß die handelspolitischen Fragen im Zollverein künftig gegen die Interessen der herrschenden Klassen Preußens entschieden worden wären. So verflocht sich der Kampf um die politische Hegemonie noch zusätzlich mit dem handelspolitischen Gegensatz zwischen den beiden „Großmächten".

Mit diesen beiden Problemen in engem Zusammenhang steht eine dritte Frage. Noch war ein zusammenhängender Gebietskomplex in Norddeutschland Niemandsland, mit dem übrigen Deutschland nur durch die nichtssagende Zugehörigkeit zum Deutschen Bund verbunden. Hannover und Oldenburg, zu denen sich bis Anfang der vierziger Jahre noch Braunschweig, das dann zum Zollverein hinüberwechselte, gesellte, waren zum „Deutschen Steuer-Verein" zusammengeschlossen. Ebenso standen die Hansestädte und Mecklenburg noch außerhalb des Zollvereins und das staatsrechtlich zu Deutschland gehörige, aber dänisch regierte Holstein und Lauenburg führte ebenfalls eine vom Zollverein gesonderte wirtschafts- und handelspolitische Existenz. Von allen diesen Gebieten waren für Preußen nur die des „Deutschen Steuer-Vereins" von Wichtigkeit, aber sie waren es in außerordentlichem Maße. Auch nur in bezug auf Hannover und Oldenburg waren Anfang der fünfziger Jahre die politischen und ökonomischen Vorraussetzungen herangereift, die einer Politik der Einbeziehung dieser Länder in den Zollverein Erfolg versprachen. Die Hansestädte sahen ihren Vorteil vielmehr noch in dem Ausbau der Position, die ihnen der deutsche Zollverein gegeben hatte: Freihäfen für das gesamte deutsche Hinterland zu sein, während Mecklenburg bedeutungslos und Holstein und Lauenburg zwar etwas bedeutungsvoller, aber unerreichbar waren.
Hannover und Oldenburg hatten sich bei der Gründung des Zollvereins unter dem Einfluß Englands, mit dem Hannover durch Personalunion verbunden war, herausgehalten. Geographisch und handelspolitisch bestanden für beide Länder mit ihrer Küstenlage und ihrem bescheidenen, in der Hauptsache seewärts gerichteten Handel keine Notwendigkeit des Anschlusses an den preußisch-geführten Zollverein. In den mehr als anderthalb Jahrzehnten seit dessen Gründung hatte sich die Situation aber erheblich geändert. Die Personalunion mit England war gelöst und der englische Einfluß zwar immer noch stark, aber weniger unmittelbar. Der Eisenbahnbau hatte das Land stärker an die angrenzenden deutschen Länder, hauptsächlich Preußen gebunden. Den Keil zwischen den beiden preußischen Landesteilen bildend und dadurch lästig für die preußische Entwicklung, war es selbst wiederum eingekeilt von preußischem Gebiet. Der Gedanke, mit Preußen zu einer zoll- und handelspolitischen Vereinbarung zu kommen, die nur im Beitritt zum Zollverein bestehen konnte, begann seit dem Anfang der vierziger Jahre in Hannover Fuß zu fassen.
Für Preußen aber war die Handels- und Zollvereinigung mit Hannover von enormer Bedeutung. Von Königsberg bis Emden, von Oberschlesien bis zur belgischen Grenze verlief dann praktisch die preußische Zollinie, die süd- und mitteldeutschen Staaten waren vollständig vom Meer abgeschnitten, und dafür konnte auch die österreichische Adriaküste gegebenenfalls keinen Ersatz bieten. Alle Ausbruchsversuche aus der ökonomischen Gewalt Preußens würden dadurch völlig sinnlos, der Griff Preußens um die Wirtschaft der übrigen deutschen Länder eisern, ganz abgesehen von den sich hieraus ergebenden politischen Konsequenzen. Alle diese norddeutschen Länder und Stadtstaaten aber waren freihändlerisch eingestellt, und eine Hoffnung auf ihre Einbeziehung in

den Zollverein bestand nur, wenn der Zollverein im Prinzip seine bisherige Handelspolitik beibehielt. Sowohl der Beitritt Hannovers wie auch eine mögliche spätere Einverleibung der anderen Gebiete schien im gegebenen Augenblick nur möglich bei Beibehaltung der bisherigen Handelspolitik. Österreichs Eintritt in den Zollverein hätte aus diesem Grunde alle preußischen ökonomischen Annektionspläne selbst in Norddeutschland über den Haufen geworfen und die preußische Politik sogar in ihrer ureigensten norddeutschen Domäne zum Scheitern verurteilt. Der so geschürzte Knoten umschloß also tatsächlich alle Hauptprobleme der deutschen staatlichen Politik, die sich damals präsentierten: die Fragen der Vorherrschaft in Deutschland, der Einbeziehung des nichtpreußischen Norddeutschland in den werdenden deutschen Markt und der Handelspolitik, d. h. der künftigen ökonomischen Beziehungen zum Ausland einschließlich Österreichs. Diese Verquickung machte die Lösung zu einer Art Vorentscheidung über die künftige Gestaltung Deutschlands und ging damit weit über den Rahmen der Wirtschaftspolitik hinaus.

Diese Lösung kam sehr rasch. Am 7. September 1851 wurde der Vertrag zwischen Preußen und Hannover geschlossen, der den Beitritt Hannovers zum Deutschen Zollverein vom 1. Januar 1854 an vorsah. Dieser Vertrag sollte auch dann seine Gültigkeit zwischen den beiden Kontrahenten behalten, wenn die Zollvereinsverträge mit dem 1. Januar 1854 nicht erneuert würden. Praktisch bedeutete das, daß im Falle der Auflösung des Zollvereins an seine Stelle eine norddeutsche Zollunion treten würde, die die süd- und mitteldeutschen Staaten vor der zugeschlagenen Türe im Freien ließe. Der Zugang zum Meer und damit zum Welthandel war für sie völlig von der Gnade Preußens abhängig, und niemand war im Zweifel darüber, was davon zu erwarten war.

Mit dem Abschluß dieses Vertrages war zwar nicht formal, aber faktisch die Frage entschieden. Die deutschen Mittelstaaten mußten die Absicht, Österreich in den Zollverein zu bringen, aufgeben und sich zur Erneuerung des Zollvereins auf der Basis der preußisch-hannoveranischen Vereinbarungen bequemen. Österreich, der Unterstützung durch die Mittelstaaten beraubt, konnte nichts Besseres tun, als den Rückzug antreten. Die Frage Schutzzoll oder Freihandel war zugunsten des letzteren, d. h. im Sinne Preußens entschieden. Selbst dort, wo Preußen scheinbar eine Konzession zu machen genötigt war, handelte es sich in Wirklichkeit nur um ein diplomatisches Manöver. Die süddeutschen Staaten verlangten nämlich den Abschluß eines Handelsvertrages mit Österreich als Bedingung für die Erneuerung des Zollvereins. Preußen, das schon früher seine Bereitwilligkeit zu einem solchen Vertrage erklärt hatte, ging darauf ein. Es akzeptierte auch die im offiziellen Text des Vertrages enthaltene Erklärung, wonach dieser nur die Vorstufe zu einer späteren Zolleinigung zwischen dem Zollverein und Österreich sein sollte. Die Verhandlungen darüber wurden von Preußen sechs volle Jahre hingeschleppt, bis sie schließlich abgelöst wurden durch die Endphase des ökonomischen Kampfes um Deutschland zwischen Österreich und Preußen, die 1861 begann.

Die Erneuerung der Zollvereinsverträge für die mit dem Jahre 1854 beginnende zwölfjährige Periode ging daher unter anderen Vorzeichen vor sich als im Jahre 1840/41. Damals mußte Preußen mit seinem verhältnismäßig bescheidenen finanziellen Forderungen einen Rückzug antreten, als es auf die Opposition der Mittelstaaten stieß. Zwölf Jahre später aber, als die Erneuerung der Verträge durch das Eingreifen Österreichs Objekt der internationalen Politik geworden war, als es sich zunächst der Front Österreichs und aller deutschen Mittelstaaten gegenüber sah, setzte es alle seine Forderungen durch, deren Erfüllung seine Opponenten manchmal hart traf. Der Zollverein war in dieser Zeit in weit stärkerem Maße zu einem preußisch beherrschten Gebilde geworden, als er es von Anfang an gewesen war. Die ökonomische Entwicklung, die im gesamten Deutschland während dieser zwanzig Jahre vor sich gegangen war, die Fortschritte in der Herausbildung eines nationalen Marktes, sowie dessen stärkere Einschaltung in den Welthandel hatten die ökonomische Bindung der deutschen Länder an einen deutschen Zollverein noch stärker gemacht. Daß dieser aber mit Notwendigkeit preußische Domäne sein mußte, hatte auch der verstocktesten souveränitätsbesessenen oder österreichisch-orientierten Regierung der Ablauf der Verhandlungen über die Erneuerung der Zollvereinsverträge in den Jahren 1850 bis 1853 klargemacht.
Ein wichtiger Faktor zur Verstärkung der preußischen Vormachtstellung innerhalb des Vereins waren die Verhandlungen, die seit Bestehen des Zollvereins über den Abschluß von Handelsverträgen geführt worden waren. In den meisten Fällen waren sie durch preußische Unterhändler geführt, die Verträge selbst durch Preußen, als für den Zollverein handelnd, abgeschlossen und dann den anderen Ländern mitgeteilt wurden. Die Vereinbarungen zwischen den Ländern des Zollvereins enthielten außerdem die Verpflichtung, daß die konsularischen Vertretungen jedes Landes auch den Angehörigen der anderen Vereinsländer Schutz angedeihen lassen sollten. Offensichtlich war das eine Verpflichtung in der Hauptsache für Preußen, das als größter deutscher Staat über das umfassendste Netz von Auslandsvertretungen verfügte. Die Vertretung des Zollvereins nach außen war also eine Aufgabe, die via facti, ohne ausdrücklich festgelegt zu sein, Preußen zufiel und damit automatisch die Abhängigkeit der kleineren deutschen Staaten verstärkte.

DIE HANDELSVERTRÄGE DES ZOLLVEREINS

Die Gründung des Zollvereins hatte das kommerziell-diplomatische Gewicht Deutschlands gegenüber den fremden Staaten verstärkt. Es ist bereits gezeigt worden, welche inferiore Stellung vordem selbst ein Staat wie Preußen beim Versuch, Handelsverträge abzuschließen, einnahm. Darin trat sehr bald eine merkliche Besserung ein, ohne damit sagen zu wollen, daß der Zollverein etwa den alten Handelsnationen gleich geachtet worden wäre. Immerhin mußte man aber jetzt Verträge abschließen und konnte es sich nicht mehr erlauben, den auf Grund einseitiger handelspolitischer Maßnahmen vorgebrachten Vorstellungen einfach die kalte Schulter zu zeigen, wie es früher häufig geschah.
Als aber dann nicht lange Zeit nach der Gründung des Zollvereins die ersten Verhandlungen über den Abschluß eines Handelsvertrages zunächst mit Holland aufgenommen wurden, da stellten sich einmal mehr die Nachteile der deutschen Zustände gegenüber den alten westeuropäischen Handelsnationen heraus. Der eigentliche Handelsvertrag, dem im Jahre 1837 ein Schiffahrtsvertrag vorangegangen war, wurde 1839 geschlossen und enthielt die Meistbegünstigungsklausel für Waren aus dem Zollverein, wofür eine ganze Anzahl von Zollbegünstigungen für holländische Waren gewährt wurden, an erster Stelle für die Einfuhr von Zucker aus den holländischen Kolonien. Besonders durch diese Bestimmung scheint die Entwicklung der deutschen Zuckerindustrie zeitweise aufgehalten worden zu sein, und es machte sich eine starke Opposition dagegen geltend. Nach Abschluß des Vertrages stellte sich aber in der Praxis heraus, daß die holländischen Gegenleistungen für die deutschen Zugeständnisse sehr wenig wertvoll waren, da der Absatz von Waren aus dem Zollverein in Holland und seinen Kolonien erheblich überschätzt worden war. Der gesamte Handelsvertrag war also von Anfang an von deutscher Seite auf falschen Voraussetzungen aufgebaut. Wenn nachträglich behauptet wurde, die deutschen, genauer gesagt, preußischen, Unterhändler seien wenig versiert in internationalen Verhandlungen gewesen und so der diplomatischen Routine einer alten Handelsnation erlegen, so mag das richtig sein, trifft aber nicht den Kern der Sache. Die Wahrheit ist doch vielmehr, daß durch die relative Zurückgebliebenheit der deutschen ökonomischen und politischen Entwicklung auch jene Teile des Überbaus, die in den handelspolitischen Beziehungen von großer Bedeutung sind, nur rudimentär ausgebildet waren. Weder das neuentstandene Büro des Zollvereins noch die beteiligten preußischen Regierungsstellen waren mit etwa dem

britischen Board of Trade oder den niederländischen Handelsbehörden als Institutionen für die Lenkung der Handelspolitik zu vergleichen.
Der Handelsvertrag mit Holland wurde sehr bald wieder gekündigt und lief mit dem 31. Januar 1841 ab. Ihm folgten andere Handels- und Schiffahrtsverträge, nämlich mit Belgien, England, Griechenland und der Türkei. Der Vertrag mit England aus dem Jahre 1841 ist kein Handelsvertrag im eigentlichen Sinne, sondern gesteht lediglich die auch anderen Staaten bereits vertraglich bestätigte Lockerung der britischen Schiffahrtsakte ebenfalls den Seefahrzeugen der Zollvereinsstaaten zu. Darüber hinaus enthält er keine Bestimmungen über einen erleichterten Warenaustausch zwischen den beiden Gebieten.
Der Vertrag mit Belgien ist einmal durch jahrelange, immer wieder unterbrochene Verhandlungen gekennzeichnet, zum zweiten aber dadurch bemerkenswert, daß er auf Grund der Einführung von Vergeltungsmaßnahmen gegen Belgien zustande kam. Als verschiedene provisorische Vereinbarungen, die Zollbegünstigungen für Wein und Seidenfabrikate vorsahen, von Belgien wieder außer Kraft gesetzt wurden, wurde von seiten des Zollvereins der Zoll für belgisches Eisen erhöht. Unter dem Eindruck dieses Schrittes kam 1844 dann der Handelsvertrag zustande, der gegenseitige Zollerleichterungen für eine Reihe von Waren festlegte.
Von größerer Bedeutung als die erwähnten Verträge und noch einige andere, wie mit Portugal und Sardinien, ist der schon angeführte Handelsvertrag mit Österreich, der als einziges konkretes Ergebnis der österreichischen Bemühungen, die preußische Hegemonie im Zollverein zu brechen, entstand. Inhaltlich handelte es sich dabei um Zollerleichterungen und sogar Zollbefreiungen, neben einer ganzen Reihe anderer, den Warenverkehr zwischen den beiden Kontrahenten fördernder Maßnahmen. Von seiten Österreichs wurden diese Abmachungen als Etappe auf dem Weg in den Zollverein betrachtet, preußischerseits als notwendige, handelspolitisch sogar willkommene Konzession an die deutschen Mittelstaaten. Die politischen Aspekte des Vertrages überschatteten also bei weitem die kommerziellen.
Wenn man die Ergebnisse der Handelspolitik des Zollvereins in dieser Periode überblickt, so wie sie sich in den vom Verein abgeschlossenen Verträgen präsentieren, so kann man zunächst feststellen, daß nur ein einziger solcher Vertrag mit einer Großmacht, nämlich mit Österreich, geschlossen wurde. (Der Vertrag mit England gehört als reiner Schiffahrtsvertrag nicht unmittelbar in diese Betrachtung.) Aber auch der Vertrag mit Österreich kam nur unter den besonderen politischen Bedingungen Deutschlands, als Resultat einer bestimmten Phase der Auseinandersetzung um die Hegemonie in Deutschland zustande. Die vertraglich festgelegten Handelsbeziehungen des Zollvereins reduzieren sich unter diesen Umständen auf solche mit Staaten geringerer Bedeutung, sowohl vom allgemeinen politischen als auch vom handelspolitischen Gesichtspunkt aus. Das ist nur zum Teil auf das Konto mangelnder „Vertragsfähigkeit“ des Zollvereins und seiner noch nicht international anerkannten Bedeutung als Handelspartner zurückzuführen. Eine bedeutende Rolle spielt hier

auch die Tatsache, daß die großen europäischen Mächte in den vierziger Jahren immer noch eine protektionistische Handelspolitik verfolgten und nur England auf dem Wege zum Freihandel bereits eine bedeutende Strecke zurückgelegt hatte. Sie kamen daher auch untereinander kaum zu Handelsverträgen. Die britischen Schiffahrtsgesetze wurden zwar 1849 aufgehoben und gleichzeitig damit auch die endgültige Abkehr vom Schutzzollsystem vollzogen, aber erst 1860 kam es zu einem Handelsvertrag zwischen England und Frankreich. Jeder abgeschlossene Handelsvertrag hätte notwendigerweise eine Bresche in das Tarifsystem schlagen müssen, da sein Sinn immer nur in der Erleichterung des Warenverkehrs bestehen konnte. Diese Situation war natürlich besonders ungünstig für die deutschen Länder, die bei rasch ansteigender industrieller Produktion überall auf Zollmauern stießen und nicht die Möglichkeit eines ausgedehnten Kolonialhandels in einem von ihnen beherrschten Kolonialreich besaßen.

Man wird also zusammenfassend feststellen müssen, daß die rasch fortschreitende kapitalistische Entwicklung Deutschlands, die durch den Zollverein erheblich gefördert wurde, bessere Bedingungen für den deutschen Außenhandel in dieser Periode geschaffen hat als jemals zuvor, daß man überhaupt erstmalig einen deutschen Außenhandel in einem bedingten Sinne vor sich hat. Preußen festigte seine führende Rolle als deutsche Macht nicht nur innerhalb Deutschlands, sondern auch international durch sein Auftreten als Sprecher des Zollvereins. Die Notwendigkeit der Aufrechterhaltung und Entwicklung des Zollvereins verstärkte darüber hinaus die preußische Vorherrschaft, da, wer den Zollverein wollte, sie in Kauf nehmen mußte.

Die internationalen Verhältnisse aber setzten den Möglichkeiten der Expansion des deutschen Außenhandels Grenzen. Hatte auch in Deutschland die erste Schlacht zwischen Schutzzoll und Freihandel mit der Niederlage des ersteren geendet, so war doch die protektionistische Handelsgesetzgebung der anderen Nationen ein ernstes Hindernis für die Ausdehnung der Warenzirkulation über die nationalen Grenzen. Die Voraussetzungen für die Entfaltung des deutschen Außenhandels waren deshalb, ebenso wie wegen der politischen Verfassung Deutschlands, keine eindeutig günstigen. Dennoch machte er insgesamt währand dieser Zeit eine Entwicklung durch, wie sie vorher nicht und nachher nur in wenigen Zeitabschnitten vor sich ging. Das beweist, wie sich trotz der Hindernisse die rasche Entwicklung der Produktivkräfte im Zusammenhang mit der fortschreitenden Herausbildung eines nationalen Marktes durchsetzte und auch ihren Ausdruck im Außenhandel findet.

DIE EXPANSION DES DEUTSCHEN AUSSENHANDELS

Über die Entwicklung des Außenhandels des Deutschen Zollvereins in den Jahren von 1834 bis 1853 gibt folgende Tabelle Aufschluß.

(Spalte 1 u. 2 – Werte in Mill. Mark, Spalte 3, 4 u. 5 in Mark)

Jahr	Einfuhr	Ausfuhr	Einfuhr pro Kopf	Ausfuhr pro Kopf	Außenhandel pro Kopf
1834	318	431	13,5	18,3	31,8
1835	334	423	14,1	18,0	32,1
1836	385	512	15,0	19,8	34,8
1837	409	470	15,9	18,0	33,9
1838	461	530	17,7	20,4	38,1
1839	458	556	17,7	21,0	38,7
1840	502	549	19,2	20,7	39,9
1841	545	568	20,4	21,3	41,7
1842	566	489	20,1	17,4	37,5
1843	636	490	22,2	17,1	39,3
1844	629	526	21,6	18,3	39,9
1845	659	534	22,5	18,3	40,8
1846	664	512	22,5	17,4	39,9
1847	648	518	21,9	17,5	39,4
1848	603	483	20,4	16,2	36,6
1849	546	514	18,3	17,3	35,6
1850	545	522	18,3	17,4	35,7
1851	557	535	18,3	18,0	36,3
1852	589	555	19,2	18,3	37,5
1853	612	754	19,8	24,3	44,1

Wenn man bei der Untersuchung dieser Tabelle zunächst von den Zahlen der letzten Spalte – die als Pro-Kopf-Zahlen wenigstens in gewissem Maße den Gebietsveränderungen des Zollvereins Rechnung tragen – ausgeht, so heben sich drei deutlich geschiedene Perioden heraus. Vom ersten Jahr der Existenz des Zollvereins bis zum Jahre 1841 ist ein fast gleichmäßiger Anstieg, nur im Jahre 1837 unterbrochen, zu verzeichnen. In diesem Zeitraum erhöhen sich die Außenhandelsumsätze pro Kopf um 31 Prozent, d. h. um fast ein Drittel.
Diese Erhöhung ist aber, wie bekannt, nicht das Ergebnis einer gleicherweise rapiden Erweiterung der Produktion, die erst in der ersten Hälfte der vierziger

Jahre erfolgte. Die Zollverein-Statistik war während der ersten beiden Jahre sehr lückenhaft – oder genauer gesagt, noch wesentlich lückenhafter als später – und ein Teil dieser Steigerung ist daher auf die Unvollständigkeit der Statistik in den Jahren 1834 und 1835 zurückzuführen. Aber auch wenn diese beiden Jahre außer Betracht gelassen werden, ergibt sich im Zeitraum von 1836 bis 1841 eine Erhöhung des Außenhandelsumsatzes, auf den Kopf der Bevölkerung gerechnet, um fast genau ein Fünftel. Neben der allgemeinen Entwicklung des deutschen Kapitalismus liegt der Grund hierfür vor allem in dem Auftrieb, den die Herstellung eines zusammenhängenden deutschen Zollgebietes dem Außenhandel gegeben hat.

Dieses größere deutsche Zollgebiet wirkte sich unmittelbar in zweierlei Hinsicht positiv aus. Zunächst bewirkte es die Eindämmung des Schmuggels und eine Verlagerung auf die legale Einfuhr. Zwar spielte Schmuggelware noch immer eine bedeutende Rolle an der österreichischen, vor allem aber an der russischen Grenze. Die süddeutschen Staaten aber und besonders die deutschen Kleinstaaten, soweit sie nicht schon vorher in das preußische Zollgebiet einbezogen waren, hörten auf, das Eldorado der Schmuggler zu sein, das sie bis dahin infolge der willkürlichen und unzusammenhängenden Grenzziehung waren. Zum anderen aber führte die Herstellung des zusammenhängenden Zollgebietes zum Wegfall der Durchfuhrzölle im Gebiet des Zollvereins, worunter die preußischen für die süddeutschen Länder am drückendsten waren, für die ein- und ausgeführten Waren der Zollvereinsstaaten. Es ist kein Zweifel, daß die Aufhebung dieser oftmals recht erheblichen Belastung eine unmittelbare belebende Wirkung auf den deutschen Außenhandel hatte. Die Errichtung des Zollvereins, dieses „Höchstmaß von Zentralisation, zu dem man es in Deutschland je gebracht hat“[43], stimulierte durch die Proklamierung der Freiheit der Warenzirkulation im Innern auch die Erweiterung des Außenhandels bedeutend.

Die zweite Periode ist die von 1842 bis 1846, in der der Umfang des Außenhandels sich wertmäßig nicht vergrößert, sondern trotz verschiedentlicher Schwankungen stagniert. Diese Stagnation des Außenhandels fällt zeitlich zusammen mit der ersten Periode der raschen Entwicklung des deutschen Kapitalismus, der Erweiterung der industriellen Produktion und des Entstehens von Großbetrieben. Die materiellen Voraussetzungen für eine starke Entwicklung der Außenhandelsbeziehungen waren in erhöhtem Maße innerhalb Deutschlands gegeben, dennoch stagnierte der Außenhandel, und es zeigt sich ein Auseinanderfallen der industriellen Entwicklung und der Entfaltung des Außenhandels.

Zur Erklärung dieser Erscheinung ist es notwendig, die Bewegung der Ein- und Ausfuhr gesondert, d. h. die Spalten 4 und 5 der Tabelle heranzuziehen. Während die Einfuhr eine zwar unregelmäßige und geringe, aber doch eine Aufwärtsbewegung aufweist, ist die fallende Tendenz bei der Ausfuhr unverkennbar. Die Pro-Kopf-Quote der Einfuhr liegt 1846 um 13 Prozent über der

[43] Marx, Karl, Engels, Friedrich, Revolution und Konterrevolution in Deutschland. Berlin 1953, S. 31.

von 1841, die der Ausfuhr von 19 Prozent unter der Zahl für 1841. Damit zeichnen sich nicht nur zwei auseinanderfallende Entwicklungslinien von Import und Export ab, sondern der Ausfuhrüberschuß verwandelt sich zunächst vom Jahre 1842 an in einen Überschuß der Einfuhr, worüber später noch einiges zu sagen sein wird.

Es ist durchaus kein Zufall, daß diese Entwicklung mit der ersten Auseinandersetzung unter den Zollvereinsstaaten über die Frage Schutzzoll oder Freihandel zusammenfällt. Wie schon ausgeführt, war der auslösende Faktor für diese Auseinandersetzung die steigende Einfuhr einer Reihe von Waren aus Großbritannien, hauptsächlich von Textil-Halbfabrikaten und Eisen. Diese Preisentwicklung in England hatte in bezug auf Deutschland eine doppelte Wirkung: einerseits trat eine Erhöhung der deutschen Einfuhr aus dem Ausland in den zu billigen Preisen angebotenen Waren ein, andererseits begegnete der deutsche Export der wohlfeileren britischen Konkurrenz und konnte für seine Waren nur mühsam und eingeschränkt Absatz finden. Diese Entwicklung ist an einigen typischen Export- oder Importwaren einwandfrei nachzuweisen.

Die Einfuhr baumwollener Garne belief sich:

	1837—1841	1842—1846
Zollzentner (jährl. Durchschnitt)	389130	500930

Die Einfuhr von Schmiedeeisen in Stäben betrug:

	1837—1841	1842—1846
Zollzentner (jährl. Durchschnitt)	395995	1133623

Und schließlich betrug die Ausfuhr von baumwollenen Fertigwaren:

	1837—1841	1842—1846
Zollzentner (jährl. Durchschnitt)	89748	75050 [44]

Während die Situation auf dem britisch-beherrschten Weltmarkt eine ausreichende Erklärung für die Stagnation und die rückläufige Bewegung der deutschen Ausfuhr bietet, ist sie für die Interpretation der steigenden Einfuhr nur ein Moment und noch nicht einmal das wesentlichste. Der entscheidende Faktor ist in dem sich rasch vollziehenden Industrialisierungsprozeß zu sehen, der den deutschen Markt aufnahmefähig für alle Arten von industriellen Rohmaterialien, Halbfabrikaten und Ausrüstungsgegenständen machte, die durch die deutsche Industrie entweder überhaupt nicht oder in nicht genügender Quantität und Qualität geliefert werden konnten. Der relativ niedrige Entwicklungsstand der deutschen Industrie machte die Einfuhr der sachlichen Bedingungen für eine Entfaltung der Industrie auf großer Stufenleiter zu einer notwendigen Voraussetzung, wenn anders nicht eine Verzögerung der kapitalistischen Entwicklung eintreten sollte. Ohne diese Einfuhr wäre die Entwicklung

[44] Zusammengestellt nach den Angaben in: Statistisches Handbuch für das Deutsche Reich. Berlin 1907, Teil II, Anhang zur Tabelle 4.

der vierziger Jahre unmöglich gewesen, sie war ein entscheidender Faktor bei der kapitalistischen Durchdringung Deutschlands.

Vom Jahre 1842 liegt für eine Periode von elf Jahren, bis einschließlich 1852, der Wert der Einfuhr über dem der Ausfuhr. Damit hat Deutschland erstmals nachweislich für eine längere Zeitperiode eine passive Handelsbilanz. Obzwar die Zollvereinsstatistik zu ungenau ist, um bei geringen Abweichungen des Totalwertes der Einfuhr von dem der Ausfuhr einen solchen Schluß ziehen zu können, läßt der erhebliche Einfuhrüberschuß in jedem dieser elf Jahre keinen Zweifel über die Tatsache. Aber diese Passivität der Handelsbilanz ist nichts anderes als der Ausdruck, den der rasche Wachstumsprozeß des deutschen Kapitalismus in jener Periode im Außenhandel findet. In ihm drückt sich die Tatsache aus, daß der Aufbau der kapitalistischen Betriebe den Bezug der Ausrüstung und auch vieler Rohmaterialien und Halbfabrikate aus dem Ausland erforderte, dem im gleichen Zeitraum noch keine erhöhte Produktionsleistung an exportfähigen Waren gegenüberstand. Wahrscheinlich wäre der deutsche Kapitalismus rascher aus diesem Zustand herausgekommen, wenn er nicht durch den Eintritt der ersten zyklischen Krise, die der deutsche Kapitalismus im Jahre 1847 erlebte, verlängert worden wäre. Während dieser Krise fielen die Einfuhrwerte bedeutend, ihrem Rückgang entspricht jedoch eine Parallelbewegung der Ausfuhrwerte, so daß insgesamt das Wertverhältnis zwischen Import und Export, wie es sich von 1842 bis 1846 herausgebildet hatte, erhalten blieb.

Die dritte Periode beginnt mit dem Einsetzen der zyklischen Wirtschaftskrise 1847, die den deutschen Außenhandel schwer trifft. Die Auswirkungen der Krise auf den Außenhandel zeigen sich sowohl was ihre Tiefe, als auch ihre Dauer anbetrifft. Das Jahr 1849, das im Außenhandel als der Tiefpunkt zu bezeichnen ist, weist Umsätze auf, die sich, auf den Kopf der Bevölkerung gerechnet, auf dem Niveau der ersten Jahre des Zollvereins bewegen. Gegenüber dem Spitzenjahr 1841 beträgt der Rückgang 15 Prozent, gegenüber dem Durchschnitt der Jahre 1842 bis 1846 noch über 10 Prozent. Noch mehr tritt jedoch der Rückgang bei der Ausfuhr hervor, die im Jahre 1848 den niedrigsten Stand, der sich aus den Nachweisungen des Zollvereins überhaupt für irgendein Jahr ergibt, zeigt. Die Ausfuhr pro Kopf der Bevölkerung liegt im Jahre 1848 um 24 Prozent unter dem Wert für 1841.

Bedeutsam ist auch die lange Dauer der Ein- und Nachwirkungen der Krise auf den Außenhandel. Die vorliegenden Zahlen zeigen, daß auch noch das Jahr 1852 unter ihrem Einfluß steht und der neue Aufschwung erst 1853 kräftig einsetzt. Besonders kennzeichnend sind hier wiederum die Ausfuhrwerte, die seit 1849 zwar einen leichten Anstieg gegenüber dem vorherigen Krisentief zeigen, aber erst 1853 eine kräftige Aufwärtsbewegung erkennen lassen. Es scheint so, als ob der deutsche Kapitalismus mit erheblich größeren Schwierigkeiten aus der Krise des Außenhandels herausgekommen ist als seine Konkurrenten. Der Grund hierfür ist in der schwachen Stellung zu suchen, die die deutsche kapitalistische Wirtschaft am Weltmarkt noch einnahm und dem Fehlen jeglicher Ressourcen in den internationalen Beziehungen, die zur Überwindung der Krise hätten herangezogen werden können. Großbritannien und in gewissem Maße auch Frankreich, ebenso wie einige kleinere Länder hatten in ihren Kolonien Handelsreservationen, die ihnen eine raschere Überwindung der rückläufigen Bewegung im Außenhandel gestattete. Sie hatten eine historisch entwickelte, einigermaßen stabile Position am Weltmarkt, begründet auch auf ihre industrielle Überlegenheit. Der junge deutsche Kapitalismus konnte auf nichts Derartiges zurückgreifen, die deutsche Bourgeoisie mußte sich alles das erst erkämpfen, was sie im Bismarckschen Reich auch mit gebührender Aggressivität und Rückendeckung durch die junkerliche Militärkaste tat. In den Jahren der Krise nach 1847 aber war sie im internationalen Handel in einer schwachen Position und bekam die Folgen zu spüren.

Diese Entwicklung des wertmäßigen Umfangs im Außenhandel gibt nur bedingt Aufschluß über die ein- und ausgeführten Mengen. Bei einem Vergleich der Jahre 1841 und 1850 zeigt sich, daß in einer ganzen Reihe von Fällen die Außenhandelsumsätze des letzteren Jahres größer sind. In manchen Fällen mag das auf Strukturänderungen zurückgehen, die infolge der grobgegliederten Zollvereinsstatistik nicht eindeutig nachweisbar sind, wie z. B. bei der Wollausfuhr. Im ganzen jedoch kann nicht bezweifelt werden, daß die aus- und eingeführten Mengen sich nicht im selben Maß reduzierten, wie es die Werte taten.

Der Grund hierfür liegt darin, daß die deutschen Großhandelspreise, die sich bis Mitte der vierziger Jahre im wesentlichen stabil gehalten hatten, dann für eine kurze Zeitspanne anzogen – in der Hauptsache unter dem Einfluß steigender Preise für agrarische Produkte –, um gegen das Ende der vierziger Jahre einen erheblichen Einbruch zu erleben.[45]

Das Bild, das durch die Entwicklung der Preise in Deutschland vermittelt wird, gibt die Lage im Außenhandel nur verzerrt wieder. Vergleiche mit den westeuropäischen Ländern zeigen, daß dort ein erheblich schärferer Preisfall eintrat.[46] Man muß also annehmen, daß die Weltmarktpreise, für die der deutsche Export und Import nur ein zweitrangiger Faktor war, stärker als die Preise in Deutschland fielen und daß demzufolge die deutschen Importe und Exporte manchmal ein erheblich größeres Volumen repräsentierten als vordem, obwohl sie wertmäßig unter den Zahlen früherer Jahre lagen.

Die vorhandenen Unterlagen lassen eine einigermaßen genaue Berechnung der Entwicklung des mengenmäßigen Volumens im deutschen Außenhandel nicht zu. Es läßt sich jedoch mit ziemlicher Sicherheit feststellen, daß seit der Entstehung des Zollvereins eine fortlaufende Steigerung der ein- und ausgeführten Quantitäten vor sich ging, die lediglich während der eigentlichen Krisenjahre von 1847 bis 1849 eine Unterbrechung erfuhr. Auch in der Periode der Stagnation des Außenhandels, zwischen 1841 und 1846, ist eine schwache Aufwärtsbewegung der Mengen zu konstatieren, die sich wertmäßig infolge der englischen

[45] Vgl. dazu: Sonderhefte des Instituts für Konjunkturforschung. „Die Großhandelspreise in Deutschland von 1792–1934", Berlin 1935, Nr. 37, S. 82.

[46] Ebenda, S. 34.

Preisentwicklung, die von entscheidendem Einfluß auf die Weltmarktpreise war, in einer Stagnation der Außenhandelsumsätze ausdrückt. Von 1841 bis 1845 sanken die englischen Großhandelspreise um 15 bis 20 Prozent[47], wobei allerdings ebenfalls nur die Tendenz als zutreffend angenommen werden kann, die Ausmaße jedoch nicht ohne weiteres als richtig für die Import- und Exportpreise unterstellt werden können.

Der gesamte Außenhandel Deutschlands einschließlich der nicht dem Zollverein angehörigen Gebiete ist für das Jahr 1840 auf 1140 und für 1850 auf 1250 Mill. Mark anzusetzen. Obwohl der Handel des Zollvereins nach den vorliegenden Berechnungen in beiden Jahren etwa den gleichen wertmäßigen Umfang hatte, ist der Zwischenhandel der außerhalb des Zollvereins liegenden Nordseehäfen stark gewachsen. Der Handel der meisten deutschen Gebiete außerhalb des Zollvereins entwickelte sich seit dessen Gründung in Abhängigkeit vom Zollverein, Hamburg und Bremen wurden in steigendem Maße Freihäfen des Zollvereins. Es erweist sich im allgemeinen, daß die außerhalb des Zollvereins gebliebenen deutschen Länder ebenso außenhandelsintensiv wie der Zollverein sind, das heißt, die Außenhandelsquote pro Kopf der Bevölkerung etwa der im Zollverein entspricht (wobei die Hansestädte hier überhaupt nicht vergleichbar sind). Die Ausnahme von dieser Regel bildet allein Mecklenburg. In keinem dieser deutschen Länder handelt es sich um ein industriell entwickeltes Gebiet, jedoch fand ein lebhafter Handel mit landwirtschaftlichen Erzeugnissen statt, und, begünstigt durch eine Freihandelspolitik, waren die Importe ausländischer Produkte, sowohl von Kolonialwaren als auch von industriellen Erzeugnissen bedeutend. Obzwar Getreide in der Ausfuhr eine Rolle spielte, treten die tierischen Produkte, wie Wolle, Butter, Käse und lebendes Vieh in den Vordergrund.

Der deutsche Außenhandel ist in diesen beiden Jahrzehnten trotz seiner starken Entwicklung hinter der rapiden Entwicklung des Welthandels zurückgeblieben. Nach der Zusammenstellung von A. Sartorius von Waltershausen ergibt sich folgendes Bild[48]:

	Englische Quellen	Amerikanische Quellen	Deutsche Quellen
Welthandel 1830	407 Mill. £	1981 Mill. $	7— 8 Mill. Mk.
Welthandel 1850	832 „ £	4049 „ $	15—16 „ Mk.

Alle diese Berechnungen weisen übereinstimmend eine Steigerung der Welthandelsumsätze auf mehr als das Doppelte aus, während der Wert der Aus- und Einfuhren Deutschlands sich nur um etwa die Hälfte erhöhte. Die Zahlen für einzelne Länder gibt Mulhall wie folgt (in Mill. £)[49]:

[47] Ebenda.
[48] v. Waltershausen, A. Sartorius, Die Entstehung der Weltwirtschaft. Jena 1931, S. 251.
[49] v. Waltershausen, A. Sartorius, Ebenda, S. 251f.

	Groß-britannien	Frank-reich	Rußland	Italien	Verein. Staaten	Brit. Kolonien	Indien
1830	88	41	28	20	22	9	10
1850	169	95	40	38	62	44	30

Deutschland, dessen Außenhandel 1830 einen Wert von etwa 40 Mill. £ hatte und 1850 Aus- und Einfuhren im Werte von 62 Mill. £ aufwies, war also durch die Entwicklung dieser beiden Jahrzehnte als Handelsnation hinter anderen Ländern zurückgefallen und lag nunmehr hinter Großbritannien und Frankreich in totem Rennen mit den Vereinigten Staaten von Nordamerika. Dabei zeigte sich erstmalig eine nur durchschnittliche oder sogar unterdurchschnittliche Entwicklung der europäischen Länder, von denen als einziges Frankreich eine über dem internationalen Durchschnitt liegende Zunahme seiner internationalen Handelsumsätze zeigt. Frankreichs Handel jedoch entsprach in früheren Jahrzehnten nicht dem Grad seiner kapitalistischen Entwicklung und der Ausgleich dieser Diskrepanz führte zu einer starken Steigerung seines Außenhandelsvolumens in diesen beiden Jahrzehnten. Im übrigen aber können die überseeischen Länder den Löwenanteil bei der Ausweitung des Welthandels für sich buchen. Erstmalig tritt der Zustand ein, daß ein wenn auch vorerst nur geringer Teil des Welthandels an den westeuropäischen Ländern vorübergeht, sie nicht mehr fast restlos der Magnet sind, der die Ströme des Welthandels anzieht und wieder abstößt – die Entwicklung der Vereinigten Staaten von Nordamerika hatte die Wege des internationalen Handels verändert.
Die Gründe für das Zurückbleiben des deutschen Außenhandels sind nicht schwer zu finden. Es waren, wie eben gezeigt wurde, in der Hauptsache außereuropäische Länder, deren Außenhandel sich besonders rasch entwickelte. Deutschland aber konnte nicht den Anschluß an diese sich neu entwickelnden Handelsgebiete finden, sein Überseehandel war, obzwar vorhanden, doch noch relativ schwach. In Europa stieß es sowieso überall nicht nur auf das britische Handelsmonopol, sondern auch auf die oftmals übermächtige Konkurrenz anderer kapitalstischer Staaten, in Übersee aber fehlten alle Voraussetzungen, um sich die Entwicklung des Außenhandels zunutze zu machen. Eine lächerlich kleine Handelsflotte, zum großen Teil unter hamburgischer oder bremischer Flagge, keine Kriegsflotte, so gut wie keine ausländischen Niederlassungen und wenig, dazu kaum geachtete und am Handel nicht sehr interessierte diplomatische Vertretungen – das alles waren keine Fundamente für den raschen Aufbau eines transozeanischen Handels. Zu einer rascheren Entwicklung des Außenhandels war es eben nicht nur notwendig, die Warenproduktion zu steigern, sondern auch eine Reihe anderer Voraussetzungen in Produktion und Zirkulation sowie in den politischen und allgemein-staatlichen Verhältnissen zu schaffen, eine Entwicklung, die erst in den beiden folgenden Jahrzehnten – dann aber in großem Maßstab – einsetzte.

DIE STRUKTUR DES DEUTSCHEN AUSSENHANDELS NACH DER GRÜNDUNG DES ZOLLVEREINS

Die Zusammensetzung der deutschen Ein- und Ausfuhr und ihre Veränderungen gegenüber 1828, wofür allerdings nur der preußische Außenhandel gegeben werden konnte, ist in groben Umrissen aus nachfolgender Tabelle zu erkennen:

Zusammensetzung der Ein- und Ausfuhr des Zollvereins 1837
nach Anteilsätzen der einzelnen Warenklassen

Einfuhr			Ausfuhr		
Lebensmittel und Getränke		**7,6**	**Lebensmittel und Getränke**		**14,0**
darunter Getreide	**1,3**		**darunter Getreide**	**11,5**	
Kolonialwaren		**18,6**	**Kolonialwaren**		**1,6**
Rohstoffe und Halbfabrikate		**58,5**	**Rohstoffe und Halbfabrikate**		**27,2**
darunter:			**darunter:**		
f. d. Leinenindustrie	**3,4**		**f. d. Wollindustrie**	**6,3**	
f. d. Seidenindustrie	**4,3**		**f. d. übrige Textilindustrie**	**4,9**	
f. d. Baumwollindustrie	**12,4**		**Fertigwaren**		**56,2**
f. d. Wollindustrie	**6,4**		**darunter:**		
Farbstoffe	**6,5**		**Leinenwaren**	**11,1**	
f. d. Textilindustrie gesamt	**33,0**		**Seidenwaren**	**5,9**	
			Baumwollwaren	**7,6**	
Fertigwaren		**12,7**	**Wollwaren**	**15,4**	
darunter Textilien	**8,5**		**Textilien gesamt**	**40,0**	
Verschiedene Waren		**2,6**	**Verschiedene Waren**		**1,0**
		100,0			**100,0**

Das allgemeine Bild ist zunächst dasselbe wie im Jahre 1828. Der Anteil der Fertigfabrikate an der Ausfuhr ist derselbe geblieben, während sich die Relation zwischen den exportierten Rohstoffen und Halbfabrikaten und der Lebensmittelausfuhr zugunsten der letzteren verschob. Auf der Einfuhrseite hat sich der Bezug von Rohstoffen und Halbfabrikaten weiter erhöht auf Kosten des Imports von Fertigwaren, und insgesamt wird die Struktur des Außenhandels wiederum beherrscht von der Textilindustrie, wenn auch gegenüber 1828 in einem abgeschwächten Maße.

Obwohl es sich nur um Verschiebungen und nicht um grundlegende Veränderungen der Struktur handelt – die auch in diesem neunjährigen Zeitraum gar

nicht hätten eintreten können –, sind sie doch bedeutsam. Was die Einfuhr anbetrifft, so können die Anteile der Lebensmittel und Getränke sowie der Kolonialwaren in Kürze abgetan werden. Die Verschiebungen sind nur ganz geringfügig, so wie sie sich zwischen einzelnen Jahren im Außenhandel kapitalistischer Länder immer ergeben. Ebenso sind die importierten Waren dieselben geblieben: geringe Mengen Getreide, hauptsächlich Roggen, Heringe, Wein, lebendes Vieh und Nahrungs- und Genußmittel aus den Kolonien. Größere Unterschiede bei diesen Waren im einzelnen gegenüber 1828 sind weniger auf Veränderungen im tatsächlichen Import, sondern auf das in den beiden Jahren verschiedene Territorium – Preußen und der Zollverein – zurückzuführen.
Der Einfuhranteil der Rohstoffe und Halbfabrikate hat sich von 49,7 Prozent im Jahre 1828 auf 58,5 Prozent im Jahre 1837 erhöht. Diese Erhöhung ist fast ausschließlich dem größeren Bezug von Textilrohstoffen zuzuschreiben, der von 26,5 auf 33 Prozent stieg. Zunächst drückt sich auch hier ein Unterschied zwischen dem Gebiet des Zollvereins und Preußens aus: Die Bezüge an Rohbaumwolle und Baumwollgarnen stiegen von 10,1 auf 12,4 Prozent, was im wesentlichen auf das Königreich Sachsen zurückzuführen ist. Die zweite große Veränderung in dieser Gruppe, die Erhöhung der Einfuhr von Rohwolle und Wollgarn jedoch geht auf andere Ursachen zurück. Ein- und Ausfuhr von Rohwolle halten sich 1837 mengenmäßig fast die Waage. Während die Ausfuhr hochwertiger einheimischer Wolle gegenüber 1828 nur in geringem Maße zugenommen hat, ist die Einfuhr groberer Schafwolle aus Rußland und Österreich erheblich gestiegen. Die Zahlen des Schafbestandes für Preußen zeigen, daß der Anfall an Wolle gewachsen sein muß.[50] In den Veränderungen der Ein- und Ausfuhr von 1828 bis 1837 drückt sich daher ebenso die Verbrauchssteigerung der Wollindustrie im Zollverein aus, wie auch die starke Konkurrenz, die die deutsche Wolle auf den Weltmärkten vorzufinden begann.
Die sonstigen Veränderungen in der Einfuhr der Rohstoffe für die Textilindustrie fallen wenig ins Gewicht. Die statistischen Unterlagen sind zu ungenau, um aus geringfügigen Veränderungen, wie z. B. der Erhöhung des Anteils der Rohseideneinfuhr von 3,8 auf 4,3 Prozent, irgendwelche Schlüsse auf strukturelle Entwicklungen zu ziehen. Man wird im Gegenteil aus der Unerheblichkeit solcher Verschiebungen die Stabilität der Position dieser Rohstoffe im Import schlußfolgern können.
Der Anteil der Einfuhr von Fertigfabrikaten ist gegenüber 1828 erheblich gefallen, wobei innerhalb dieser Gruppe die Textilien ihren Platz behauptet haben. In beiden Jahren stellen Textilien etwa zwei Drittel der gesamten Fertigwaren-Einfuhr, wobei es sich in der Hauptsache um die besseren Qualitäten von Baumwoll- und Seidengeweben handelt. Bei den ersteren war England, bei den letzteren Frankreich der Hauptlieferant. Das Absinken des Anteils der Ein-

[50] Dieterici gibt den Bestand an Schafen für Preußen 1828 mit 12611937, 1837 mit 15011452 Stück an, wobei die Wollschur noch stärker gestiegen sein muß, da der Anteil der halbveredelten und Merinoschafe am Gesamtbestand sich erheblich erhöhte.
Dieterici, C. F. W., Handbuch der Statistik des preußischen Staates. Berlin 1861, S. 234.

fuhr von Fertigwaren ist zu einem Teil zweifellos auf die Entwicklung der deutschen Industrie zurückzuführen, die, wie bekannt, in dieser Zeit besonders die Erzeugung von Konsumgütern steigerte. Es ist aber zum anderen auch der Tatsache geschuldet, daß die Bildung des Zollvereins und die Einführung von Zöllen für Fertigwaren einen Teil des preußischen Imports aus dem nicht deutschen Ausland nunmehr auf andere Zollvereinsstaaten verlagert hat, deren Erzeugnisse in manchen Fällen durch die Belegung der ausländischen Produkte mit Zöllen auf dem deutschen Markte konkurrenzfähig wurden. Und schließlich spielt ein dritter Faktor eine erhebliche Rolle: Die Zurückgebliebenheit der Entwicklung in den deutschen Ländern, außer Preußen und Sachsen, bewirkte insgesamt eine geringe Konsumtionsfähigkeit, d. h. Aufnahmefähigkeit für ausländische Gebrauchsgüter, um die es sich ja weitgehend handelt. Die feineren Qualitätswaren ausländischer Herkunft, z. B. Baumwoll-, Woll- und Seidenwaren setzten die Existenz einer breiteren und wohlhabenderen städtischen Schicht voraus, die aber auf Grund der fehlenden kapitalistischen Entwicklung weder in den süddeutschen Mittelstaaten noch anderswo vorhanden war. Die Zusammensetzung der Einfuhr von Fertigwaren insgesamt läßt den rein für die unmittelbare Konsumtion bestimmten Charakter dieser Gruppe erkennen, so daß eine Fertigwareneinfuhr für den Produktionsbedarf darin fast nicht enthalten ist.

Die Ausfuhr von Lebensmitteln und Getränken ist in ihrer Bedeutung erheblich gestiegen. Wie 1828 besteht sie zu vier Fünfteln aus Getreide, d. h. in der Hauptsache Weizen. Es ist eine merkwürdige Erscheinung, daß bei fortschreitender kapitalistischer, vor allem industrieller Entwicklung die Getreideausfuhr nicht nur absolut steigt, sondern sogar im Außenhandel einen Platz einnimmt, den sie vorher niemals innehatte. (Daß es sich dabei 1828 sowohl als auch 1837 fast ausschließlich um die Ausfuhr aus den preußischen Provinzen östlich der Elbe handelt, beweist der Anteil der Ostseehäfen an den Verschiffungen.) Zwar stieg die Produktion von Weizen in Preußen in diesen Jahren sprunghaft[51], aber das allein erklärt nur die Möglichkeit der Exportsteigerung, aber noch nicht diese selbst.

In den Jahren bis etwa 1830 war die Situation für den Getreideexport, wie an anderer Stelle schon ausgeführt, außerordentlich ungünstig. Das änderte sich

[51] Dieterici berechnet die Weizenerträge Preußens auf Grund der Ergebnisse der Mahlsteuer in den größeren und Mittelstädten Preußens im Jahre 1831 mit 15595863 Scheffel, während sie gemäß einer auf derselben Grundlage vorgenommenen Berechnung im Durchschnitt der Jahre 1836–1839 21507582 Scheffel betragen haben soll. Danach hätten sie sich also im Zeitraum von nur sieben Jahren um 38% erhöht. Obwohl man die Genauigkeit der Zahlen mit Recht bezweifeln mag, ist aber eine starke Ausweitung der Weizenanbauflächen in dieser Zeit unter dem Einfluß wesentlich günstigerer Absatzbedingungen nicht zu bestreiten, während der technische Fortschritt der Landwirtschaft in einem so kurzen Zeitraum beim damaligen Stand der Landwirtschaft nur eine unerhebliche Rolle gespielt haben kann.

Dieterici, C. F. W., Statistische Übersicht der wichtigsten Gegenstände des Verkehrs und Verbrauchs im preußischen Staat und im Deutschen Zollverbande. Berlin, Posen und Bromberg 1838–1857, S. 264 und 1. Fortsetzung S. 195.

jedoch, besonders als England, aber auch andere westeuropäische Länder wieder Getreideeinfuhrgebiete größeren Umfangs wurden. Die Corn-laws waren zwar noch in Kraft, sie erschwerten immer noch die Einfuhr und schützten die englische Grundaristokratie so bis zu einem gewissen Grade vor ausländischer Konkurrenz, aber sie hatten angesichts des steigenden britischen Getreidebedarfs doch weitgehend ihre absolute Wirkung, die z. B. um 1820 noch da war, verloren. Es wurde wieder rentabel für die preußischen Junker, Getreide zu bauen, und während sich z. B. die Roggenerträge kaum erhöhen, d. h. also die Anbaufläche mit Steigerung der landwirtschaftlichen Technik sogar zurückgeht, „blüht der Weizen" des ostelbischen Adels. Hinzu kommt, daß die Steigerung des inländischen Verbrauchs wegen der großen Armut der breiten Massen gering war, die einen Übergang von der Roggen- zur Weizenkonsumtion nicht gestattete, und die erhöhte Produktion ihren Abfluß zum überwiegenden Teil im Export fand. Der Anteil der Weizenproduktion der preußischen Ostseeprovinzen, der durch den Export abgesetzt wurde, ist auf ein Drittel bis zwei Fünftel der Gesamternte zu schätzen. Der Weizenexport aus den preußischen Ostseeprovinzen wurde daher in den dreißiger Jahren ein erstrangiger politischer Faktor, da er die ökonomische Stabilität der preußischen Junkerkaste, des politischen Fundaments des preußischen Staates, sicherte.

Der Rückgang der Bedeutung der Rohstoffe und Halbfabrikate innerhalb der gesamten Ausfuhr erklärt sich fast zur Gänze aus dem sinkenden Anteil der Textilrohstoffe. Auf die Gründe für das relative Sinken der Ausfuhr von roher Wolle wurde schon im Zusammenhang mit der Einfuhr hingewiesen: der stärker als der inländische Anfall von Rohwolle steigende Verbrauch der deutschen Wollmanufakturen und die ausländische Konkurrenz. Eine gewisse Rolle dabei spielt auch die Tatsache, daß rohe Wolle eine der wenigen Waren war, die mit einem, wenn auch geringem, Ausfuhrzoll belegt waren. Diese Belastung, die früher kaum eine Rolle spielte, wurde bei der Begegnung mit ernsthafter Konkurrenz doch fühlbar und hat zusätzlich hemmend auf die Ausfuhr gewirkt.

Der Rückgang des Anteils der übrigen Textilrohstoffe an der Gesamtausfuhr läßt sich vor allem auf die verminderte Ausfuhr von Flachs, Hanf, rohem und gezwirnten Leinengarn zurückführen, deren Mengen erheblich geringer sind als die 1828 aus Preußen ausgeführten. Der Grund liegt vor allem in dem geringeren Zwischenhandel Ostpreußens mit russischen Flachs und Hanf.

Ein bedeutender Posten in der Ausfuhr sind außer den Textilrohstoffen die verschiedenen Sorten von Nutzholz, deren Ausfuhrwert sich auf rund 17,8 Mill. Mark beläuft. Die Hölzer werden sowohl von den östlichen wie den westlichen Teilen Deutschlands geliefert, wobei die Möglichkeit, sie auf den Flüssen bis zu den Seehäfen zu flößen, ein fördernder Faktor für den Export so großer Mengen war. In den östlichen Provinzen sind die Junkerwirtschaften die Hauptlieferanten des exportierten Holzes, das neben der Ausfuhr von Weizen und Schafwolle das ökonomische Rückgrat der junkerlichen Güter bildet.

In der Ausfuhr von Fertigwaren ist zunächst gegenüber 1828 der sinkende Anteil der Textilfabrikate zu konstatieren, der 1828 fast neun Zehntel, genauer

88 Prozent, 1837 aber nur noch 71 Prozent des Gesamtwertes der ausgeführten Fertigwaren ausmachte. Dieser Rückgang ist ausschließlich auf das Sinken der Leinenausfuhr zurückzuführen, deren Wert 1828 mit 72,9 Mill. Mark, 1837 aber nur noch mit 52,2 Mill. Mark zu veranschlagen ist. Es ist gar kein Zweifel, daß es sich hier um eine Erscheinung handelt, die nur zum Teil „statistisch", d. h. durch das in den beiden Jahren verschiedene Territorium, im wesentlichen aber durch den Rückgang der Leinenindustrie überhaupt zu erklären ist. Der durch die englische Handelspolitik sehr gestützten irischen Konkurrenz hatte die schlesische Leinweberei weder produktionstechnisch noch an handelpolitischem Rückhalt etwas entgegenzusetzen, außer der weiteren Senkung der Löhne der Weber. Diese aber mußte irgendwo eine Grenze finden, die auch im Jahre 1837 bald erreicht worden sein muß, wenn man bedenkt, daß nur sieben Jahre später der durch Hunger verursachte Aufstand der schlesischen Weber stattfand.

Der höhere Anteil der Baumwollwaren ist auf den Einschluß Sachsens in das Zollgebiet zurückzuführen, dessen Baumwollerzeugnisse nicht nur in andere deutsche Gebiete, sondern seit geraumer Zeit in beträchtlichen Mengen auch in das Ausland ausgeführt wurden. Die Produktion von Baumwollgeweben muß in dieser Zeit in Deutschland im allgemeinen beträchtlich gestiegen sein, wobei ein entscheidender Faktor die Umstellung von der Hausindustrie auf den fabrikmäßigen Betrieb war. Einigermaßen verläßliche Unterlagen über die Zahl der in Betrieb befindlichen Webstühle fehlen, und selbst die von Dieterici für das Jahr 1844 gemachte Angabe (136000 Webstühle in Baumwolle für den Zollverein, davon 36 Prozent in Preußen) beruhen teilweise auf Schätzung und sind nach seinen eigenen Worten sehr ungenau.[52] Jedoch gibt über die Entwicklung der Baumwollindustrie die Einfuhr von Rohbaumwolle und Baumwollgarn ein zuverlässiges Bild.

Sowohl die Einfuhr von Rohbaumwolle als auch die von Bauwollgarn stiegen also im Laufe der fünf Jahre von 1836 bis 1840, ungeachtet aller Unregelmäßig-

*Ein- und Ausfuhr von Rohbaumwolle und Baumwollgarn des Zollvereins**

	Rohe Baumwolle		Baumwollgarn	
	Einfuhr (in Zentner)	Ausfuhr (in Zentner)	Einfuhr (in Zentner)	Ausfuhr (in Zentner)
1828	(44, 203)	(5,637)	(101,965)	(25,680)
1836	187,858	35,494	318,434	39,797
1837	240,315	35,929	328,748	44,964
1838	229,337	49,410	370,374	47,425
1839	182,285	46,819	368,161	111,051
1840	328,951	72,237	437,473	50,163

* Die Zahlen in Klammern gelten für Preußen.

[52] Dieterici, C. F. W., Der Volkswohlstand im preußischen Staat. Berlin, Posen und Bromberg 1846, S. 242.

keiten zwischen den einzelnen Jahren, beinahe sprunghaft an. Daran läßt sich das enorme Wachstum der Baumwollindustrie, besonders aber der Weberei ermessen. Das Tempo dieser Aufwärtsentwicklung jedoch läßt auch erkennen, daß die Ausdehnung der Baumwollindustrie nicht der weiteren Verbreiterung der Hausindustrie, sondern nur dem Übergang zum fabrikmäßigen Betrieb zuzurechnen ist. Die Hausindustrie besteht weiter in den folgenden Jahrzehnten, aber ihre relative volkswirtschaftliche Bedeutung sinkt, und besonders auf dem Weltmarkt erscheinen nicht mehr die Erzeugnisse der Heimarbeit, sondern die der großen Baumwollwebereien aus Sachsen, der Oberlausitz und dem Rheinland.

Die Ausfuhr der Seidenwaren zeigt gegenüber der Preußens im Jahre 1828 einen bedeutenden anteilmäßigen Rückgang. Dieser Rückgang ist jedoch nicht dem Rückgang der Produktion, sondern der Tatsache zuzuschreiben, daß Preußen der einzige bedeutende Produzent von Seidenwaren unter den Zollvereinsländern war und demgemäß vor dem Zollzusammenschluß eine bedeutende Ausfuhr preußischer Seidenfabrikate nach den anderen deutschen Ländern stattgefunden haben muß.[53]

Die reine Einfuhr von Rohseide (die Wiederausfuhr bereits abgesetzt) in das Gebiet des Zollvereins betrug:

1828	(4367)	Zentner*)	1838	4304	Zentner
1836	1444	„	1839	6444	„
1837	6312	„	1840	5844	„

*** Die Zahlen in Klammern gelten für Preußen. Die Zahlen für 1834 und 1835 sind unvollständig und daher hier nicht aufgeführt.**

Trotz einiger erheblicher Schwankungen ist hier die aufsteigende Entwicklung ebenfalls deutlich erkennbar, die allerdings in ihren Ausmaßen nicht vergleichbar ist mit der der Baumwollindustrie. Die angeführten Einfuhrzahlen lassen auf eine Erhöhung der Produktion von 1828 bis 1840 um etwa 20 Prozent schließen, was gegenüber der Produktionssteigerung anderer Zweige, nicht nur der Baumwollindustrie, bescheiden ist. Trotzdem kann der Fall des Anteils an der Gesamtausfuhr gegenüber 1828 nur durch die Konsumtion der Zollvereinsländer, außer Preußen, erklärt werden.

Die Zahlen des Außenhandels für Wolle geben keinen Anhaltspunkt für die Entwicklung der Wollindustrie, die 1837 mit ihren Erzeugnissen 15,4 Prozent des Wertes der Gesamtausfuhr gegenüber 12,3 Prozent im Jahre 1828 in Preußen stellte. Aus den von Dieterici gegebenen Zahlen und Berechnungen[54] ergibt sich zumindest für Preußen ein im Jahre 1842 um etwa ein Drittel höherer Verbrauch an wollenem Tuch als im Jahre 1831. Wenn man die erhöhte Aus-

[53] Nach Dieterici entfielen 93,6% der in Seide gehenden Webstühle des Zollvereins auf Preußen.
Dieterici, C. F. W., Ebenda, S. 243.

[54] Dieterici, C. F. W., Ebenda, S. 142 und 210.

fuhrmenge einkalkuliert, sollte die Erzeugung von Wollgeweben innerhalb dieses Jahrzehnts um etwa 40 Prozent gestiegen sein.

Die Fabrikation wollener Tuche hatte in den vergangenen Jahrzehnten, abgesehen von ihrer mengenmäßigen Erweiterung, auch sonst einige Veränderungen erfahren. Bereits in der altpreußischen Monarchie war die Ausfuhr von Wollgeweben erheblich gewesen, schon die erwähnte Struenseesche Übersicht aus dem Jahre 1795/96 zeigt, daß für etwa 21,5 Mill. Mark Wollwaren aus Preußen ausgeführt wurden, das ist ungefähr 13,9 Prozent der Gesamtausfuhr. Es handelt sich dabei jedoch hauptsächlich um grobe wollene Tuche, die in den altpreußischen Provinzen in Heimarbeit hergestellt wurden und in der Hauptsache in Rußland abgesetzt wurden. Eine fabrikmäßige Herstellung von wollenen Tuchen gab es kaum, und wo sie bestand, wurde sie in dieser oder jener Form staatlich subventioniert.[55] Die rheinischen Gebietserwerbungen des preußischen Staates im Jahre 1815 veränderten jedoch die Situation erheblich. Die Tuchmanufakturen des Aachener Gebietes, die lange Zeit für den französischen Markt gearbeitet hatten, zwangen durch ihre höher entwickelte Produktionstechnik und bessere Qualität der Waren auch die übrige Tucherzeugung zu einer Umstellung, so daß im Ergebnis in den dreißiger Jahren schon überwiegend feinere Tuche hergestellt wurden, die ihren Weg weiterhin großenteils nach dem Osten, aber auch schon nach Übersee nahmen. Darüber hinaus zeigen die Unterlagen deutlich, daß die Erzeugung von Tuch im Rahmen der Hausindustrie sich nur langsam entwickelte und dieser Zweig der Textilindustrie immer mehr den Charakter einer Fabrikindustrie annahm.[56] Das Erscheinen der deutschen Tuche auf dem eigentlichen Weltmarkt ist gleicherweise Voraussetzung wie auch Ergebnis der teilweisen Umwandlung der Wollfabrikation von der Hausindustrie zur Fabrikindustrie.

Von den sonstigen ausgeführten Fertigwaren sind nach ihrer Bedeutung für den Export noch hervorzuheben: Eisenwaren aller Art, die insgesamt einen Ausfuhrwert von etwa 12 Mill. Mark oder 2,4 Prozent der Ausfuhr repräsentieren, feine Holzwaren (Nürnberger Waren), Kupfer- und Messingerzeugnisse, Bücher und Ton- und Porzellanwaren. Es sind fast ausschließlich Erzeugnisse der Leichtindustrie, die für den unmittelbaren individuellen Konsum bestimmt sind. Die Produktionsmittelindustrie tritt in der Ausfuhr so gut wie gar nicht in Erscheinung, wenn man von einigen vorzugsweise für Handwerksbetriebe geeigneten Produktionsinstrumenten absieht.

Die Ein- und Ausfuhr des Zollvereins in der zweiten Hälfte der dreißiger Jahre bestätigt also das Bild, das wir vom Stand der kapitalistischen Entwicklung Deutschlands durch die preußische Handelsbilanz von 1828 erhalten haben: Ein

[55] Ebenda, S. 19.

[56] Zwischen 1831 und 1843 erhöhte sich die Anzahl der gewerbsmäßig in der Tuchweberei betriebenen Webstühle in Preußen nur von 15360 auf 17911, also um 16%. Die größeren Unternehmen jedoch bedienten sich nicht mehr der Webstühle, so daß der Zuwachs an Stühlen hinter der Produktionssteigerung erheblich zurückblieb.
Dieterici, C. F. W., Ebenda, S. 212.

am Beginn seiner industriellen Entwicklung stehendes kapitalistisches Land, dessen Industrie von der Textilindustrie beherrscht wird und dessen Außenhandel dementsprechend vorwiegend von den Bedürfnissen und Produkten dieser Industrie bestimmt wird. Es wäre jedoch falsch, die Unterschiede gegenüber 1828, so wenig erheblich sie manchmal sein mögen, nicht zu sehen. Der Außenhandel Preußens wird 1828 maßgeblich durch jene Erzeugnisse der Textilindustrie bestimmt, die vorwiegend in Heimarbeit, im Verlagssystem hergestellt werden. Zehn Jahre später jedoch schieben sich die Zweige, in denen die Fabrikarbeit den größten Anteil hat, die Woll- und Baumwollindustrie, in den Vordergrund. Hingegen hat der konservativste, im schlechtesten Sinne des Wortes „stockpreußische“ Zweig der Textilindustrie, die Leinenindustrie, in seinem Niedergang ein weiteres Stück Wegs zurückgelegt. Noch 1828 sind trotz der großen Wandlungen, die durch die Auswirkungen der Französischen Revolution in Deutschland herbeigeführt wurden, die Züge der ökonomischen Entwicklung deutlich sichtbar, wie sie sich unter dem in Zersetzung befindlichen feudal-absolutistischen System des 18. Jahrhunderts, dem System Friedrichs II. und August des Starken von Sachsen geformt hatten. In dem kurzen Zeitraum von zehn Jahren tritt der industriell-kapitalistische Charakter der deutschen Wirtschaft stärker hervor, hat Deutschland, statt wie bisher nur zögernd, nun entschlossen den Weg der Entwicklung zu einem kapitalistischen Lande betreten.

Eine der deutschen Eigentümlichkeiten ist es, daß sich gleichzeitig mit dieser Entwicklung auch die ökonomische Position der Junker festigte. Im Zusammenhang mit der Entwicklung der Ausfuhr für die Erzeugnisse der junkerlichen Gutswirtschaft, Weizen, Wolle und Holz, ist sichtbar geworden, daß diese Entwicklung des Exports nur der Ausdruck überhaupt für die ökonomische Festigung der kapitalistisch produzierenden Junkerwirtschaft ist. Neben die gezeigte erhöhte Produktion von Marktgetreide, Wolle und Holz sind zur Illustration noch einige Zahlen zu stellen. Dieterici berechnet, daß die Landwirte (lies: die preußischen Junker) aus der Wollproduktion 1805 etwa 9 Mill. Mark einnahmen, 1831 aber 36 Mill. Mark. Die Getreideproduktion betrug 1805 in Preußen 44, 1831 58 und 1843 68 Mill. Scheffel.[57] Die Erhöhung der Produktion hatte wohl kaum einen nennenswert gestiegenen Eigenverbrauch zur Folge, sondern vergrößerte vorwiegend die Menge des Marktgetreides. Auch eine vorsichtige Schätzung wird mit einer jährlichen Mehreinnahme der Landwirte, d. h. der Junker, allein zwischen 1831 und 1843 von 30 Mill. Mark aus dem Getreidebau nicht fehlgehen. Dieser Zustand war das unmittelbare Ergebnis der preußischen Reformen von 1808, die vor allem die kapitalistische Entwicklung der Rittergüter des preußischen Adels unter de facto Beibehaltung der gutsherrlichen Abhängigkeit vorwärts trieb. Diese neue und starke ökonomische Fundierung der Junkerkaste hat u. a. eine nicht geringe politische Bedeutung, auf die an anderer Stelle noch hingewiesen wird.

[57] Dieterici, C. F. W., Ebenda, S. 141 und 200.

DIE STRUKTUR DES DEUTSCHEN AUSSENHANDELS NACH DEM AUFSCHWUNG DER VIERZIGER JAHRE

Im vorhergehenden wurden die Vergleiche zwischen der Struktur des deutschen Außenhandels, repräsentiert durch die Ein- und Ausfuhr Preußens im Jahre 1828 und dem Außenhandel zehn Jahre später an Hand der Zollvereinsstatistik für das Jahr 1837 gezogen. Es ist nunmehr notwendig, zu sehen, welche strukturelle Entwicklung der Außenhandel des Zollvereins bis Anfang der fünfziger Jahre durchgemacht hat.

Zu diesem Zweck wird im nachfolgenden die Tabelle, wie sie für die Jahre 1828 und 1837 gegeben wurde, für das Jahr 1850 gebracht.

Zusammensetzung der Ein- und Ausfuhr des Zollvereins 1850 nach Anteilsätzen der einzelnen Warenklassen

Einfuhr		
Lebensmittel und Getränke		7,2
darunter Getreide	0,9	
Kolonialwaren		16,6
Rohstoffe und Halbfabrikate		65,0
darunter:		
f. d. Leinenindustrie	4,2	
f. d. Seidenindustrie	4,3	
f. d. Baumwollindustrie	15,7	
f. d. Wollindustrie	8,4	
Farbstoffe	3,5	
f. d. Textilindustrie gesamt	36,1	
Fertigwaren		9,5
darunter Textilien	6,8	
Verschiedene Waren		1,7
		100,0

Ausfuhr		
Lebensmittel und Getränke		19,6
darunter Getreide	15,2	
Kolonialwaren		3,4
Rohstoffe und Halbfabrikate		29,6
darunter:		
f. d. Wollindustrie	4,0	
f. d. übrige Textilindustrie	7,6	
Fertigwaren		47,0
darunter:		
Leinenwaren	8,9	
Seidenwaren	6,4	
Baumwollwaren	5,6	
Wollwaren	9,6	
Textilien gesamt	30,5	
Verschiedene Waren		0,4
		100,0

Ein Vergleich mit der gleichartig gegliederten Tabelle für 1837 zeigt zunächst die sinkende Bedeutung der Textilindustrie für den Außenhandel. Es entfielen auf Textilien und Textilrohstoffe:

	Vom Gesamtwert des Außenhandels	Vom Gesamtwert der Einfuhr	Vom Gesamtwert der Ausfuhr
1828 (Preußen)	53,8%	40,2%	64,7%
1837 (Zollverein)	46,6%	41,5%	51,2%
1850 (Zollverein	42,4%	42,9%	42,1%

An Hand dieser Zahlen erweist sich eindeutig, daß die Verminderung der Bedeutung der Textilindustrie auf die starke anteilsmäßige Senkung der Ausfuhr von Textilrohstoffen und -fertigwaren zurückgeht, während die Anteilsätze bei der Einfuhr – wenn auch unerheblich – steigen.
Das zweite hervorstechende Merkmal ist die Steigerung der Bedeutung der Getreideausfuhr.

Es entfielen auf Getreide vom Gesamtwert der Ausfuhr:

1828 (Preußen)	8,1%
1837 (Zollverein)	11,5%
1850 (Zollverein)	15,2%

Die Ausfuhr von Weizen, des bei weitem wichtigsten Exportgetreides, stieg von 3150140 Scheffel im Jahre 1828 auf 4283429 Scheffel im Jahre 1837 und betrug 1850 9223213 Scheffel.[58]
Die anteilsmäßige Erhöhung der Ausfuhr von Getreide und damit der Lebensmittelausfuhr insgesamt bewirkt einen Rückgang des Exportanteils von Fertigwaren, der nur noch 47 Prozent beträgt, wobei die Fertigfabrikate überhaupt die einzige Warengruppe sind, die auf der Ausfuhrseite ein Absinken zeigen.
Auf der Einfuhrseite ist die relative Bedeutung der Einfuhr von Rohstoffen und Halbfabrikaten, darunter auch der Textilrohstoffe und -halbfabrikate gestiegen, wohingegen der Import von Fertigfabrikaten überhaupt ebenso wie der von Textilien gegenüber 1837 zurückging. Die anderen Veränderungen hier sind einmal größenmäßig unbedeutend, zum anderen betreffen sie Warengruppen, die für die Entwicklung der kapitalistischen Ökonomik Deutschlands und den Fortgang der erweiterten Reproduktion unerheblich sind.
Innerhalb des Außenhandels des Deutschen Zollvereins mit Lebensmitteln und Getränken (unter Ausschluß von Kolonialwaren) hat naturgemäß die Ausfuhr von Getreide die größte Bedeutung. Die Ausfuhr von Getreide übersteigt 1850 erheblich die Einfuhr, wobei die letztere in diesem Jahre für den gesamten Außenhandel gering ins Gewicht fällt. Sie ist am größten bei Roggen, macht jedoch auch hier weniger als ein Viertel der ausgeführten Mengen aus. Das gute Erntejahr 1850 überdeckt jedoch, soweit es das Verhältnis von Ein- und Ausfuhr bei Roggen anbetrifft, die Tatsache, daß seit mehr als einem halben Jahrzehnt Deutschland eigentlich kein Überschußgebiet an Roggen mehr ist, sondern

[58] Das Jahr 1850 war ein außerordentlich gutes Weizenausfuhrjahr. Jedoch fällt es nicht so aus der Reihe, daß dadurch die allgemeinen Schlußfolgerungen, die aus dem Steigen des Weizenexports gezogen werden müssen, hinfällig werden. Der Durchschnitt der ausgeführten Weizenmengen betrug 1851–1855 7449836, 1856–1860 8632104 Scheffel.

je nach dem Ausfall der Ernte relativ geringe Roggenüberschüsse exportiert oder aber Roggen einführt. Die Ein- und Ausfuhr von Roggen seit 1836 zeigt eine durchaus schwankende Tendenz, die 1852 abgelöst wird durch einen dauernden Einfuhrüberschuß. Um die langfristige Entwicklung der Ein- und Ausfuhr von Roggen unter Eliminierung der jährlichen Schwankungen zu zeigen, werden nachstehend die ein- und ausgeführten Roggenmengen in Fünfjahresdurchschnitten gegeben.

Ein- und Ausfuhr von Roggen (Scheffel)

	Einfuhr	Ausfuhr
1836–40	743967	1665126
1841–45	1035371	1560195
1846–50	2043338	1369329
1851–55	3029041	1278263

Aus diesen Zahlen ergibt sich, daß Ein- und Ausfuhr sich kontinuierlich entwickeln, jedoch mit entgegengesetzter Tendenz: dem stetigen Steigen der Einfuhr steht ein ständiges Absinken der Ausfuhr gegenüber, so daß sich bereits im Jahrfünft 1846 bis 1850 ein Einfuhrüberschuß an Roggen ergibt. Es ist daher unrichtig, zu behaupten, wie es mancherorts getan wird, daß Deutschland nach 1850 ein Einfuhrland für Roggen wurde. Deutschland wird 1843 ein Zuschußgebiet für Roggen und in den vier Jahren 1848 bis 1851 überstieg noch einmal der Export den Import. Daß man richtiger das Ausscheiden Deutschlands aus der Reihe der Roggenausfuhrländer in die erste Hälfte der vierziger Jahre und nicht auf zehn Jahre später, in den Anfang der fünfziger Jahre verlegt, ergibt sich aus der Tatsache, daß 1843 bis 1851 insgesamt 15,37 Mill. Scheffel Roggen eingeführt, aber nur 10,46 Mill. Scheffel ausgeführt wurden.
Anders ist die Situation bei Weizen, dem seit vielen Jahrzehnten weit wichtigeren Exportgetreide Deutschlands. Die Ein- und Ausfuhr von Weizen, wiederum gegliedert nach Fünfjahresdurchschnitten, zeigt folgende Entwicklung:

Ein- und Ausfuhr von Weizen (Scheffel)

	Einfuhr	Ausfuhr
1836–40	312581	5487243
1841–45	431309	5409237
1846–50	479745	6603943
1851–55	1519534	7449836

Das Steigen des Exports wird hier begleitet von einer ständigen Erhöhung der Einfuhr, die jedoch erst im Jahrfünft 1851 bis 1855 beträchtlich wird. Sie dürfte jedoch in einem starken Maße dem gestiegenen Umfang des über die Ostsee ausgeführten Weizens aus Rußland und Polen geschuldet sein, während die Konsumtion ausländischen Weizens in Deutschland bis dahin nicht erheblich gestiegen sein kann. Drei Viertel des eingeführten Weizens kamen im Jahre 1851, für das eine entsprechende Aufgliederung vorliegt, über die russisch-preußische Grenze, d. h. sie wurden auf dem Wasserstraßennetz der Oder, Weichsel und Memel nach den preußischen Ostseehäfen transportiert und dort durch deutsche Getreidehändler nach dem Ausland verkauft. Darüber hinaus wurde etwa die gleiche Menge Weizen direkt aus Rußland und Polen über die deutschen Ostseehäfen mit festem Bestimmungsort im Transithandel ausgeführt, ohne daß der deutsche Zwischenhandel daran beteiligt war.

Im Durchschnitt 1851 bis 1855 liegt die Menge des exportierten Weizens um 36 Prozent über dem Mittel von 1836 bis 1840. Selbst wenn man von dem besonders günstigen Weizenexportjahr 1850 absieht, kommt man doch zu der Erkenntnis, daß der Weizenexport von der Mitte der dreißiger Jahre bis zum Anfang der fünfziger Jahre eine starke Steigerung erfahren hat. Diese Tatsache, die für ein Gebiet, das einen raschen Industrialisierungsprozeß durchmachte, äußerst bemerkenswert ist, kann durch das Zusammenwirken dreier Faktoren erklärt werden.

Erstens stiegen die Weizenerträge der deutschen, hauptsächlich der ostelbischen Landwirtschaft erheblich in dieser Zeitspanne, und zwar innerhalb Preußens von 15595863 Scheffel 1831[58a] auf 23716362 Scheffel im Jahre 1852[58b], das ist um 55 Prozent.

Zweitens erhöhte sich der deutsche Verbrauch an Weizen und Weizenproduktion bei weitem nicht so stark wie die Ernteerträge. Der Pro-Kopf-Verbrauch der deutschen Bevölkerung stieg geringfügig, und die Steigerung der Inlandskonsumtion geht zum überwiegenden Teil auf die Zunahme der Bevölkerung zurück, die aber natürlich nicht die Wachstumsrate der Weizenproduktion aufweist. Die Vermehrung der städtischen Bevölkerung hat sich in erster Linie in einer Zunahme des Roggenverbrauchs ausgewirkt, während der teurere Weizen für das städtische Proletariat ein Luxusgut blieb. Selbst in den Hungerjahren 1847/48 wurde der durch die deutsche Ernte nicht abzudeckende Bedarf an Grundnahrungsmitteln durch Roggeneinfuhr gedeckt, während in diesen beiden Jahren 11,8 Mill. Scheffel Weizen exportiert wurden.

Drittens aber kam zu diesen inländischen Faktoren noch die veränderte Situation am Weltmarkt. Die Aufhebung der englischen Getreidezölle, die nach langem Kampf endlich erfolgt war, und die günstigere Situation in einigen anderen Getreide-Einfuhrländern räumte viele der handelspolitischen Schranken hinweg, die bis jetzt dem Getreideexport hindernd im Wege gestanden hatten. Stärkte der Sieg der Freihändler in England die industrielle Bourgeoisie und bedeutete er eine ökonomische und politische Niederlage der englischen Grund-

[58a] Dieterici, C. F. W., Statistische Übersicht der wichtigsten Gegenstände des Verkehrs und Verbrauchs im preußischen Staate und im Deutschen Zollverbande in dem Zeitraume von 1831–1836. Berlin, Posen und Bromberg 1838, S. 264.

[58b] Dieterici, C. F. W., Ebenda. 5. Fortsetzung, v. 1849–1853, Berlin 1857, S. 460.

aristokratie, so war seine Wirkung in Preußen geradezu entgegengesetzt. Er festigte und untermauerte die Position der preußischen Junker unmittelbar ökonomisch, mittelbar aber auch politisch.

Daß die preußischen Junker die Hauptproduzenten des exportierten Weizens waren, ist sicher. Die Ausfuhr erfolgte hauptsächlich über die Ostsee, zu einem kleinen Teil über die Nordseehäfen nach England, Skandinavien und Holland. Schon allein der Weg zeigt seinen Ursprung in Ostelbien, und wer dort Marktgetreide in großem Umfang produzierte, ist klar. Die Bedeutung dieser Tatsache für die deutsche politische Entwicklung ist erheblich. Angesichts der heranreifenden Revolution in Deutschland war es von großer Wichtigkeit, daß die Klasse, die in sich die Konterrevolution verkörperte, die preußischen Junker, eine stabile ökonomische Stellung hatte, die auch während der Revolution nicht erschüttert wurde. *Es ist ein Faktor, der bei der Untersuchung der politisch-ökonomischen Situation in Preußen* – und Preußen bestimmte ja während der Revolution weitgehend das politische Geschehen in Deutschland – *mit herangezogen werden muß.* Die Front der Konterrevolution wäre wesentlich labiler und innerlich zerfallener gewesen, es hätten sich in ihr wesentlich mehr Sprünge und Risse gezeigt, wenn die ostelbischen Gutsbesitzer nicht auf dem sicheren ökonomischen Fundament ihrer Getreideernten und der Weizenausfuhr, die mehr als ein Drittel ihrer Gesamternte ausmachte, gestanden hätten. Die Realisierung ihrer Getreideproduktion hing entscheidend vom Export ab, und damit wird in der Zeit unmittelbar vor und während der Revolution die Weizenausfuhr zu einem erstrangigen politischen Faktor. Wenn die preußische Regierung in den ersten Schutzzolldebatten im Zollverein Mitte der vierziger Jahre unnachgiebig blieb, wenn sie in der Zollvereinskrise von 1851 bis 1853 auf Biegen oder Brechen kämpfte, so ging es darum, daß Deutschland preußisch werden, aber Preußen ein Junkerstaat bleiben sollte. Ein Schutzzollsystem hätte beides ernstlich gefährdet, die Politik des Freihandels hingegen war die Plattform, auf der sich beides verwirklichen ließ.

Unter den sonstigen Außenhandelsumsätzen in Lebensmitteln und Getränken sind wegen ihres relativ bedeutenderen Umfangs Wein und Most, überwiegend aus Frankreich bezogen, im Gesamtwert von 6,1 Mill. Mark und Heringe aus den nordischen Ländern für 8,4 Mill. Mark aus der Vielfalt der in kleinen Quantitäten eingeführten übrigen Lebensmittel hervorzuheben. Meistens zeigt hier die Geringfügigkeit der Quantität, daß es sich mehr um einen gelegentlichen Grenzverkehr, bedingt durch lokale Verkehrsverhältnisse, als um einen Teil eines kapitalistischen Außenhandels im eigentlichen Sinne handelt.

Unter den Ausfuhrwaren dieser Gruppe nehmen nach Getreide nur noch die Getränke eine bedeutendere Position ein, d. h. der Export von Wein und Branntwein. Obzwar die Ausfuhr von Wein etwa 2,8 Mill. Mark ausmacht, wird sie nunmehr durch die doppelt so hohe Einfuhr fast ausschließlich französischer Weine übertroffen. Die Ausfuhr von 163946 Zentnern Branntwein (die entsprechende Menge für 1837 ist 74393 Zentner) zeigt das Wachstum einer Industrie, deren Rohstoffgrundlage wiederum durch die junkerliche Gutswirtschaft geliefert wurde und die zur ökonomischen Fundierung der Junkerkaste ebenfalls erheblich beisteuerte. Der größte Teil davon verließ den Zollverein über die Nordseehäfen, war also zum Export nach England und Übersee bestimmt, um dort seinen Teil zur Kolonisierung beizutragen.

Die Gruppe der Kolonialwaren umfaßt alle jene Waren, die mittelbar oder unmittelbar als Nahrungs- oder Genußmittel Verwendung finden, auf Grund der klimatischen Bedingungen aber in Deutschland nicht oder nur in geringen Mengen erzeugt werden und erzeugt werden können. Die verschiedenen Arten von Gewürzen, Südfrüchten, Kaffee, Reis, Tee, Tabak und auch Zucker sind hier inbegriffen. Der Gesamtwert dieser Einfuhren belief sich auf rund 91 Mill. Mark gegenüber 76 Mill. Mark 1837, die Wiederausfuhr davon abgesetzt, ergeben sich Beträge von 73 bzw. 65 Mill. Mark, so daß die wertmäßige Erhöhung der für den inneren Verbrauch zur Verfügung stehenden Mengen 12 Prozent betrug. Die Bevölkerung des Zollvereins betrug 1837 26008073, 1849 29800063 Einwohner, d. h. sie wuchs um mehr als 14 Prozent. Auf den Kopf der Bevölkerung gerechnet war daher der Wert der konsumierten ausländischen Nahrungs- und Genußmittel geringer als 1837. In Gebrauchswerten gemessen ergibt sich jedoch eine Erhöhung des Pro-Kopf-Verbrauches wegen der teilweise niedrigeren Preise im Jahre 1850, jedoch auch dann ist die Steigerung nicht allzu beträchtlich, vor allem aber sicherlich recht unterschiedlich nach der Bevölkerungsklasse und der Gegend.

Der Zollverein nimmt erstmalig in diesen Jahren eine Position als Zwischenhändler ein. Das zeigte sich bereits bei dem Handel der Ostprovinzen mit russischem Getreide, und das zeigt sich abermals bei der Wiederausfuhr von Kolonialwaren. Zwar sind die Mengen an sich noch nicht groß und ein knappes Drittel des Wertes entfällt auf heimischen Zucker, der erstmalig neben dem Rohrzucker eine Rolle in der Produktion und im Außenhandel zu spielen beginnt, immerhin ist die Wiederausfuhr von fast 50000 Zentnern Kaffee (genau 49129) beachtlich, ebenso wie die von 4717 Zentnern Tee.[59]

Das ist um so bemerkenswerter, als die natürlichen internationalen Handels- und Stapelplätze Deutschlands, Hamburg und Bremen, außerhalb des Zollvereins lagen und der Zwischenhandel der beiden Häfen daher nicht erfaßt ist. Der überwiegende Teil der Ausfuhren von Kaffee ging nach der Schweiz, hingegen war Rußland der Abnehmer für Tee. Während der Reexport von Kaffee bereits in früheren Jahren stattfand, ist Tee in dieser Beziehung erst gegen Ende der vierziger Jahre bedeutend geworden.

Was den Außenhandel mit industriellen Rohstoffen, Halbfabrikaten und Fertigwaren anbetrifft, so wurde der bedeutende Anteil, den die Textilindustrie trotz eines Absinkens immer noch hat, schon hervorgehoben.

Für die Leinenindustrie geben die ein- und ausgeführten Mengen an Rohstoffen (Flachs und Leinengarn) keinen Hinweis auf die Entwicklung der Industrie selbst. Im Gegenteil, der allgemeine Rückgang der deutschen Leinenweberei

[59] Zucker erscheint in der Zollvereinsstatistik als Kolonialware, da es sich im Außenhandel ursprünglich um aus Übersee eingeführten Rohrzucker handelte.

wird begleitet von einer steigenden Ein- und Ausfuhr von Flachs und Hanf. Die mengenmäßige Entwicklung war hier folgende:

	1828	1837	1840	1850
Flachs, Werg, Hanf, Hede				
Einfuhr	118201	131569	234357	271918
Ausfuhr	108219	70427	162009	278508
Leinengarn				
Einfuhr	23581	46627	53511	67123
Ausfuhr	61319	43351	32198	24636

Während also die Leinenindustrie eine rückläufige Bewegung während des Halbjahrhunderts durchmacht, verstärkt sich – abgesehen von der Garnausfuhr – der Außenhandel in ihren Rohstoffen. Aber dieser Außenhandel berührt die Industrie selbst überhaupt nicht, er spielt sich rein geographisch fast ausschließlich in Ostpreußen ab und besteht nur im Zwischenhandel mit aus Rußland importierten und wiederausgeführten Mengen. Dieterici[60] gibt eine detaillierte Aufstellung für das Jahr 1853, aus der klar hervorgeht, daß es bei der Ein- und Ausfuhr von Flachs und Hanf fast ausschließlich um Zwischenhandel geht. Danach betrug die Einfuhr in den Zollverein in diesem Jahr 295610 Zentner, davon in die Provinz Ostpreußen 220058 Zentner. Von der Gesamtausfuhr des Zollvereins von 274056 Zentnern entfielen 238375 auf die Provinz Ostpreußen, in der kaum Flachs und Hanf gebaut wurde. Der Außenhandel des Zollvereins in Flachs und Hanf beruhte also überwiegend auf dem Zwischenhandel mit russischer Exportware.

Der sinkende Anteil der Leinenwaren am Export ist ein Ausdruck der Dauerkrise der Leinenindustrie überhaupt. Die Menge des exportierten gebleichten und gefärbten Leinens, des Hauptausfuhrartikels der Leinenindustrie, ging von 1837 bis 1850 um mehr als 6 Prozent zurück, und sogar auf dem inländischen Markt findet die deutsche Leinenindustrie durch den Absatz ausländischer maschinengesponnener Leinengarne und bestimmter Leinengewebe trotz eines etwa zehnprozentigen Wertzolls in stärkerem Maße eine Konkurrenz. Die Entwicklung des folgenden Jahrzehnts jedoch bringt einen rapiden Niedergang der Leinenausfuhr und verweist sie damit auf die letzte Stelle im Export von Textilien.

In den Außenhandelszahlen für rohe Seide und Seidengewebe spiegelt sich die Entwicklung der Seidenindustrie zwischen 1837 und 1850 wider. Die reine Einfuhr (abzüglich der Wiederausfuhr) von roher Seide entwickelte sich wie folgt:

1837	6312	Zentner
1840	5844	„
1850	11270	„

[60] Dieterici, C. F. W., Statistische Übersicht der wichtigsten Gegenstände des Verkehrs und Verbrauchs im preußischen Staat und im Deutschen Zollverbande. Berlin, Posen und Bromberg 1838–1857, 5. Fortsetzung, S. 562f.

Aus diesen wenigen Zahlen zeigt sich klar, daß die Seidenindustrie bis 1840 stagnierte, dann aber ihre Erzeugung in einem Jahrzehnt mengenmäßig um etwa 80 Prozent gesteigert hat. Nach den Einfuhrzahlen scheint es, als ob diese Entwicklung im vollsten Sinne des Wortes sprunghaft im Jahre 1841/42 einsetzte, denn in diesen Jahren verdoppelten sich plötzlich die Einfuhrmengen, um danach durch das gesamte Jahrzehnt fast stabil zu bleiben. Jedoch verteilt sich möglicherweise diese Produktionssteigerung auf einen etwas größeren Zeitraum, als es zunächst den Anschein hat, da die Einfuhrzahlen nicht notwendigerweise etwas über den Zeitpunkt der Verarbeitung aussagen.

Trotzdem hat daneben die Einfuhr von Seidengeweben vornehmlich aus Frankreich weiterhin ihre Bedeutung und hält sich mengenmäßig stabil über den ganzen Zeitraum hinweg. Die erhebliche Produktionssteigerung drückt sich nur zum Teil in einer Erhöhung der Ausfuhr aus und scheint auch in erheblichen Quantitäten vom deutschen Binnenmarkt aufgenommen worden zu sein. Die zwischen 1837 und 1850 um etwa 45 Prozent gestiegene Ausfuhr an reinen Seidengeweben wurde von Rußland, Österreich und überseeischen Ländern in der Hauptsache aufgenommen.

Im Handel mit Rohbaumwolle, Baumwollgarn und baumwollenen Geweben ist eine weitere Erhöhung des Einfuhranteils von Baumwolle und Baumwollgarn festzustellen. Die nach Absetzung der (im Fall von Rohbaumwolle erheblichen) Wiederausfuhr im Zollverein zur weiteren Verarbeitung verbleibenden Mengen betrugen 1850 an Rohbaumwolle 342345 Zentner und an Garn 482171 Zentner. Gegenüber 1837 war also die Einfuhr um 67 Prozent bzw. 70 Prozent höher, während gegenüber 1840 nur noch die jährliche Einfuhr von Baumwollgarn sich um 24 Prozent erhöhte. In diesem Jahrzehnt hat also die Baumwollspinnerei keine wesentliche Entwicklung aufzuweisen. Die gegenüber 1840 erhöhte Einfuhr von roher Baumwolle, die die Hauptursache des gestiegenen Anteils der Textilrohstoffe ist, wurde zu fast einem Drittel wieder ausgeführt, d. h. sie passierte den Zollverein nur im Zwischenhandel. Hingegen ist die Einfuhr von Garn fast ausnahmslos im Lande geblieben, die Ausfuhr betrug nur 6,6 Prozent der Einfuhr. Die Wiederausfuhr roher Baumwolle betrug 1837 nur 35929 Zentner bei einer Gesamteinfuhr von 240315 Zentnern, das sind 15 Prozent der eingeführten Menge, 1850 aber wurden 151953 Zentner fast ausschließlich nach Österreich und Rußland exportiert. Auch hier zeigt sich wiederum die schon bei der Wiederausfuhr von Kolonialwaren und Flachs festgestellte Rolle des deutschen Handelskapitals als Zwischenhändler.

Bei Baumwollgeweben ist in der Einfuhr ein weiterer Rückgang feststellbar, zurückzuführen auf die gewachsene Fähigkeit der deutschen Baumwollwebereien, den inländischen Markt auch mit feineren Geweben zu versorgen. Der Rückgang des Anteils der Baumwollgewebe gegenüber 1837 an der Gesamtausfuhr ist keineswegs auf geringere Exportmengen zurückzuführen, sondern auf die stark reduzierten Preise, die 1850 den Berechnungen zugrunde liegen. 1837 wurden 75193 Zentner gegenüber 118944 Zentner 1850 exportiert, aber die entsprechenden Werte wurden mit auf 33,5 Mill. Mark und 28,5 Mill. Mark berechnet.[61]

Die deutsche Wollindustrie hatte sich ursprünglich auf einer vorwiegend inländischen Rohstoffgrundlage aufgebaut. Im Laufe der Jahrzehnte jedoch war der Ertrag der deutschen Wollschur trotz seines Ansteigens als Basis der deutschen Wollindustrie zu gering. Die gleichzeitige Ein- und Ausfuhr von bedeutenden Quantitäten spiegelt den Bedarf der deutschen Industrie an Qualitäten, die von der deutschen Schafzucht nicht geliefert wurden und den Überschuß der Wollproduktion, der aus Qualitätsgründen von der deutschen Industrie nicht aufgenommen wurde, wider. Im allgemeinen war es um 1850 so, daß immer noch hochwertigere deutsche Wolle nach Westeuropa ausgeführt wurde bei gleichzeitiger Einfuhr minderer Qualitäten aus den osteuropäischen Ländern.

Seit dem Jahre 1837 hatte sich nach den Angaben von Dieterici[62] die Schafzucht in Deutschland kaum entwickelt, so daß der Ertrag der Wollschur ebenfalls stagnierte. Die Ausfuhr von roher Schafwolle zeigt während dieser Zeit eine leicht fallende Tendenz, hält sich jedoch mit der Einfuhr im allgemeinen die Waage. Erst von 1850 an ergibt sich ein bedeutender Einfuhrüberschuß an roher Schafwolle, der sich in den folgenden Jahren noch erhöht. Man kann also sagen, daß sich um 1850 die deutsche Wollindustrie von ihrer inländischen Rohstoffgrundlage zu lösen beginnt und von nun an in ständig steigendem Ausmaß ausländische Wolle zur Verarbeitung kommt.

Die Einfuhr ausländischer Wollgewebe ist aus denselben Gründen wie die der Baumwolle erheblich zurückgegangen. Die bedeutende Ausfuhr von wollenen Waren geht in der Hauptsache nach Übersee, zu einem geringen Teil nach Österreich und der Schweiz.

Die Ein- und Ausfuhr des deutschen Zollvereins an Rohstoffen, Halbfabrikaten und Fertigwaren wird, soweit sie nicht in Abhängigkeit von der Textilindustrie steht, durch den Bedarf und die Erzeugnisse der meist handwerksmäßig oder hausindustriell betriebenen Herstellung individueller Konsumgüter bestimmt. Gegenüber den früheren Jahren zeigen sich nur in zwei Fällen erhebliche Verschiebungen, die weiter unten besprochen werden. Die Importe werden, neben den schon behandelten Einfuhren von Textilrohstoffen und den geringfügigen

[61] Es ist dies einer jener bedauerlichen, aber häufigen Fälle, wo die Berechnungen von Junghanns und Hübner einfach hingenommen werden müssen, ohne daß die Möglichkeit einer Korrektur besteht. Für das Jahr 1850 liegt ein Preis von 80 Taler, für das Jahr 1837 ein solcher von 150 Taler zugrunde. Da die Zollvereinsstatistik alle Baumwollwaren, gleichgültig welcher Qualität, zusammenfaßt, ist selbst bei mühevoller Arbeit eine der Realität nahekommende Berichtigung unmöglich, da nicht feststellbar ist, welche Qualitäten und in welchen Proportionen sie im Export vertreten waren. Es spricht jedoch manches dafür, daß die Zahlen für 1850 annähernd richtig sind, während der Wert der exportierten Baumwollgewebe für 1837, selbst unter Berücksichtigung der damals viel höheren Preise, zu hoch angesetzt ist.

[62] Die Zahl der Schafe in Preußen stieg danach von 15011452 im Jahre 1837 auf auf 16296928 Stück 1849.

Dieterici, C. F. W., Handbuch der Statistik des preußischen Staates. Berlin 1861, S. 234.

Bezügen von Textilien, durch den Rohstoffbedarf der Leder-, Porzellan- und Glasfabrikation, der Kürschnerei u. a. bedingt.
Der Vergleich der Zahlen von 1837 und 1850 hat jedoch den Nachteil, daß er das starke Wachstum der Einfuhr von Eisen und Stahl während der vierziger Jahre verbirgt. 1850 machte die Einfuhr von Eisen und Stahl aller Art und von Eisenerz die geringe Summe von 10,7 Mill. Mark aus, das sind noch nicht 2 Prozent der Gesamteinfuhr. In der Zeit von 1841 bis 1847 läßt sich aber eine starke Zunahme der Importe von Stahl und Eisen beobachten. 1843 erreichte diese Einfuhr einen nachweisbaren Höchststand mit einer Summe von 29,2 Mill. Mark, das sind etwa 5 Prozent des Wertes der Gesamteinfuhr.
Die Einfuhr von Roheisen und Stabeisen entwickelte sich in den Jahren von 1837 bis 1853 wie folgt:

Importe von Roh- und Stabeisen (Zentner)

	Roh- und Brucheisen	Schmiedeeisen in Stäben
1837	153821	171340
1838	277058	393181
1839	301451	357268
1840	520027	468123
1841	986373	590063
1842	1195925	972908
1843	2658555	1039839
1844	1416948	1562733
1845	427430	1055344
1846	1577716	1037293
1847	2298705	1064403
1848	1424900	649418
1849	829839	21606
1850	2217726	209578
1851	1924536	302054
1852	1844161	397153
1853	1978722	174941

Der industrielle Aufschwung in der Zeit bis zum Einsetzen der ersten zyklischen, die deutsche Wirtschaft erfassende Wirtschaftskrise und besonders der gestiegene Bedarf für die Errichtung neuer Produktionsanlagen drückt sich hier deutlich aus. An späteren Maßstäben gemessen bleiben Einfuhren von z. B. 115000 Tonnen Roheisen im Jahre 1847 äußerst bescheiden, wenngleich sie für die damaligen deutschen Verhältnisse sowohl absolut als in ihrer Zunahme beachtlich waren. Die Einfuhr des Zollvereins bleibt also weiterhin von der Verbrauchsgüterindustrie, an erster Stelle der Textilindustrie, bestimmt und nur von 1841 bis 1847 zeigt sich ein stärkerer Anteil des Eisen- und Stahlimports, der aber keineswegs ausreicht, den Charakter der Importe auch in dieser Zeit strukturell zu verändern. Trotzdem wäre es falsch, die Bedeutung dieses Vorspiels für das, was sich dann in den fünfziger und sechziger Jahren abspielte, zu verkennen. Wenn zeitweise, wie 1843/44 die Eiseneinfuhr die inländische Produktion überstieg[63], so beweist das, daß der Eisenbahnbau und die Erweiterung der Produktionsanlagen eben nur mit Hilfe der Einfuhr möglich, und die nachfolgende Entwicklung, die auf dem Aufschwung der vierziger Jahre aufbaute, gleicherweise davon abhängig war. In der ersten Periode einer stärkeren kapitalistischen und industriellen Entwicklung erweist sich bereits, daß die ungleichmäßige Entwicklung der einzelnen Industriezweige den Außenhandel zu einem unabdingbaren Bestandteil der Ökonomik des deutschen Kapitalismus gemacht hatte.

Unter der Ausfuhr der Rohstoffe und Halbfabrikate nimmt nach den Textilrohstoffen Nutzholz einen hervorragenden Platz ein mit einem Gesamtausfuhrwert von 29,2 Mill. Mark, das zu mehr als der Hälfte aus dem Osten Deutschlands kam. Eine große Rolle spielt hier auch wiederum der Zwischenhandel mit Leinsaat, der sich in den östlichen Provinzen Deutschlands abspielt und den Export russischer Ware vermittelt. Und schließlich muß man noch die Ausfuhr roher Häute und Felle erwähnen, die zwar von deren Einfuhr bei weitem übertroffen wird, auf der Ausfuhrseite aber ebenfalls einige Bedeutung besitzt.

Erstmalig taucht in bedeutenderen Mengen 1850 unter den ausgeführten Rohstoffen die Steinkohle auf. Zwar ist die Ausfuhr noch bescheiden und beträgt nur 542334 Tonnen, und ihr steht eine Einfuhr von 450816 Tonnen gegenüber,

[63] Des Interesses halber, obzwar über den eigentlichen Rahmen dieser Arbeit hinausgehend, wird folgende Tabelle über die deutsche Eisen- und Stahlproduktion angeführt:
Beck, Ludwig, Die Geschichte des Eisens, Vierte Abteilung, Das XIX. Jahrhundert von 1801 bis 1860, Braunschweig 1899, S. 731.

Verbrauch des Zollvereins an Roheisen für den inneren Bedarf 1834 bis 1850, in Tonnen (auf Roheisen umgerechnet):

Jahr	Roheisenerzeugung	Einfuhr	Ausfuhr	Roheisenverbrauch
1834	110105	24697	13763	121039
1835	115461	27750	14976	128235
1836	149066	21746	17359	153453
1837	155601	24183	18463	161321
1838	152603	47597	16366	183834
1839	167357	46344	18813	194888
1840	172983	76294	19717	229560
1841	170658	95861	20884	395635
1842	170495	133257	18234	285518
1843	174188	212483	17604	369067
1844	171145	186560	17826	339879
1845	184813	102904	18893	268824
1846	198861	165339	28159	336041
1847	229161	204843	19910	414094
1848	213238	110290	14678	323850
1849	197698	58689	16582	239805
1850	211639	134639	21466	324831

aber sie wächst nunmehr rasch, und im Jahre 1853 werden schon 990145 Tonnen ausgeführt, während die Importmenge sich nicht erheblich verändert hat. Anfang der fünfziger Jahre beginnt also die Steinkohle ein wichtiger Exportartikel Deutschlands zu werden, der überwiegend schon damals von seinen drei westlichen Nachbarn, Frankreich, Belgien und Holland aufgenommen wird.
Der gesunkene Anteil der Ausfuhr von Fertigwaren läßt sich ausschließlich durch den schon erwähnten starken Preisfall besonders der Textilien, hauptsächlich der Baumwollgewebe, erklären. Diese Preisreduktion betraf auch die übrigen exportierten Fertigwaren, wenn auch zumeist in geringerem Ausmaß. Es handelt sich dabei größtenteils um Waren, die handwerksmäßig hergestellt wurden und unter denen Produkte der eigentlichen Industrie einen geringen Anteil haben. Das trifft im einzelnen auf die ausgeführten „Kurzen Waren" im Gesamtwert von 21,8 Mill. Mark zu, die überwiegend Erzeugnisse des Handwerks und der Hausindustrie gewesen sein dürften, und das ist ebenso der Fall bei den verschiedenen Arten von Töpfer-, Leder- und Böttcherwaren, Möbeln usw. Selbstverständlich existieren auch Ausnahmen von dieser Regel, wie z. B. die Porzellan- und Bücherausfuhr, aber sie verändern das Gesamtbild der überwiegend handwerksmäßig produzierten Exporterzeugnisse, soweit sie nicht Textilien sind, nicht wesentlich.
Die Struktur des Außenhandels des Deutschen Zollvereins spiegelt daher in ihrer Steigerung des Imports von Rohstoffen und Halbfabrikaten und dem Rückgang der Bedeutung der Einfuhr von Fertigfabrikaten die fortschreitende Entwicklung der Leichtindustrie, deren wachsenden Bezug ausländischer Rohstoffe und ihre steigende Fähigkeit, den inländischen Markt mit Gebrauchsgütern zu versorgen, wider. Es war jedoch ersichtlich, daß dieses Wachstum der Industrie ein unterschiedliches in den einzelnen Zweigen der Textilindustrie war. Während die Baumwollverarbeitung bis 1840 stark anstieg, und dann ihre Entwicklung nur noch in der Baumwollweberei voranging, entwickelte sich die Seidenindustrie gerade in der nachfolgenden Periode außerordentlich. Auch der Aufschwung der Wollindustrie, der allerdings wesentlich geringer ist, setzt nach 1840 stärker ein. Die Leinenindustrie jedoch setzt ihre weitere Abwärtsentwicklung fort.
Demgegenüber zeigen die Einfuhren nur in der ersten Hälfte der vierziger Jahre einen verstärkten Ausbau des Produktionsapparates durch den erhöhten Import von Roh- und Stabeisen. Und schließlich ist ein Ergebnis der ersten Periode gesteigerter Industrialisierung in Deutschland die Notwendigkeit, das Grundnahrungsmittel der arbeitenden Klassen, Roggen, von nun an importieren zu müssen.
Auch die Zusammensetzung der Exporte entspricht diesem allgemeinen Stand der kapitalistischen Entwicklung Deutschlands, wobei sich hier allerdings bestimmte eigenartige Züge des deutschen Kapitalismus ausdrücken. Das trifft besonders auf die Ausfuhr von Nahrungsmitteln und Getränken zu, wo die junkerlich beherrschte Agrarstruktur Ostelbiens und der „preußische Weg der Entwicklung des Kapitalismus in der Landwirtschaft" durch das Ansteigen der

Weizen- und Branntweinausfuhren dem deutschen Außenhandel eine besondere Note gibt. Bei der Ausfuhr von Rohstoffen und Halbfabrikaten ist eine bezeichnende Umschichtung insofern eingetreten, als die im Zwischenhandel ausgeführten Textilrohstoffe und Nutzholz die Schafwolle von ihrer beherrschenden Position verdrängt haben und sich Rohstoffe, die selbst schon wieder Produkt eines industriellen Prozesses sind, in den Vordergrund schieben, wie z. B. Steinkohle. Zwei Drittel der Fertigwarenausfuhr aber wird immer noch von der Textilindustrie hergestellt, die weiterhin die einzige Exportindustrie bleibt, die auf den internationalen Märkten konkurrenzfähig ist. Auch hier haben sich jedoch Verschiebungen ergeben, die zum Teil auf Gewichtsverlagerungen bei der Entwicklung der einzelnen Zweige der Textilindustrie – so z. B. den Rückgang der Leinenindustrie – oder aber auf die noch andauernden Auswirkungen der zyklischen Krise und den durch sie verschärften starken Preisfall zurückzuführen sind, wie es z. B. bei der Woll- und Baumwollindustrie der Fall ist.

Durch eine Einbeziehung der nicht zum Deutschen Zollverein gehörenden Teile Deutschlands in die Betrachtung dürfte sich die Struktur des Außenhandels nur um weniges verschieben. Zwar handelt es sich um Gebiete, in denen die kapitalistische Entwicklung wenig fortgeschritten war, aber ihr relatives Gewicht gegenüber dem Zollverein, der fast neun Zehntel der deutschen Bevölkerung in sich vereinte, ist doch gering und der anders gelagerte Außenhandel kann deswegen nur zu geringen Verschiebungen insgesamt führen. Exporte von Tieren und tierischen Produkten aus Hannover, Mecklenburg und Holstein dürften den Anteilsatz der Lebensmittel und Getränke an der Ausfuhr etwas ansteigen lassen, wie auch die Ausfuhr von Rohstoffen bei der Einbeziehung dieser Gebiete stärker betont sein würde. Beides würde den Anteilsatz der Fertigwaren-Ausfuhr geringfügig senken. Auf der Importseite ist eine verhältnismäßig stärkere Einfuhr ausländischer, d. h. kolonialer Nahrungs- und Genußmittel zu konstatieren gegenüber einer verhältnismäßig geringeren Einfuhr industrieller Rohstoffe und Halbfabrikate. Insgesamt aber kann das Bild, das der Außenhandel des Zollvereins bietet, als repräsentativ für Deutschland genommen werden, als die Widerspiegelung der Ökonomik eines Landes, das sich mitten in der Phase des industriellen Kapitalismus befindet. Die beherrschende Stellung der Textilindustrie im Außenhandel, der starke Anteil der Ausfuhr von Getreide, Rohstoffen und Halbfabrikaten und die bedeutende Rolle, die die Erzeugnisse des Handwerks und der Hausindustrie bei der Ausfuhr spielen, legen davon ebenso Zeugnis ab, wie der geringe Umfang des Außenhandels mit Produkten der Schwerindustrie.

Eine außerordentlich schwierige Frage ist die des Zwischenhandels der Nordseehäfen, d. h. Hamburgs und Bremens. Daß diese beiden Häfen nicht nur als Umschlags- und Stapelplätze, sondern auch im Zwischenhandel mit überseeischen Waren für die von den Weltmeeren abgeschnittenen Staaten, wie Österreich und die Schweiz eine wichtige Stellung einnahmen, ist sicher. Daß sie eine Bedeutung für den Handel mit den Küstenländern der Ostsee hatten, kann ebenfalls nicht bestritten werden. Inwieweit dieser Verkehr reiner Transitverkehr war oder unter wirklicher Einschaltung des deutschen Handelskapitals vor sich ging, ist schwer zu sagen, und auch bei besseren statistischen Unterlagen wäre das Problem kaum lösbar. Wenn man den Schiffsverkehr des Hamburger Hafens betrachtet, kommt man sicherlich zu übertriebenen Schlüssen.

Zahl und Tonnage der im Hamburger Hafen eingelaufenen Schiffe[64]

	Zahl	Tonnage
1791	1504	......
1801	2177	......
1811	Blockade	Blockade
1821	2008	161066
1831	2347	223443
1841	3194	371804
1851	4169	558403
1861	5219	992419
1871	5439	1887505

Hinter diesem starken Anstieg, besonders der Tonnage, verbirgt sich der steigende Anteil der Massengüter am Außenhandel, wie z. B. Getreide und die Einfuhr von Steinkohle, der einen größeren Transportraum beanspruchte, mit dem aber nicht eine entsprechende Steigerung der Außenhandelswerte Hand in Hand geht. Ebenso sagen die Zahlen nichts darüber aus, welchen Anteil die Schiffe, die ihre Ladung in Hamburg löschten, gegenüber denjenigen, die lediglich anlegten, hatten.

Man kann annehmen, daß der Zwischenhandel der Nordseehäfen sich hauptsächlich auf die Einfuhr überseeischer Rohstoffe und Genußmittel und deren Weiterverkauf erstreckte, der Zwischenhandel bei der Ausfuhr mitteleuropäischer Erzeugnisse nach Übersee aber dahinter an Bedeutung zurücktrat. Die natürlichen und geographischen Bedingungen der deutschen Nordseehäfen hätten eine noch viel bessere Grundlage für eine rasche Entwicklung als Zwischenhandelsplätze gegeben, sie kam aber nur sehr eingeschränkt infolge der politischen und staatlichen Verhältnisse Deutschlands zur Geltung.

[64] Encyclopaedia Britannica, 14th Edition. London 1929–1932, Bd. 22, S. 349, Stichwort Trade.

KAPITEL IV

DIE STELLUNG DES DEUTSCHEN KAPITALISMUS AM WELTMARKT IN DER LETZTEN PHASE DES INDUSTRIELLEN FRÜHKAPITALISMUS (1854—1870)

DIE ÖKONOMISCHE ENTWICKLUNG DEUTSCHLANDS IN DEN FÜNFZIGER UND SECHZIGER JAHREN

„Das ‚tolle Jahr', das man glücklich hinter sich hatte, bewies dem Bürgertum handgreiflich, daß es mit der alten Lethargie und Schlafmützigkeit jetzt ein für allemal ein Ende nehmen müsse. Infolge des kalifornischen und australischen Goldregens und anderer Umstände trat eine Ausdehnung der Weltmarktverbindungen und ein Aufschwung der Geschäfte ein wie noch nie vorher; es galt, hier anzufassen und sich seinen Anteil zu sichern. Die Anfänge großer Industrien, die seit 1830 und namentlich seit 1840 am Rhein, in Sachsen, in Schlesien, in Berlin und in einzelnen Städten des Südens entstanden, wurden jetzt rasch fortgebildet und erweitert, die Hausindustrie der Landbezirke dehnte sich mehr und mehr aus, der Eisenbahnbau wurde beschleunigt und die bei alledem enorm steigende Auswanderung schuf eine deutsche transatlantische Dampfschiffahrt, die keiner Subvention bedurfte. Mehr als je vorher setzten sich deutsche Kaufleute in allen überseeischen Handelsplätzen fest, vermittelten einen immer größeren Teil des Welthandels und fingen allmählich an, den Absatz nicht nur englischer, sondern auch deutscher Industrieprodukte zu vermitteln."[65]

Diese Charakteristik Engels' bezieht sich auf die Situation, der sich die deutsche Bourgeoisie in den beiden Jahrzehnten vor der Bismarckschen Reichsgründung gegenüber sah. Seit etwa 1830 hatte sich die rasche Aufwärtsentwicklung des deutschen Kapitalismus, besonders durch die Erweiterung der Produktion der alten Industrien, d. h. vor allem der Textilindustrie, vollzogen. Alle Voraussetzungen waren dadurch für einen qualitativen Sprung herangereift, ja diese qualitativen Veränderungen wurden zu einer Notwendigkeit und zur Voraussetzung der weiteren raschen Entwicklung. Es kam nun nicht mehr für die deutsche Bourgeoisie allein darauf an, Produktion und Produktionsgrundlage der Konsumgüterindustrie in raschem Tempo auszuweiten, sondern zur Sicherung des Profits und einer steigenden Rate der Akkumulation, besonders aber zum Ausbau und zur Befestigung der Stellung am Weltmarkt, war eine umfassendere Entwicklung der kapitalistischen Industrie, auf modernerer technischer Grundlage, erforderlich. Es ist bekannt, daß bis dahin vornehmlich die Textilindustrie und daneben, allerdings in weitem Abstand, einige andere Zweige der Leichtindustrie, wie beispielsweise die Glas- und Porzellanindustrie,

[65] Engels, Friedrich, Über die Gewaltstheorie. Gewalt und Ökonomie bei der Herstellung des neuen deutschen Reiches. Berlin 1952, S. 16.

der deutschen industriellen Produktion das Gepräge gaben. Die historisch bereits anderswo bestätigte These, wonach die Textilindustrie, die weitgehend mit der Konsumgüterindustrie identisch war, der dominierende Produktionszweig in der frühkapitalistischen industriellen Entwicklung ist, wird auch durch die deutsche Geschichte der ersten Hälfte des 19. Jahrhunderts bekräftigt.
Die Entwicklung, auf die Engels in dem angeführten Zitat hinweist, erwies aber die bisherige Produktionsgrundlage des jungen deutschen Kapitalismus als zu eng. Neben eine rasche Entwicklung der anderen Zweige der Konsumgüterindustrie – abgesehen von der Textilindustrie – tritt die Möglichkeit und Notwendigkeit eines beschleunigten Ausbaus der Produktionsmittelindustrie, d. h. besonders der Schwerindustrie. Allein die Erfordernisse des Eisenbahnbaues an Anlagen und rollendem Material gaben eine gute Grundlage für eine solche Erweiterung; hinzu kamen der Ausbau der Handelsflotte, der Maschinenbedarf einer sich in steigendem Maße maschineller Ausrüstung bedienenden Industrie, und – last but not least – der Bedarf des preußischen Heeres, das für die kommenden Endschlachten um die deutsche Vorherrschaft auf den erforderlichen Stand gebracht wurde.
Kuczynski gibt in der Fortsetzung seiner bereits früher angeführten Berechnung über die deutsche Industrieproduktion im 19. Jahrhundert für diese Zeitperiode folgende Zahlen[66]:

*Deutsche Industrieproduktion, 1841 bis 1870**

Jahrzehnt	insgesamt	Produktions-güter	Konsum-güter	insgesamt**
1841–1850	(36)	37	(35)	(5)
1851–1860	(78)	81	(75)	(11)
1861–1870	116	123	109	16

* Zahlen in Klammern sind rohe Schätzungen.
** 1913 gleich 100.

In dieser Zusammenstellung ist besonders die starke Steigerung der deutschen industriellen Produktion in dem Jahrzehnt von 1850 bis 1860 auffällig. Es wird sich jedoch in der späteren Untersuchung des Außenhandels zeigen, daß kein mechanischer Zusammenhang zwischen Steigerung der industriellen Produktion und Ausweitung des Außenhandels besteht, daß Perioden stärkster industrieller Entwicklung durchaus nicht begleitet sein müssen von einer Entfaltung des Außenhandels im gleichen Tempo.
Obwohl in dieser Periode sich noch eine Erweiterung der Hausindustrie vollzieht, ist diese Ausdehnung einer Produktionsmethode, die für die frühere deutsche Entwicklung von großer Bedeutung war, nicht mehr das wesentliche Kennzeichen der Entwicklung in der zweiten Hälfte des 19. Jahrhunderts. Sie hat noch ihre bestimmte Bedeutung für die Ausweitung des deutschen Kapitalismus in die Breite, für die Ausdehnung der kapitalistischen Produktionsweise in ab-

[66] Kuczynski, J., a. a. O., S. 168.

seits gelegenen Gebieten; ihrer Natur nach bedeutet sie vorwiegend eine Ausdehnung der Produktion von Konsumtionsmitteln. Aber das, was für die neue Entwicklungsphase des deutschen Kapitalismus typisch ist, konnte nicht mit der Ausdehnung der Hausindustrie verknüpft sein: die Ausdehnung der großen Industrie, die rasche Entwicklung der Erzeugung von Produktionsmitteln und der beginnende Ausbau einer schwerindustriellen Basis.

Es ist offensichtlich, daß diese drei charakteristischen Seiten sich nicht unabhängig, sondern in engstem Zusammenhang miteinander entwickeln. Die Verstärkung der Produktion von Produktionsmitteln zieht die Entwicklung einer eigenen schwerindustriellen Grundlage nach sich, zumal in Deutschland dafür natürliche und historische Bedingungen vorhanden waren: Andererseits mußte die einsetzende verstärkte Entwicklung einer Produktionsmittelindustrie, einschließlich der Schwerindustrie, die Tendenz zur Bildung von Großbetrieben erheblich verstärken. Eine auf der handwerklichen Produktion, der Hausindustrie oder vorwiegend dem Kleinbetrieb beruhende kapitalistische Produktionsmittelindustrie zu entwickeln, war ökonomisch wie technisch unmöglich. Die Entwicklung zum Großbetrieb, zur Konzentration und Zentralisation des Kapitals erhielt nicht nur dadurch, sondern auch beispielsweise durch die zyklische Krise von 1857, deren Auswirkung auf Deutschland selbst wieder Ausdruck des Fortschritts der deutschen kapitalistischen Entwicklung ist, einen starken Auftrieb.

Dieser den Übergang zum reifen Kapitalismus ankündigende Strukturwandel verändert naturgemäß auch die inneren Voraussetzungen für den deutschen Außenhandel. Es ist keineswegs gleichgültig, ob die Bourgeoisie, die an der Entwicklung des Außenhandels interessiert ist, sich in der Hauptsache aus den mit frühkapitalistischen Methoden arbeitenden, kleinen und mittleren Unternehmern der Textilindustrie zusammensetzt, oder ob es die großen Kapitalisten der Eisen- und Stahlindustrie, die Großunternehmer des Bergbaus und auch die große Textilindustrie ist. Der Zwang für die industrielle Großbourgeoisie, sich eine bessere Verwertung ihres Kapitals durch den Absatz ihrer Waren auf auswärtigen Märkten und durch die Einfuhr billiger Lebensmittel, Rohstoffe und auch der Elemente des fixen Kapitals zu sichern, ist ungleich stärker als für den frühkapitalistischen Verleger oder den produzierenden Handwerksmeister. Dieser Absatz selbst, in Konkurrenz mit der Bourgeoisie anderer Nationen, kann nicht mehr, wie vielfach in den ersten Anfängen industriell-kapitalistischer Entwicklung, ausschließlich gesichert werden durch die Konservierung und sogar Verschärfung primitivster Ausbeutungsmethoden bei unverändertem Fortbestand der alten Produktionstechnik, sondern muß in erster Linie durch die Anwendung einer neuen, der Konkurrenz gleichwertigen oder überlegenen Technik fundiert werden. Und schließlich erhält der natürliche Ausdehnungsdrang des Kapitals, der nicht an den nationalen Grenzen haltmacht, mit fortschreitender Konzentration und Zentralisation des Kapitals einen viel stärkeren Antrieb als in früheren Perioden der Entwicklung. Es war hauptsächlich die innerhalb des deutschen Kapitalismus vorgehende Veränderung, die eine sprunghafte Entwicklung des deutschen Außenhandels hervorbrachte, und erst in zweiter Linie die veränderte Weltmarktsituation. Und diese rapide Entwicklung des deutschen Außenhandels vollzog sich, obwohl jene Veränderungen des deutschen Kapitalismus kaum über ihre ersten Anfänge hinaus waren und eine neue Etappe der kapitalistischen Entwicklung, den reifen Kapitalismus, erst ankündigten, aber noch nicht repräsentierten.

Gleichzeitig bildeten sich auch andere, für eine rasche Entfaltung des Außenhandels notwendige Voraussetzungen heraus. Besonders im Transportwesen machte Deutschland eine große Entwicklung durch, und hier wiederum vor allem in der Ausdehnung des Eisenbahnverkehrs. Während das deutsche Eisenbahnnetz im Jahre 1850 eine Länge von 6044 km aufwies, betrug 1870 die Streckenlänge 19575 km. Damit stand Deutschland, was die Ausdehnung des Eisenbahnnetzes anbetrifft, an der Spitze der kontinentaleuropäischen Länder und wurde absolut nur überhaupt von zwei Ländern, Großbritannien und den Vereinigten Staaten von Nordamerika, übertroffen.[67] Die Ausweitung des preußischen Eisenbahnverkehrs wird am besten durch die Zahl der gefahrenen Tonnenkilometer charakterisiert: diese stieg während der beiden Jahrzehnte von 190 auf 4045 Millionen, d. h. also auf das Einundzwanzigfache, an.[68] Wenn man sich der früher erwähnten Angaben von Dieterici über das preußische Straßenwesen vor Gründung des Zollvereins erinnert, so wird klar, wie gänzlich auch in dieser Hinsicht die Bedingungen, unter denen sich der deutsche Außenhandel vollzog, im Vergleich mit denen dreißig bis vierzig Jahre früher, revolutioniert waren.

Ebenso wie die Entwicklung des Eisenbahnverkehrs ist die der deutschen Seeschiffahrt hervorzuheben, die erstmalig seit Beginn des 19. Jahrhunderts ein rasches Tempo einschlägt. Die Tonnage der deutschen Handelsflotte wuchs zwischen 1850 und 1870 um 80 Prozent, hauptsächlich durch den Bau größerer und leistungsfähigerer Schiffe als bisher.[69]. Jedoch ist für die deutsche Seeschiffahrt in dieser Zeit nicht allein das quantitative Wachstum charakteristisch, bedeutsamer vielleicht noch sind die qualitativen Veränderungen, die sich in zwei Richtungen vollzogen.

Einmal handelt es sich dabei um den nach 1850 einsetzenden Übergang von der Segelschiffahrt zur Dampfschiffahrt, ein in Deutschland etwa ein halbes Jahrhundert währender Prozeß. 1871 verzeichnet die offizielle Statistik zwar erst einen Anteil des Netto-Raumgehalts der Dampfschiffe von 8,8 Prozent an der gesamten Netto-Tonnage der deutschen Handelsflotte; im Gebiet der Nordsee jedoch, dem für den Welthandelsverkehr gegenüber der Ostsee ungleich wichtigeren Meer, war im gleichen Jahr der Prozentsatz bereits 13,4 Prozent.[70] Es zeigt sich, daß der beträchtliche Zuwachs der deutschen Handelsflotte in der zweiten Hälfte des 19. Jahrhunderts fast ausschließlich durch den Neubau von

[67] v. d. Leyen, A., Eisenbahnen im Ausland. In: Handwörterbuch der Staatswissenschaften. Jena 1926, 4. Aufl., Bd. III, S. 642.

[68] Statistisches Handbuch für den preußischen Staat. Berlin 1903, Bd. IV, S. 286.

[69] Handwörterbuch der Staatswissenschaften. Jena 1926, 4. Aufl., Bd. VII, S. 397; Statistisches Handbuch für das Deutsche Reich. Berlin 1907, Teil I, S. 351/52.

[70] Statistisches Handbuch für das Deutsche Reich. Berlin 1907, Teil I, S. 350ff.

Dampfschiffen gestellt wird und die Segeltonnage zunächst keine Vermehrung und später einen kontinuierlichen Rückgang aufweist.

Zum anderen ging Anfang der fünfziger Jahre eine Verlagerung des Schwerpunkts der deutschen Seeschiffahrt vor sich. Bis dahin überwog der deutsche Schiffsraum der Ostsee erheblich den an der Nordseeküste beheimateten. Anders ausgedrückt, die Küstenschiffahrt im weiteren Sinn überstieg an Bedeutung den Ozeanverkehr, und die eigentliche Domäne deutscher Schiffahrt war die vom Standpunkt des Weltverkehrs fast als Binnenmeer zu betrachtende Ostsee. Erstmalig übersteigt während der ersten Hälfte der fünfziger Jahre der Raumgehalt der deutschen Handelsschiffe in der Nordsee den der Ostsee-Fahrzeuge, und von da an vermindert sich die relative Bedeutung der Ostseeschiffahrt ständig. Die Entwicklung des Welthandels mit industriellen Massengütern, deren deutsche Produktions- und Verbrauchszentren abseits der Ostsee lagen, und die wachsende Einfuhr industrieller Rohstoffe aus der westlichen Hemisphäre und den tropischen Gebieten bewirkten diese Umschichtung und damit das Aufrücken Deutschlands in die vorderste Reihe der im Weltverkehr führenden Nationen.

Die Entwicklung eines modernen Transportsystems war von hervorragender Bedeutung für die weitere rasche Entfaltung des deutschen Außenhandels. Aber auch die anderen Grundlagen der Ökonomik des deutschen Kapitalismus bildeten sich in rascherem Tempo heraus, wenn auch oftmals gehemmt durch den politischen Zustand Deutschlands. Sowohl für die Entwicklung des Post- und Telegraphenwesens als auch für die Herausbildung eines kapitalistischen Bank- und Finanzapparates war die Existenz einer Vielzahl deutscher Staaten mit ihren verschiedenen Posteinrichtungen und -verwaltungen, ihren unterschiedlichen währungs-, steuer- und handelsrechtlichen Bestimmungen ein Hindernis. Wenn trotzdem auch auf diesen Gebieten eine rasche Entwicklung einsetzte, so deswegen, weil der erreichte Stand der industriellen Produktion und die dadurch verstärkte Notwendigkeit eines entfalteten Binnen- und Außenhandels diese Entwicklung erzwangen und daher die deutschen Landesgrenzen nicht als absolutes Hindernis wirken konnten. Die deutsche Bourgeoisie empfand den Zustand zwar als störend, verstand es zunächst aber, ebenso wie auch auf anderen Gebieten, sich ihm anzupassen und ein Maximum an wirtschaftlichen Vorteilen herauszuholen.

Die nach 1850 einsetzende stürmische Entwicklung des deutschen Kapitalismus ließ auch die Landwirtschaft nicht unberührt. Die Umstellung der ostelbischen Junkerwirtschaft von einem warenproduzierenden, halbfeudalen zu einem kapitalistisch wirtschaftenden Betrieb, die durch die Stein-Hardenbergschen Reformen eingeleitet wurde, war während der ganzen ersten Hälfte des 19. Jahrhunderts vor sich gegangen. Es wurde bereits gezeigt, in welchem Ausmaß die ostelbische Gutswirtschaft am Außenhandel beteiligt und wie sie in steigendem Maße für den Absatz ihrer Produkte von ihm abhängig war. In den vergangenen Jahrzehnten ergaben sich Verschiebungen in den Relationen der Produktion der drei wichtigsten Massengüter, Getreide, Schafwolle und Holz, die sich auch in der Ausfuhr niederschlugen. Im wesentlichen aber blieben die technischen Produktionsgrundlagen unverändert und die agrarische Produktion Ostelbiens beruhte auf den gleichen Kulturen. Erst nach 1850 zeigen sich auch hier bedeutsame Veränderungen, die bis 1870 in bescheidenem Umfang, in den späteren Jahrzehnten jedoch bedeutend die Struktur der deutschen Ausfuhr beeinflussen.

Während die Weizenerträge ebenso wie der Schafbestand unerheblich ansteigen[71], gewinnt eine andere landwirtschaftliche Kultur, die bis dahin als Stiefkind der Steuer- und Handelspolitik vegetiert hatte und auch eine ungenügende technische Entwicklung aufwies, rasch an Bedeutung, nämlich der Anbau von Zuckerrüben. 1840/41 gelangten innerhalb des Zollvereins 4829734 Zentner, darunter in Preußen 3600272 Zentner zur Verarbeitung, 1864/65 aber waren es bereits 41641221 Zentner Rüben, darunter in den preußischen Fabriken 35823805. Noch stärker als der Rübenanfall hatte sich jedoch infolge verbesserter technischer Bedingungen die Rohzuckerproduktion des Zollvereins, nämlich von 241487 auf 3331297 Zentner im gleichen Zeitraum erhöht.[72] Die Ausdehnung des Anbaus von Zuckerrüben und der Produktion von Rohzucker war also im Verlaufe dieses Vierteljahrhunderts gewaltig, wobei sich seit dem Ende der vierziger Jahre eine besonders starke Expansion zeigt.

Auf einer ähnlichen Linie liegt die Entwicklung der Branntweinbrennerei. Nach den von Bienengräber angeführten Zahlen wurden 1854 in den Brennereien 3277562 Scheffel Getreide und 16802915 Scheffel Kartoffeln verbraucht, während 1864 die entsprechenden Zahlen 4648238 und 27525005 Scheffel betrugen. Im gleichen Zeitraum hat sich die Zahl der ländlichen Brennereien (die mehr als vier Fünftel der Brantweinbrennereien überhaupt ausmachten) um etwa 23 Prozent vermindert.[73] Diese Zahlen zeigen den immer stärker sich herausbildenden Charakter der Branntweinbrennerei als einer kapitalistischen Industrie, in der sich die Konzentration in dem Maße, in dem sie ihren Charakter als landwirtschaftliches Nebengewerbe verliert, durchsetzt.

Die deutsche Landwirtschaft, in erster Linie aber die ostelbische Junkerwirtschaft, wird daher in weitaus größerem Umfang zum Lieferanten industrieller Rohstoffe und gliedert sich gewissermaßen eine weiterverarbeitende Industrie an. Soweit diesem Prozeß für den Außenhandel eine unmittelbare Bedeutung

[71] Dieterici gibt die Weizenerträge für Preußen im Jahre 1852 mit 23,7 Mill. Scheffel, während die Berechnung Bienengräbers für 1864 auf 27,3 Mill. Scheffel lautet, aber eher noch zu hoch sein dürfte. Der Schafbestand in Preußen stieg nach den Angaben dieser beiden Statistiker zwischen 1840 und 1864 von 16,3 auf 19,3 Mill. Stück.

Dieterici, C. F. W., Statistische Übersicht der wichtigsten Gegenstände des Verkehrs und Verbrauchs im Preußischen Staate und im deutschen Zollverbande. 5. Fortsetzung v. 1849–1853, Berlin 1857, S. 460.

Dieterici, C. F. W., Handbuch der Statistik des preußischen Staats. Berlin 1861, S. 234.

Bienengräber, A., Statistik des Verkehrs und Verbrauchs im Zollverein für die Jahre 1842–1864. Berlin 1868, S. 133, 220.

[72] Bienengräber, A., Ebenda, S. 24f.

[73] Bienengräber, A., Ebenda, S. 181f.

zukommt, besteht sie darin, daß als Exportwaren nunmehr in steigender Proportion einer industriellen Bearbeitung unterzogene agrarische Produkte auftauchen, aber auch, daß landwirtschaftliche Erzeugnisse, die an sich nicht exportfähig sind, wie z. B. Kartoffeln, auf diesem Wege für die Ausfuhr wichtig werden. Die Möglichkeiten eines erweiterten Absatzes deutscher landwirtschaftlicher Produkte werden in Zukunft in immer stärkerem Maße von der vorherigen Bearbeitung durch einen industriellen Prozeß abhängig, wodurch auch von dieser Seite her die kapitalistische Entwicklung der deutschen Landwirtschaft vorwärtsgetrieben wurde.

So geht insgesamt in dieser Zeitperiode nicht nur in der Industrie, sondern auch in der Landwirtschaft Deutschlands ein Umformungsprozeß vor sich, der durch die Veränderungen im Verkehrswesen, im Binnenhandel und im Finanz- und Bankapparat ergänzt wird. An die Stelle einer quantitativen Ausweitung der kapitalistischen Produktion tritt ihre qualitative Transformierung, die eine Voranzeige für den Eintritt in eine neue Phase des deutschen Kapitalismus ist. Und es liegt auf der Hand, daß diese Veränderung sich auch auf den Außenhandel auswirken mußte: unmittelbar, indem sie den Drang nach dem Weltmarkt bei der deutschen Bourgeoisie verstärkte, neue deutsche Waren in den Welthandel brachte und die Importbedürfnisse des deutschen Kapitalismus wandelte; mittelbar, indem sie die materielle und ökonomische Basis für den Abschluß des Prozesses der Herausbildung eines nationalen Marktes schuf, der im Jahre 1871 durch die Herstellung der staatlichen Einheit Deutschlands auch nach außen hin manifestiert wurde.

„Auf dem Weltmarkt hatte sich die junge deutsche Industrie zu bewähren, nur durch die Ausfuhr konnte sie groß werden“, formuliert Engels die vor der deutschen Bourgeoisie unmittelbar stehende Aufgabe.[74] Und diese Bourgeoisie begriff recht gut, was die Situation von ihr verlangte, sowohl nach außen als auch nach innen. „Die Industrie und der Handel Deutschlands hatten sich zu einer Höhe entwickelt, das Netz deutscher Handelshäuser, das den Weltmarkt umspannte, war so ausgebreitet und dicht geworden, daß die Kleinstaaterei zu Hause und die Recht- und Schutzlosigkeit im Ausland nicht länger zu ertragen waren.“[75] Der Stand der Entwicklung des deutschen Kapitalismus, darunter mit an erster Stelle die Notwendigkeiten des Außenhandels, verlangten gebieterisch eine Neuordnung der deutschen staatlichen Verhältnisse. Daß diese Bereinigung nur von Preußen ausgehen konnte, wußte man. Daß nur der junkerlich preußische Staat imstande war, die Interessen der deutschen Bourgeoisie im Ausland einigermaßen wirksam zu vertreten, hatten die Ereignisse der letzten Jahrzehnte gelehrt. Preußen konnte daher, trotz vieler Gegensätze in einzelnen Fragen, auf das wohlwollende Verständnis der gesamten deutschen Bourgeoisie bei der Vollendung seines ökonomischen Eroberungszuges in Deutschland zählen. Das Schlachtfeld gab dabei wiederum der Zollverein ab.

[74] Engels, Friedrich, Über die Gewaltstheorie. Gewalt und Ökonomie bei der Herstellung des neuen deutschen Reiches. Dietz Verlag, Berlin 1952, S. 17.

[75] Ebenda, S. 34.

DER ABSCHLUSS DES KAMPFES ZWISCHEN ÖSTERREICH UND PREUSSEN UM DEN DEUTSCHEN ZOLLVEREIN

Die Erneuerung der Zollvereinsverträge im Ergebnis der Auseinandersetzungen von 1851 bis 1853 hatte als Erbe die formale Verpflichtung hinterlassen, die Zolleinigung mit Österreich zu betreiben und den sogenannten „Februar-Vertrag" als eine Vorstufe zum zoll- und handelspolitischen Zusammenschluß zu betrachten. Die Erfüllung dieser Verpflichtung lag nach Lage der Dinge bei Preußen, das aus den Auseinandersetzungen als Sieger hervorgegangen war. Daß die preußische Regierung diese Pflicht keineswegs ernst nahm, sondern nur als eine Scheinkonzession betrachtete, die unter den damals gegebenen Umständen zu machen ratsam schien, zeigte sich sehr bald. Die Verhandlungen wurden verschleppt, bald unter diesem, bald unter jenem Vorwand für kürzere oder längere Zeit vertagt. Als die österreichische Regierung dann nach sechsjähriger preußischer Verzögerungstaktik im August 1860 neuerlich die Wiederaufnahme der Verhandlungen vorschlug, erklärte man sich in Berlin zwar einverstanden, schloß jedoch die Zolleinigung mit Österreich als Verhandlungsgegenstand schroff aus, da sie ein unerreichbares Ziel sei. Damit ließ man die Maske fallen, die ohnehin kaum jemand getäuscht hatte und erklärte den von Österreich und den süddeutschen Staaten dem Februar-Vertrag beigelegten Sinn als glatten Unsinn.
Die solcherart neu heraufziehende Krise wurde offensichtlich mit dem Abschluß eines Handelsvertrages zwischen Preußen und Frankreich im Jahre 1861. Im Jahre 1860 war ein Handelsvertrag zwischen England und Frankreich vereinbart worden, dem von seiten Englands der bereits vollzogene Übergang zu einer freihändlerischen Politik zugrunde lag. Französischerseits war die Basis des Vertrages die Abkehr von dem überkommenen Prohibitivsystem und die beabsichtigte Einführung eines gemäßigteren Schutzzolltarifs. Während England die darin Frankreich gewährten Vergünstigungen automatisch auch allen anderen Ländern zugute kommen ließ, blieben die französischen Zölle gegenüber den anderen Nationen in alter Höhe bestehen, sofern sie nicht durch direkte Verträge herabgesetzt wurden. Für den Zollverein in seiner Gesamtheit bestand also eine geradezu zwingende Notwendigkeit, seine Handelsbeziehungen zu Frankreich, die bisher auf einem vertraglosen Zustand beruhten, neu zu regeln, um gegenüber anderen Ländern nicht ins Hintertreffen zu kommen.
Die preußische Politik schlug aus dieser Lage das notwendige Kapital zur weiteren Unterwerfung der anderen deutschen Länder und zur endgültigen Zer-

schlagung der österreichischen Zollvereins-Aspirationen, ähnlich wie sie das 1851 mit dem Beitritt Hannovers getan hatte. Ein Handelsvertrag mit Frankreich war notwendigerweise nur auf der Grundlage der bisherigen Handelspolitik, ja sogar nur unter Verstärkung ihrer freihändlerischen Tendenzen abzuschließen. Ein solcher Vertrag, einmal vereinbart, stellte die süddeutschen Regierungen vor die Alternative, ihn entweder anzunehmen und damit alle Hoffnungen auf die Einführung von Schutzzöllen und die Einbeziehung des schutzzöllnerischen Österreichs in den Zollverein zu begraben, oder mit seiner Ablehnung auch den Zollverein zu sprengen. Ja, sogar die Bestimmungen des Februar-Vertrages konnten durch Österreich nicht aufrechterhalten werden, da deutsche Zollermäßigungen auf französische Waren deren Einfuhr via Deutschland nach Österreich zu ermäßigten Zollsätzen ermöglicht und damit das gesamte österreichische Tarifsystem hinfällig gemacht hätten.
Aber diese scheinbare Alternative für die süddeutschen Staaten war in Wirklichkeit gar keine mehr. So drohend auch die preußische Oberhoheit über ihnen hing, so gern sie jede Gelegenheit benutzt hätten, sich von ihr zu befreien, die Möglichkeit dazu war nicht mehr vorhanden. Eine Auflösung des Zollvereins nach dreißigjähriger Existenz, die Rückkehr zu den Zuständen nach dem Wiener Kongreß war nicht mehr möglich. Die süddeutsche Bourgeoisie, obwohl sie durch die preußische Handelspolitik des Zollvereins zeitweise Nachteile hatte, hätte niemals ein solches Vorgehen ihrer Regierungen toleriert. Alle wirklichen oder vorgeschobenen Nachteile des Handelsvertrages mit Frankreich, alle nebulosen Vorteile einer Zolleinigung mit Österreich oder einer stärkeren Annäherung der beiden Zollgebiete wogen leicht im Vergleich mit den Folgen einer Sprengung des Zollvereins.
So wurde der Abschluß des preußisch-französischen Handelsvertrages ein Ultimatum an die süddeutschen Regierungen, auf das es nur eine Antwort geben konnte: Kapitulieren. Kapitulation aber bedeutete nichts anderes als Anerkennung der preußischen Herrschaft im Zollverein, Aufgeben der schutzzöllnerischen Opposition gegen die preußische Handelspolitik und unwiderrufliches Abfinden mit dem Ausschluß Österreichs aus dem deutschen Zollverband und damit aus dem deutschen Markt.
Im Bewußtsein dieser Situation und seiner Vorteile lehnte Preußen daher während der sich hinziehenden Verhandlungen mit Frankreich alle Ansinnen ab, mit den übrigen Regierungen den Inhalt des zu schließenden Vertrages zu beraten. Am 29. März 1862 wurde der Vertrag unterzeichnet und wenige Tage später erstmalig den anderen deutschen Ländern und danach auch Österreich zur Kenntnis gebracht. Das preußische Abgeordnetenhaus ratifizierte ihn sehr bald darauf mit überwältigender Mehrheit.
Die Ablehnung des preußisch-französischen Handelsvertrages durch die Mehrheit der Regierungen der deutschen Klein- und Mittelstaaten und die Proteste Österreichs blieben in Berlin ohne Wirkung. Auch die detaillierten Vorschläge Österreichs an die süddeutschen Staaten zur Erweiterung und Neuorganisation des Zollvereins unter Einschluß Österreichs machten keinen Eindruck. Die

Junker-Regierung Bismarcks wußte ganz genau, daß es ohne Preußen keinen Zollverein geben kann und man daher in Süddeutschland letzten Endes doch nach der preußischen Pfeife werde tanzen müssen. Und zur Bekräftigung ihrer Unnachgiebigkeit schloß sie im März 1863 noch einen Handelsvertrag mit Belgien ab, dem die gleichen Prinzipien zugrunde lagen wie dem mit Frankreich abgeschlossenen.

Wiederum, wie zehn Jahre früher, hatte sich der Kampf um die Vorherrschaft in Deutschland in einen Kampf um den Zollverein und die Grundsätze der deutschen Handelspolitik zugespitzt. Damals waren die Erfolgsaussichten von Anfang an für Preußen zwar durchaus günstig, eindeutig wurde die Überlegenheit aber erst durch den Vertragsabschluß mit Hannover. Der Angriff ging damals von Österreich aus, das sich nach der Revolution von 1848 einer aktiveren Deutschlandpolitik zuwandte. Preußen sah sich in der ersten Runde zunächst in eine Defensivposition gedrängt, aus der es sich durch eine nicht ungeschickte Diplomatie unter Ausnutzung seiner ökonomisch und geographisch vorteilhaften Position befreite und schließlich seinen Standpunkt bis auf wenige, im Grunde belanglose, Konzessionen durchsetzte.

Zehn Jahre später waren es zwar dieselben Grundfragen, die wiederum und diesmal endgültig zu lösen waren, aber die Änderung im Kräfteverhältnis zeigt sich deutlich in der Art, wie sie auf die Tagesordnung gesetzt wurden. Diesmal begann die preußische Regierung den Angriff, wies rundweg jede Erörterung des Eintritts Österreichs in den Zollverein zurück, schloß den Vertrag mit Frankreich unter brüsker Ablehnung jeder Beteiligung der anderen Regierungen der Zollvereinsländer ab, ließ darauf den Vertrag mit Belgien folgen, und präsentierte das Ganze den anderen deutschen Ländern mit der unmißverständlichen Aufforderung „Hic Rhodus hic salta!" Von preußischer Seite aus wurde diese Auseinandersetzung richtig als Teil der Endphase des Kampfes um die deutsche Hegemonie eingeschätzt, der nur noch ein Abschluß in Form der militärischen Auseinandersetzung folgen konnte.

Die deutschen Mittel- und Kleinstaaten beugten sich dem preußischen Diktat. Sie akzeptierten alles: den preußischen Standpunkt, erst nach Erneuerung des Zollvereins die künftigen Handelsbeziehungen zu Österreich vertraglich zu regeln, die Handelsverträge mit Frankreich und Belgien, die durch sie notwendig gewordene Reform des Zollvereinstarifs und schließlich auch die für einige Jahrzehnte endgültige Absage an ein deutsches Schutzzollsystem. Im Oktober 1864 kamen die Verhandlungen mit den letzten noch widerstrebenden deutschen Ländern zum Abschluß, und Österreich sah sich nunmehr gezwungen, mit Preußen nicht mehr als künftiges Mitglied des Zollvereins, sondern als ausländische Macht, die ihre Handelsbeziehungen zu einem fremden Staatengebilde regeln will, zu verhandeln. Im April 1866, kurz vor Ausbruch der Feindseligkeiten, kamen die Verhandlungen zum Abschluß.

Die ökonomische Annektion des übrigen Deutschland durch Preußen war damit der Sache, wenn auch noch nicht der Form nach abgeschlossen. Die Interessen der Junker und des entwickelten Teiles der preußischen Bourgeoisie hatten nicht nur wie 1818 in Preußen, sondern in ganz Deutschland endgültig gesiegt. Die preußische Handelspolitik war die Handelspolitik des Zollvereins geworden, jede Opposition gegen sie gebrochen. Die ökonomischen Realitäten hatten sich stärker erwiesen als der politische Widerstand gegen die preußische Herrschaft über Deutschland.

Eine interessante Einzelheit in diesem vielfältigen Durcheinander deutscher Politik ist die Tatsache, daß von den deutschen Mittelstaaten in der letzten Krise des Zollvereins als einziger gerade der auf seiten Preußens unbeirrbar stand, der politisch ein treuer Anhänger Österreichs war: Sachsen. Der hohe Stand der kapitalistischen Entwicklung in diesem Lande ließ seine Bourgeoisie zu einem Verfechter der preußischen Handelspolitik werden, wie sehr seine Regierung auch ein Gegner eines preußischen Deutschland sein mochte.

Vom Standpunkt der Entwicklung des deutschen Kapitalismus, der raschen Entfaltung der Produktivkräfte und der Entwicklung des Außenhandels war dieser preußische Sieg über die österreichisch-süddeutsche Koalition ein Fortschritt. Die Staaten des Westens hatten den grundsätzlichen Schritt von einer straffen protektionistischen Beschränkung des Außenhandels zum Freihandel getan. Wollte die deutsche Bourgeoisie an den Vorteilen des mit Riesenschritten aufwärts strebenden Welthandels teilhaben, wollte sie alle die Möglichkeiten nutzen, die ein entfalteter Außenhandel für die kapitalistische Entwicklung insgesamt und besonders für die rasche Akkumulation des Kapitals bringt, so konnte sie den süddeutschen Forderungen nach Einschluß des schutzzöllnerischen Österreich in den Zollverein nicht nachgeben. Die Lösung für die große Mehrheit der deutschen Bourgeoisie, die ihren ökonomischen Interessen entsprach, war die Adoption der Handelspolitik der ostelbischen Junker als die ihre. Das unmittelbare Interesse der Junker an einer liberalen Handelspolitik schwand zwar schrittweise, je geringer die deutschen Exportüberschüsse an Weizen wurden und je mehr die Aufnahmeländer eo ipso ihre Getreidezölle im Zuge der Liberalisierung ihrer Tarifpolitik senkten oder aufhoben. Noch immer aber war es stark genug, um die offizielle preußische Politik zu einer im Prinzip freihändlerischen zu machen. Die Einmütigkeit, mit der das preußische Abgeordnetenhaus sowohl den Handelsvertrag mit Frankreich als auch den mit Belgien ratifizierte, zeigt, daß der preußische Gutsbesitzeradel und die Bourgeoisie darüber einer Meinung waren.

Durch den Abschluß des französischen Handelsvertrages war den Lenkern der preußischen Handelspolitik die Notwendigkeit einer durchgehenden Revision des Zollvereintarifs bewußt geworden. Der preußische Zolltarif, der 1834 die Grundlage für den Tarif des Zollvereins gebildet hatte, war im Laufe der Jahrzehnte völlig veraltet. Die Entwicklung der Arbeitsproduktivität hatte die Werte der Waren generell gesenkt, die unterschiedliche Entwicklung in einzelnen Zweigen und Stufen der Produktion hatte aber die Wertrelationen zwischen den einzelnen Waren verschoben. Hinzu kam, daß die Änderungen der Zollsätze für die verschiedenen Tarifpositionen in der Zwischenzeit gewissermaßen prinzipienlos, als Ergebnis des Feilschens zwischen den Vereinsregierungen und der Durchsetzung beschränkter Sonderinteressen durchgeführt worden waren. Um daher den französischen Handelsvertrag überhaupt in Kraft setzen zu können, um die vertraglichen Vereinbarungen einhalten zu können, war eine durchgreifende Tarifreform notwendig. Auch diesen Brocken mußten die süddeutschen Regierungen zusammen mit dem französischen Handelsvertrag schlucken. Am 1. Juli 1865 traten beide, der preußisch-französische Handelsvertrag und der neue, auf im allgemeinen niedrigeren Zollsätzen beruhende Tarif für den gesamten Zollverein in Kraft.

Die militärische Auseinandersetzung des Jahres 1866 zwischen Preußen auf der einen, Österreich und der großen Mehrzahl der deutschen Länder auf der anderen Seite erbrachte einen äußerst merkwürdigen Zustand: Während die Truppen der kriegführenden Staaten einander blutige Schlachten lieferten, übten die Zollbeamten der einzelnen Länder an den Grenzen weiterhin für gemeinschaftliche Rechnung im Namen des Zollvereins und auf Grund von dessen Beschlüssen ihre Funktionen aus. Der nationale Markt war auch für den Warenverkehr mit dem Ausland als wirtschaftlich geschlossenes Territorium eine solche unerläßliche Notwendigkeit geworden, daß sogar die Kanonen dagegen machtlos waren.

Der Ausgang des Krieges führte dazu, daß die de facto Oberhoheit in handelspolitischen Fragen, die sich Preußen bereits errungen hatte, nunmehr auch formalrechtlich in den Verträgen zwischen den Zollvereinsstaaten zum Ausdruck kam. Die süddeutschen Staaten wurden ökonomisch auch nach außen hin ein Anhängsel des Norddeutschen Bundes. Dieser Norddeutsche Bund, der alle deutschen „Staaten" nördlich der Mainlinie umfaßte, brachte auch den Rest der deutschen Gebiete, die noch außerhalb standen, in den Zollverein, mit Ausnahme von Hamburg und Bremen. Seit 1868 ist das deutsche Zollgebiet fast völlig identisch mit dem nachmaligen Reichsgebiet, abgesehen natürlich von dem 1871 annektierten Elsaß-Lothringen.

Die Periode von 1866 bis 1871 stellt ein so kurzes Zwischenspiel dar, daß es sich in diesem Zusammenhang kaum lohnt, auf Einzelheiten einzugehen. Erwähnt sei nur die Schaffung eines Zollparlaments, in das die Parlamente aller deutschen Länder ihre Vertreter nach einem festgelegten Schlüssel entsandten. Von den achtundfünfzig Abgeordneten dieses Zollparlaments stellte das preußische Abgeordnetenhaus siebzehn. Dem Zollparlament, das von Preußen einberufen wurde, stand das alleinige Recht der Gesetzgebung in Zollangelegenheiten zu. Als ausführendes Organ existierte der sogenannte „Bundesrat des Zollvereins", der durch die Bevollmächtigten der einzelnen Regierungen gebildet wurde. Die beherrschende Stellung Preußens kam in diesem Aufbau dadurch zum Ausdruck, daß ihm die Präsidialrechte, das Recht der Vertretung des Zollvereins nach außen und ein Vetorecht gegen bestimmte Mehrheitsbeschlüsse des Bundesrates reserviert blieben.

Das deutsche Zollparlament eröffnete seine erste Session im April 1868 und verhandelte zunächst über die Ratifizierung des neuen, im März 1868 abgeschlossenen Handelsvertrages mit Österreich, der beiderseitige Zoll- und Verkehrserleichterungen vorsah. Im Zusammenhang damit stellte sich die Notwendigkeit einer nochmaligen, umfassenden Tarifreform heraus. Der Rest der Lebensdauer des Parlaments war erfüllt von den Auseinandersetzungen über diese Reform. Die allgemeine Linie der preußischen Regierung war dabei auf die Herabsetzung der Zölle auf Halb- und Fertigfabrikate, Erhöhung der Finanzzölle auf Verbrauchsgüter und schließlich die Vereinfachung des unmöglich komplizierten Tarifes gerichtet. Diese Reformvorschläge riefen allgemeine Opposition hervor: Die Anhänger des Schutzzolls lehnten sie wegen der vorgesehenen Zollermäßigungen ab, während die Liberalen die damit gekoppelte Einführung neuer bzw. Erhöhung bestehender Finanzzölle verwarfen. Nach einem zweijährigen Reigen von Parlamentsdebatten, Protesten und Pressekampagnen setzte die preußische Regierung doch ihren Willen durch, und die Tarifreform wurde mit einigen unerheblichen Änderungen angenommen. Die deutsche Bourgeoisie hatte inzwischen gelernt, daß aller Theaterdonner sie nicht davor bewahren konnte, sich schließlich doch der preußischen Fuchtel zu fügen. Mit der Annahme der Tarifreform im Mai 1870 beschloß das Zollparlament seine Existenz, ebenso wie im folgenden Jahr der Deutsche Zollverein zu bestehen aufhörte und ersetzt wurde durch das Zollgebiet des Deutschen Reiches.

DIE HANDELSBEZIEHUNGEN DES ZOLLVEREINS

Die preußisch-deutsche Handelspolitik hat in den sechziger Jahren, besonders in deren zweiter Hälfte, den Anschluß an die Handelspolitik der großen bürgerlichen Nationen gefunden. Die Grundsätze, die in jener Zeit die allgemein anerkannten zwischen den kapitalistischen Ländern im internationalen Warenverkehr waren, lagen auch der deutschen Handels- und Tarifpolitik zugrunde. Weit entfernt davon, hierin den einzigen oder auch nur hauptsächlichen Grund für die rapide Entwicklung des deutschen Außenhandels in jener Periode zu sehen, ist diese Tatsache aber doch ein wesentlich fördernder Faktor der gesamten Entwicklung gewesen. Ohne den Abschluß von Handelsverträgen mit den im Welthandel führenden Ländern, ohne ein deutsches Zollsystem, das weitgehend von freihändlerischen Grundsätzen beherrscht war, hätte die rasche Entwicklung des deutschen Kapitalismus nach 1860 niemals ihre Ergänzung in einem in gleicher Weise sich entfaltenden Außenhandel finden können. Die deutsche Bourgeoisie fand in dieser Periode noch einmal deutlich bestätigt, was ihr auch schon vorher beigebracht worden war, daß nämlich eine nachdrückliche Vertretung ihrer Interessen auf dem Weltmarkt weder durch die süddeutschen Mittelstaaten, noch durch das ökonomisch wesentlich rückständigere Österreich garantiert werden konnte. Der überwiegende Teil der deutschen Bourgeoisie sah in dem einzigen Staat, der auf Grund seiner Größe, seines Entwicklungsstandes und darüber hinaus auch seines militärischen Potentials eine Sonderstellung in Deutschland einnahm, nämlich in Preußen, auch den gegebenen Verfechter seiner Interessen nach außen. Das war mit einer der wesentlichen Gründe, warum sie bereits vor 1870 sich gern unter den Schutz der Krallen des preußischen Adlers begab und sich dabei recht wohl fühlte.
In der Zeit bis 1854 spielten für die Entwicklung des Außenhandels die Verträge des Zollvereins mit fremden Staaten keine allzu große Rolle. Erst am Ende dieser Periode wird der erste Handelsvertrag mit einer Großmacht, mit Österreich, abgeschlossen, der dann auch für die Entwicklung des Handels zwischen den beiden Zollgebieten von Bedeutung war.
Ganz anders entwickelten sich die Dinge in dem Jahrzehnt zwischen 1860 und 1870. Der Handelsvertrag mit Frankreich, der schon erwähnt wurde, eröffnete den Reigen. Ihm folgte der ebenfalls schon angeführte Vertrag mit Belgien, und schließlich wurde der „Februar-Vertrag“ durch einen neuen Handelsvertrag mit Österreich ersetzt. Schon vorher waren Verträge mit süd- und mittelamerikanischen und asiatischen Staaten, darunter Japan und China, abgeschlossen worden,

zu denen sich später noch andere Staaten dieser beiden Kontinente gesellten. Von ungleich größerer prinzipieller Wichtigkeit sind jedoch die Handelsverträge, die 1865 mit Großbritannien und Italien und 1869 mit der Schweiz abgeschlossen wurden. In den ersten beiden Verträgen war die wichtigste Bestimmung das Prinzip der Meistbegünstigung, die die Vertragspartner sich gegenseitig zuerkannten. Zollherabsetzungen und Tarifänderungen waren durch die Anwendung freihändlerischer Grundsätze in der Handelsgesetzgebung der betreffenden Staaten weitgehend gegenstandslos geworden, da, von wenigen Ausnahmen abgesehen, lediglich Finanzzölle erhoben wurden.

Ein lehrreiches Beispiel für die trotz allem immer noch vorhandene Uneinheitlichkeit und die Schwächen der deutschen Handelspolitik, bedingt durch lokale Sonderinteressen ist die Vorgeschichte des Handelsvertrages mit der Schweiz. Gemäß dem – in der Vergangenheit nicht immer eingehaltenen – Prinzip, daß Verhandlungen mit angrenzenden Ländern von den Zollvereinsstaaten zu führen seien, die eine gemeinsame Grenze mit dem zukünftigen Vertragspartner besitzen, wurden die Verhandlungen mit der Schweiz im Jahre 1865 von Bayern, Württemberg und Baden begonnen. Aber die drei süddeutschen Länder, untereinander auch noch uneinig, versuchten einerseits ihre besonderen Interessen, die sich aus der gemeinsamen Grenze mit der Schweiz ergaben, im Vertrag zur Geltung zu bringen, andererseits sich aber über die Interessen anderer Länder des Zollvereins hinwegzusetzen. Als daher nach längeren Verhandlungen ein Vertragsentwurf zustande kam, versagten einige deutsche Regierungen ihre Zustimmung, und die Verhandlungen wurden abgebrochen. Erst 1868, als die Vertretung des Zollvereins nach außen allein Preußen zustand, wurden die Unterhandlungen wieder aufgenommen und im Mai 1869 abgeschlossen. Es zeigte sich auch hier klar, daß die Interessenvertretung der deutschen Bourgeoisie im auswärtigen Handel nicht durch die Mittel- und Kleinstaaten erfolgen konnte, deren regionale und lokale Sonderwünsche oftmals dem Gesamtinteresse der Bourgeoisie entgegenstanden, sondern daß man besser fuhr, wenn Preußen diese Aufgabe übernahm.

Die Situation ist in dieser letzten Periode des Zollvereins seit 1854, was die vertraglichen Beziehungen mit anderen Nationen anbetrifft, insgesamt doch wesentlich anders als früher. Bis 1854 war der Abschluß von Handelsverträgen kein allgemeines Ziel der preußischen Handelspolitik, sondern er erfolgte in Einzelfällen, wenn eine besondere Notwendigkeit für die Regelung schwebender Handelsfragen auftauchte. In der letzten Periode des Zollvereins werden die Handelsbeziehungen Deutschlands[76] zu den großen Ländern Europas im allgemeinen auf eine vertragliche Basis gestellt und darüber hinaus zu fast allen bedeutenderen Handelsnationen Europas und in Übersee solche Beziehungen

[76] In dieser letzten Periode tritt der merkwürdige Zustand ein, daß der Zollverein schon beim Abschluß von Handelsverträgen als für ganz Deutschland handelnd auftritt; so wurde z. B. der Handelsvertrag mit China als bindend für den Zollverein, die beiden Mecklenburg und die Hansestädte abgeschlossen.

Weber, W., Der deutsche Zollverein. Leipzig 1869, S. 451.

aufgenommen. Die Ausnahme von dieser Regel bildet Rußland, mit dem die Handelsbeziehungen erst in den fünfziger Jahren in der Praxis besser wurden, ohne jedoch einen Handelsvertrag zur Grundlage zu haben. Das Hindernis lag hier in der russischen Handelspolitik, die, durch die Rückständigkeit des Landes bedingt, auf einem System von Handelsbeschränkungen beruhte.
Die rapide Aufwärtsentwicklung der deutschen industriellen Produktion, der sich anbahnende Übergang zum reifen Kapitalismus und die damit verbundene verstärkte Notwendigkeit der Ausweitung des Außenhandels als eines integrierenden Bestandteils der kapitalistischen Ökonomik Deutschlands sind der wirkliche tiefste Grund für die Herausbildung eines Netzes von Handelsverträgen des Zollvereins mit anderen Ländern. Die Entwicklung der ökonomischen Basis des deutschen Kapitalismus verlangte u. a. auch für den Außenhandel eine relativ stabile Grundlage und die Sicherung seiner Entwicklung durch den Abschluß von Handelsverträgen. Dieses System von Verträgen war die notwendige Untermauerung der Stellung des preußisch gewordenen Deutschland auf dem Weltmarkt.
Zwei Faktoren haben in dieser Zeit noch zusätzlich den Abschluß von Handelsverträgen erleichtert. Auf den einen wurde schon hingewiesen, nämlich den Übergang der im Welthandel führenden Länder zum Freihandel. Sobald einmal zunächst zwischen England und Frankreich, dann auch zwischen anderen Ländern die Zolltarife so umgestaltet waren, daß manche ihrer Teile nicht wie bisher ein beinahe absolutes Hindernis für den Warenverkehr waren, ergab sich einerseits für den Zollverein die Notwendigkeit, auch von sich aus zu versuchen, an diesem erleichterten Warenverkehr teilzunehmen, andererseits war nunmehr auch die Lösung der Aufgabe nicht allzu schwierig. Die beiden Jahrzehnte nach 1850 sind im internationalen Handel durch das Bestreben des Kapitals gekennzeichnet, alle überkommenen Hindernisse, die seiner Ausdehnung über die nationalen Grenzen hinaus im Wege stehen, hinwegzuräumen. Auch das deutsche Kapital beanspruchte seinen Anteil an dieser Entwicklung, und eine notwendige Voraussetzung zur Realisierung dieses Anspruchs bestand in der Eingliederung in das neu entstandene System internationaler Handelsbeziehungen und Handelsverträge.
Zum anderen aber schuf die Entwicklung in Deutschland selbst günstige Voraussetzungen für die Einbeziehung Deutschlands in das Netz zwischenstaatlicher Handelsverträge. Die Stabilität des Zollvereins unter preußischer Führung war seit der inneren Krise des Vereins Anfang der fünfziger Jahre nicht mehr zu bezweifeln, er hatte sich als dauerhafte Einrichtung, keineswegs als ein zeitweiliges Gebilde erwiesen. Als 1854 Hannover und Oldenburg dem Verein beitraten, war fast ganz Deutschland in ihm zusammengeschlossen. Die letzten Einverleibungen erfolgten dann im Jahre 1868, als die annektierten Nordprovinzen, Schleswig und Holstein, Lübeck und schließlich auch Mecklenburg in das Zollgebiet einbezogen wurden. Süddeutschland gehörte dem Zollverein seit dessen ersten Jahren geschlossen an, während es in Norddeutschland erst des preußischen Sieges von 1866 und der anschließenden Gründung des Nord-

deutschen Bundes bedurfte, um die Entwicklung abzuschließen. Bremen und Hamburg standen zwar noch außerhalb, aber sie blieben Zollexklaven noch bis lange nach der Reichsgründung, nämlich bis 1888, und fungierten als die Freihäfen Deutschlands, eine Rolle, die sie bereits lange vor 1870 spielten. Die Notwendigkeit, die Handelsbeziehungen mit diesem großen und territorial sich erweiterndem nationalen Markt, dessen Stabilität sich erwiesen hatte, vertraglich zu regeln, war auch von seiten der anderen europäischen Länder gegeben, und sie selbst gaben daher vielfach den Anstoß für die vertragliche Regelung der Handelsbeziehungen.

So waren also trotz der staatlichen Zersplitterung innerhalb Deutschlands die Bedingungen für einen einheitlichen deutschen Außenhandel ebenso herangewachsen, wie sie durch die ökonomische und vertragsmäßige Stellung Deutschlands im Welthandel ergänzt worden waren. Die grundsätzlichen Probleme der Außenhandelspolitik und des Außenhandels des bürgerlichen deutschen Staates waren entschieden, bevor dieser Staat politisch entstand. Entschieden war die Frage, wer den beherrschenden Einfluß auf die Gestaltung des Außenhandels und die Führung der Handelspolitik ausübt und in Zukunft ausüben wird – entschieden zugunsten der herrschenden Klassen Preußens. Die Entscheidung war fernerhin gefallen zwischen Schutzzoll und Freihandel – zugunsten der von Preußen vertretenen Freihandelspolitik. Bereits die Zeit unmittelbar vor der Reichsgründung schuf dem preußisch-deutschen Staat in Gestalt eines kapitalistisch entwickelten Außenhandels ein Instrument, das fähig war, der Machtpolitik der deutschen Bourgeoisie und der preußischen Junker in der folgenden Periode vollauf zu dienen.

DIE BEWEGUNG DES DEUTSCHEN AUSSENHANDELS ZWISCHEN 1854 UND 1870

Der Außenhandel entwickelte sich in Werten nach 1854 in folgender Weise:

Ein- und Ausfuhr des Zollvereins

(Spalte 1 u. 2 in Mill. Mark, Spalte 3, 4 u. 5 in Mark)

Jahr	Einfuhr	Ausfuhr	Einfuhr pro Kopf	Ausfuhr pro Kopf	Außenhandel pro Kopf
1854	807	1002	24,6	30,9	55,5
1855	947	926	29,1	28,2	57,3
1856	1050	956	31,8	29,1	60,9
1857	1063	1059	32,1	31,8	63,9
1858	965	1052	28,8	31,5	60,3
1859	991	922	29,4	27,3	56,7
1860	1113	1060	32,5	30,9	63,4
1861	1206	1062	34,8	30,6	65,4
1862	1150	1112	32,8	31,7	64,5
1863	1136	1106	32,0	31,1	63,1
1864	1081	1131	30,5	31,9	61,6
1865	1221	1155	33,8	32,0	65,8
1866	1671	1514	46,0	41,7	87,7
1867	1917	1622	52,4	44,4	96,8
1868	2512	2257	65,2	58,6	123,8
1869	2559	2275	65,9	58,7	124,6
1870	2188	1967	56,1	50,3	106,4
1871	2875	2564	70,0	62,5	132,5

Der Anteil pro Kopf der Bevölkerung erhöhte sich demnach in der Zeit bis 1865 nur um 18 Prozent, um danach gewaltig in die Höhe zu schnellen, so daß in den sechzehn Jahren von 1854 bis 1869 beim gesamten Außenhandelsumsatz eine Steigerung um 125 Prozent, bei der Einfuhr um 168 Prozent, bei der Ausfuhr aber nur um 90 Prozent eintritt. Das gewaltige Wachstum des Umfanges des Außenhandels überhaupt wird also überwiegend getragen durch die Ausweitung der Einfuhr, hinter der die Ausfuhr in ihrer Entwicklung zurückbleibt. Damit verwandelt sich der Ausfuhrüberschuß des Zollvereins nach verschiedenen Schwankungen von der Mitte der sechziger Jahre an in einen Einfuhrüberschuß, der auch in den folgenden Jahrzehnten bestehen bleibt.

Die Zahlen für das Jahr 1854 liegen zunächst erheblich höher als die des Vorjahres. Diese Bewegung ist dem Zusammentreffen dreier Faktoren zuzuschreiben: der Vergrößerung des Zollgebietes, die mit dem Zollanschluß Hannovers und Oldenburgs am 1. Januar 1854 eingetreten war, weiterhin dem Inkrafttreten des Handelsvertrages mit Österreich, und schließlich dem kräftig einsetzenden Konjunkturanstieg. Die beiden erstgenannten Gründe, obwohl wirksam, sind wohl nicht als die Hauptursache der Ausweitung des Außenhandels in diesem Jahr anzusprechen, sondern sie haben den konjunkturbedingten Auftrieb nur noch verstärkt.

Von 1854 bis 1857 steigen die Gesamtumsätze zwar nicht sprunghaft, aber doch merklich an, wobei schon der fortgesetzten Aufwärtsbewegung der Einfuhr eine uneinheitliche Entwicklung der Ausfuhr in den einzelnen Jahren gegenübersteht. Die zyklische Krise des Jahres 1857 wirkt sich im Außenhandel erst im folgenden Jahre aus, und von da an stagniert im großen und ganzen bis 1865 der Außenhandel. Zunächst scheint es also so, als ob die Einwirkungen der Krise zwar nicht so tief, aber von noch längerer Dauer als zehn Jahre früher, Ende der vierziger Jahre, gewesen seien.

Diese Annahme trifft jedoch nicht ganz zu. Ein wesentlicher Grund für diese verlängerte Außenhandels-Stagnation ist nicht in der zyklischen Krise, sondern in den Kriegen zu sehen, die zwischen 1858 und 1865 stattfanden und die von ungünstigem Einfluß auf die Entwicklung des deutschen Außenhandels waren, auch dann, wenn sie Deutschland unmittelbar nicht berührten. 1859 brach der österreichisch-italienische Krieg aus, der den Handel Deutschlands mit Südosteuropa traf. Jedoch kann man als Hauptgrund des Absinkens der Außenhandelszahlen für 1859 noch die Auswirkungen der Krise annehmen, zu denen aber zusätzlich der Krieg in Italien tritt.

Anders verhält es sich mit dem amerikanischen Sezessionskrieg in der ersten Hälfte der sechziger Jahre. Durch den Kampf des Nordens gegen die Sklavenhalterstaaten des amerikanischen Südens wurde der Handel mit den Vereinigten Staaten erheblich in Mitleidenschaft gezogen. Sehr stark ging z. B. die Baumwollausfuhr aus Nordamerika zurück und wurde in Deutschland nur zum Teil durch erhöhte Bezüge aus anderen Ländern wettgemacht.[77] Infolge der mangelhaften Unterlagen läßt sich bei anderen Waren der Nachweis nicht eindeutig führen, jedoch ist die starke Schrumpfung des Handels mit den Vereinigten Staaten in diesen Jahren nicht zweifelhaft. Deutsche Waren erschienen

[77] Bienengräber gibt die britischen Importe – die auch für den europäischen Kontinent entscheidend waren – mit etwa 170000000 Pfund nordamerikanischer Baumwolle im Jahre 1865 an, während sie 1860 nach den offiziellen Angaben des Board of Trade etwa 1116000000 Pfund betrugen. Die Einfuhr von Baumwolle in den Zollverein entwickelte sich 1860 bis 1865 wie folgt:

1860	1720691	Zentner	1863	1067678	Zentner
1861	2002681	„	1864	1018639	„
1862	1063791	„	1865	1199263	„

Bienengräber, A., Statistik des Verkehrs und Verbrauchs im Zollverein für die Jahre 1842–1864. Berlin 1868, S. 193.

Statistisches Handbuch für das Deutsche Reich. Berlin 1907, Teil II, Anhang zur Tabelle 4.

aber seit den fünfziger Jahren in steigendem Umfange auf den nordamerikanischen Märkten, ebenso wie mit der voranschreitenden deutschen Industrialisierung auch die Bezüge von Rohstoffen aus Nordamerika angestiegen waren. Der deutsche Überseehandel wurde daher durch den amerikanischen Bürgerkrieg eingeschränkt, was sich in den Gesamtumsätzen des Außenhandels auswirkt.

Und schließlich brach 1864 der Krieg in Schleswig-Holstein zwischen Preußen und Österreich auf der einen, Dänemark auf der anderen Seite aus. Obwohl lokalisiert, hat er doch den deutschen Seehandel getroffen und trug damit zur Stagnation des Außenhandels bei.

Vom Jahre 1866 an erlebt der deutsche Außenhandel die stürmischste Periode seiner Entwicklung überhaupt. In den vier Jahren von 1865 bis 1869 verdoppelte sich wertmäßig das Außenhandelsvolumen des Zollvereins, ein schwindelerregendes Resultat der Entwicklung des deutschen Kapitalismus.

Das Jahr 1870 bringt zwar wiederum ein Absinken, jedoch ist es auf dieses Jahr beschränkt und eindeutig dem Preußisch-Französischen Krieg geschuldet, denn das darauffolgende Jahr 1871 liegt bereits wieder über dem Niveau von 1869. Diese Erweiterung des Außenhandels von 1865 bis 1869 war also keineswegs Ausdruck einer vorübergehenden Handelskonjunktur, wie sie beispielsweise in den letzten Jahren des 18. Jahrhunderts für Deutschland bestand, sondern gründet sich auf die gewaltige Entwicklung der Produktivkräfte, auf den erreichten Stand der Entwicklung des deutschen Kapitalismus und die politischen Veränderungen innerhalb Deutschlands, hat also seine sehr reale Grundlage im Wachstum der Produktion, der Festigung der kapitalistischen Produktionsverhältnisse und ihres politischen Überbaus.

Dabei spielt zweifellos der letztgenannte Faktor eine maßgebliche Rolle. Der deutsche Kapitalismus machte seit Anfang der fünfziger Jahre eine rasche Entwicklung durch, ohne daß diese von einem parallelen Wachstum des Außenhandels begleitet wird. Es scheint geradezu, als ob die potentiellen Möglichkeiten des Außenhandels, die durch den Aufstieg des deutschen Kapitalismus gegeben waren, angestaut wurden, um mit elementarer Gewalt besonders nach 1866 loszubrechen, wo dann die deutsche Bourgeoisie am Weltmarkt alles wieder gut machen wollte, was sie durch Jahrzehnte versäumt hat. Der Damm war gebrochen, und die Naturgewalt, der er zum Opfer gefallen war, hieß Preußen. Auf dem Schlachtfeld bei Königgrätz war das deutsche Schicksal für die nächsten Jahrzehnte besiegelt worden. Deutschland wurde Groß-Preußen, wenn auch die letzte offizielle Bestätigung dieses Ergebnisses noch fünf Jahre auf sich warten ließ.

Zum Teil blieb die politische Selbständigkeit der deutschen Länder formal bestehen, zum Teil wurden sie in den Norddeutschen Bund eingeschlossen. Die einzige gesamtdeutsche Institution war vorerst das Zollparlament, dem die Gesetzgebung in wirtschaftlichen Angelegenheiten für ganz Deutschland zustand. Das deutsche Kapital aber hatte endlich jene uneingeschränkte Bewegungsfreiheit innerhalb der deutschen Grenzen, die ihm lange versagt geblieben war, zur Freiheit der Warenzirkulation kam die unbehinderte Freizügigkeit der Arbeitskraft. Nach 1866 war im wesentlichen der politische Überbau Deutschlands geschaffen worden, dessen die deutsche Bourgeoisie nach innen und nach außen bedurfte. Das drückt sich unter anderem in dem bereits besprochenen Abschluß zahlreicher Handelsverträge, in dem verstärkten diplomatischen Schutz deutscher kommerzieller Auslandsvertretungen, kurz und gut in der veränderten Stellung Deutschlands unter den bürgerlichen Nationen und am Weltmarkt aus. Unter den Handelsnationen der Erde hatte Deutschland immer einen der vorderen Plätze eingenommen, aber nunmehr wird diese Stellung im Inneren und nach außen erstmalig politisch untermauert. Der durch den deutschen Kapitalismus geschaffene Überbau wirkt, einmal vorhanden, auf seine Basis ein, stärkt und festigt sie und entwickelt sie weiter. Ein Ergebnis dieses Prozesses ist neben anderen auch die sprunghafte Entwicklung des deutschen Außenhandels.

Seit dem Zollanschluß Hannovers und Oldenburgs ist der Außenhandel des Zollvereins fast identisch mit dem Deutschlands. Ins Gewicht fällt nur noch der Zwischenhandel Hamburgs und Bremens, während die Handelsbeziehungen Schleswig-Holsteins und Mecklenburgs erstens unerheblich sind, im Falle Mecklenburgs sich aber sowieso überwiegend auf den Zollverein orientieren. Der lübische Zwischenhandel war geringfügig entsprechend der gesunkenen Bedeutung des Ostseehandels und Lübecks als Seehafen. Der gesamte Außenhandel Deutschlands betrug in beiden Richtungen im Jahre 1860 etwa 2370 Mill. Mark und stieg bis zum Jahre 1869 auf etwa 5040 Mill. Mark, d. h. um ungefähr 112 Prozent.

Die starke Ausweitung des deutschen Außenhandels in der Zeitspanne von 1850 bis 1870 veränderte auch die relative Position Deutschlands als Welthandelsnation. Die Umsätze des Welthandels erhöhten sich innerhalb dieser 20 Jahre wie folgt[78]:

	Deutsche Quellen	Amerikanische Quellen	Englische Quellen
Welthandel 1850	16 Mrd. Mk.	4049 Mill. $	832 Mill. £
Welthandel 1870	46,3 „ Mk.	10663 „ $	2191 „ £

Das Jahr 1870 ist zweifellos, was den deutschen und wohl auch den französischen Außenhandel anbetrifft, ein recht ungünstiger Zeitpunkt für internationale Vergleiche; da jedoch die Berechnungen des Handelsvolumens der Welt nur für dieses Jahr, nicht aber für z. B. 1869 oder 1871 vorliegen, muß man es wohl oder übel zum Ausgangspunkt für solche Vergleiche machen.

Auf der Basis der angeführten Zahlen ergeben sich recht beträchtliche Abweichungen zwischen den deutschen und den von englischer und amerikanischer Seite vorgenommenen Berechnungen. Man wird wohl kaum fehlgehen, wenn

[78] v. Waltershausen, A. Sartorius, Die Entstehung der Weltwirtschaft. Jena 1931, S. 259.

man den letzteren die größere Zuverlässigkeit zuerkennt und damit die Steigerung der Welthandelsumsätze innerhalb des angegebenen Zeitraumes auf mehr als das Zweieinhalbfache als richtig unterstellt.
Selbst auf der Grundlage der reduzierten deutschen Umsätze von 1870 ergibt sich aber damit eine erheblich raschere Entwicklung des deutschen Außenhandels als des Welthandels im allgemeinen. Während nach den englischen und amerikanischen Zahlen die Umsätze im internationalen Handel 1870 auf rund 264 Prozent, verglichen mit 1850, gestiegen waren, war im selben Zeitraum der Umfang des deutschen Außenhandels auf rund 390 Prozent angewachsen, wenn man in beiden Jahren den Handel des Zollvereins zugrunde legt. Auch bei Einbeziehung des Handels der außerhalb des Zollvereins stehenden deutschen Gebiete dürfte diese Relation keine nennenswerte Veränderung erfahren.
Es ist jedoch klar, daß auf der Grundlage eines Vergleiches zwischen 1850 und 1870 der Abstand zwischen der Entwicklung des deutschen und des Welthandels geringer erscheint als er tatsächlich ist. Zwischen 1850 und 1869 erhöhten sich die Außenhandelsumsätze Deutschlands auf weit mehr als das Vierfache und verglichen mit 1871 ergibt sich ein noch stärkerer Anstieg. Diese gewaltige Steigerung hat zwar den Anteil Deutschlands am Welthandel erhöht[79], jedoch nicht dazu geführt, daß der deutsche Außenhandel den französischen überholt hat. Die für Frankreich ausgewiesene – gegenüber der deutschen geringere – absolute Steigerung reichte aus, um Deutschland auf dem dritten Platz, hinter England und Frankreich, unter den handeltreibenden Nationen der Welt zu halten.

[79] Mulhall berechnet den deutschen Anteil am Welthandel für 1870 mit 9,7% (1850 = 8,4%), während der Anteil Frankreichs zwischen 1850 bis 1870 von 11,3 auf 10,1% zurückging.
Zitiert nach v. Waltershausen, A. Sartorius, Ebenda, S. 260.

DIE VERÄNDERUNGEN IN DER STRUKTUR DER DEUTSCHEN EIN- UND AUSFUHR BIS ZUM ENDE DER SECHZIGER JAHRE

In Fortsetzung der früher gegebenen Tabellen für die Jahre 1828, 1837 und 1850 wird nachfolgend eine Aufgliederung für das Jahr 1864 in der gleichen Anordnung wie für die vorgenannten Jahre gegeben:

Zusammensetzung der Ein- und Ausfuhr des Zollvereins 1864 nach Anteilsätzen der einzelnen Warenklassen

Einfuhr		
Lebensmittel und Getränke		11,5
darunter Getreide	5,9	
Kolonialwaren		14,9
Rohstoffe und Halbfabrikate		60,9
darunter:		
f. d. Leinenindustrie	4,3	
f. d. Seidenindustrie	4,7	
f. d. Baumwollindustrie	6,9	
f. d. Wollindustrie	14,6	
Farbstoffe	2,6	
f. d. Textilindustrie gesamt	33,1	
Fertigwaren		10,5
darunter Textilien	6,1	
Verschiedene Waren		2,2
		100,0

Ausfuhr		
Lebensmittel und Getränke		16,9
darunter Getreide	7,3	
Kolonialwaren		2,4
Rohstoffe und Halbfabrikate		26,7
darunter:		
f. d. Wollindustrie	4,6	
f. d. übrige Textilindustrie	4,8	
Fertigwaren		52,4
darunter:		
Leinenwaren	3,2	
Seidenwaren	8,0	
Baumwollwaren	4,7	
Wollwaren	18,9	
Textilien gesamt	34,8	
Verschiedene Waren		1,6
		100,0

Bei der Betrachtung der großen Warenklassen ergibt sich, daß hier gegenüber 1850 die Veränderungen quantitativ nicht sehr groß, in einigen Fällen aber bedeutsam sind. Der Einfuhranteil der Lebensmittel und Getränke ist weiterhin um mehr als die Hälfte gestiegen auf Kosten der Einfuhr von Rohstoffen und Halbfabrikaten, während die Einfuhren im übrigen nur unbedeutende Veränderungen zeigen. Auf der Ausfuhrseite aber sank der Anteil der Lebensmittelausfuhr, während die Bedeutung des Exports von Fertigwaren wiederum gegen 1850 größer geworden ist; die sonstigen Veränderungen sind unerheblich.

Aus der Betrachtung der großen Warenklassen auf beiden Seiten der Außenhandelsstatistik ergibt sich daher als eindeutige Tatsache zunächst nur das relative Sinken der Lebensmittelausfuhr und die steigenden Einfuhren von Nahrungsmitteln und Getränken. Der Rückgang des Exports von Lebensmitteln und Getränken ist jedoch eine durch die außenpolitische Situation, d. h. den Krieg mit Dänemark bedingte Erscheinung des Jahres 1864, und geht nicht auf eine strukturelle Veränderung zurück. Die Ausfuhren seewärts über die Ostsee mußten notwendigerweise durch den Krieg in Schleswig-Holstein ungünstig beeinflußt werden; mit dem Wegfall dieses Hemmnisses setzte sich auch hier wieder die Tendenz zur Aufwärtsentwicklung durch.

An erster Stelle unter den eingeführten Nahrungsmitteln steht der Bedeutung nach Roggen, von dem 3769087 Scheffel eingeführt wurden. Seit 1843 übersteigt die Roggeneinfuhr die Ausfuhr, in manchen Jahren sogar um ein Bedeutendes (1860 um 7437507 Scheffel bei einer Gesamteinfuhr von 10093845 Scheffel). Die durchschnittliche Mehreinfuhr an Roggen betrug 1860 bis 1864 3249500 Scheffel, wobei Rußland und Österreich die Hauptlieferanten waren. Gleichzeitig aber findet immer noch eine bedeutende und sogar steigende Ausfuhr hauptsächlich aus den östlichen Gebieten Deutschlands (1864 = 2768741 Scheffel) über die verkehrsgünstig gelegenen Ostseehäfen statt, wobei allerdings der im Zwischenhandel wieder ausgeführte russische Roggen mitbeteiligt ist. Bei einem Ansteigen sowohl der Aus- als auch der Einfuhr ist jedoch die letztere seit 1852 bei weitem stärker gewachsen.

Die Ausfuhr von Weizen zeigt seit 1850 eine gewisse Stabilität, und Schwankungen ergeben sich nur entsprechend dem Ernteausfall der einzelnen Jahre. Hingegen nahm die Einfuhr ständig zu, so daß sich in dieser Zeitperiode der Ausfuhrüberschuß verringert. Die Ausfuhrgebiete waren wiederum in der Hauptsache die östlichen Provinzen, während bei der Einfuhr Rußland stark in den Hintergrund tritt und Österreich der Hauptlieferant wird; etwa vier Fünftel des 1864 eingeführten Weizens kamen aus Österreich, während Rußland weniger als ein Zehntel der Weizeneinfuhr bestritt.

Bei den anderen eingeführten Lebensmitteln zeigen sich kaum Verschiebungen, obzwar die meisten von ihnen erhöhte Mengen gegenüber 1850 ausweisen. Heringe, Vieh und Fleisch sowie Wein sind die größeren Posten. Unter den ausgeführten Lebensmitteln nehmen Mühlenfabrikate, Fleisch und andere tierische Produkte und ebenso Wein einen bedeutenden Platz ein. Stark gestiegen ist besonders die Ausfuhr von Branntwein. Hier wirkte sich die bereits behandelte Steigerung der Produktion in einer Erhöhung des Exports von 163946 Zentner im Jahre 1850 auf 953354 Zentner 1864 aus. Sie läßt erkennen, in welchem starken Maße dieser neue junkerliche Produktionszweig exportabhängig war. Man kann sagen, daß ein bedeutender Teil des früher ausgeführten Getreides nunmehr in Form von Branntwein nach dem Ausland abfloß, wozu dann noch die aus Kartoffeln hergestellten Mengen kommen.

Bei der Einfuhr von Rohstoffen und Halbfabrikaten sind die wichtigsten ausgewiesenen Veränderungen der relative Anstieg der Rohstoffe für die Wollindustrie, andererseits der Rückgang der für die Erzeugung von Baumwollgeweben bestimmten Rohstoffe und Halbfabrikate. Die Gründe für die Erhöhung der Einfuhr von Rohwolle sind wie früher schon der relativ geringe Fortschritt der deutschen Schafzucht bei gleichzeitigem starken Wachstum der Wollindustrie. Auch die Erklärung für die immer noch bedeutende Ausfuhr von roher Schafwolle ist dieselbe wie früher: der Qualitätsunterschied zwischen deutscher und importierter Wolle. Während die Einfuhr von Rohwolle sich seit 1850 mehr als verdoppelte (sie stieg von 221457 auf 491248 Zentner), erhöhte sich die Einfuhr von Wollgarn auf mehr als das Dreifache, nämlich von 64828 auf 227243 Zentner.

Sehr uneinheitlich ist die Entwicklung bei den Rohstoffen für die Baumwollweberei. Die Einfuhr von Rohbaumwolle stieg auf mehr als das Doppelte, die Einfuhr von Baumwollgarn sank auf ein gutes Viertel der Einfuhr des Jahres 1850. Die Wiederausfuhr von Rohbaumwolle stieg etwa prozentual zu der erhöhten Einfuhrmenge, während die an sich unbedeutende Ausfuhr von Baumwollgarnen keine erheblichen Veränderungen zeigt. Die Ein- und Ausfuhrzahlen für die Rohstoffe dieser beiden Zweige der Textilindustrie spiegeln insgesamt den unterschiedlichen Entwicklungsprozeß wider, den sie durchmachten. Während die Wollindustrie sich allgemein stark ausweitete, die Tuchweberei aber stärker wuchs als die Spinnerei von Wollgarn, ist es in der Baumwollindustrie umgekehrt. Hier entwickelt sich die Spinnerei rascher als die Weberei, obzwar auch die letztere beträchtlich zunahm. Durch diese Entwicklung wird die Baumwollindustrie in diesem Zeitraum unabhängiger von der Einfuhr englischer Garne, während die Wollindustrie immer mehr über ihre inländische Rohstoffbasis hinauswächst.

Ein Vergleich lediglich mit dem Jahre 1850 wird jedoch der Baumwollindustrie nicht gerecht. Seit 1861 litt sie unter Rohstoffmangel, bedingt durch die Reduktion der Einfuhren nordamerikanischer Baumwolle, die nur teilweise durch Importe qualitativ schlechterer Rohbaumwolle aus anderen Ländern kompensiert werden konnte. In den Jahren 1860 und 1861, besonders im letzteren Jahr, waren die Quantitäten eingeführter Baumwolle sehr erheblich größer als in den folgenden Jahren bis 1865. Die Auswirkungen des nordamerikanischen Bürgerkriegs trafen die deutsche Baumwollspinnerei und -weberei und schränkten die Produktion ein. Der Ausfall an Rohstoffen konnte auch nicht etwa durch erhöhten Bezug von Garnen aus anderen Ländern wettgemacht werden, da sich dort dieselben Erscheinungen zeigten und dadurch nicht nur die Importe von roher Baumwolle, sondern auch von Baumwollgarnen erheblich geringer wurden. Die Folge war, daß die vorhandenen Produktionsmöglichkeiten der deutschen Baumwollindustrie zeitweilig ungenügend ausgelastet wurden.

Die Einfuhr der anderen Textilrohstoffe zeigt so geringe Veränderungen, daß sie das strukturelle Bild der Importe insgesamt gegenüber 1850 kaum modifizieren. Der Anteil der gesamten Textilrohstoffe an den Importen ist zurückgegangen, aber dieser Rückgang ist hauptsächlich durch erhöhte Importe der wertmäßig viel weniger ins Gewicht fallenden Rohbaumwolle an Stelle der früher in größeren Mengen eingeführten Baumwollgarne verursacht. Die Ausfuhr von Textilrohstoffen hat sich weiter verhältnismäßig reduziert, wobei der

Grund in dem geringen Zwischenhandel mit russischem Flachs und Hanf und der wesentlich geringeren Quantität wiederausgeführter Rohseide liegt. Überhaupt ist der Zwischenhandel im Jahre 1864 bedeutend geringer als 1850, denn nur der Handel in Baumwolle hat Fortschritte gemacht. Daran trägt 1864 hauptsächlich der preußisch-dänische Krieg die Schuld, denn in der gesamten Entwicklung läßt sich erkennen, daß Deutschland als Zwischenhandelsland eine erhöhte Bedeutung erhielt, von zeitweisen, durch Kriegshandlungen bedingten Rückschlägen abgesehen.

Der Außenhandel in sonstigen Rohstoffen zeigt bedeutende Ein- und Ausfuhren von Bau- und Nutzholz und verschiedenen Sämereien. Bei den vorwiegend eingeführten Rohstoffen ragen Rohmaterialien für die chemische Industrie und zur Lederverarbeitung sowie Öle und Fette heraus. Der Außenhandel in metallischen Roh- und Halbfabrikaten spielt noch immer eine geringe Rolle, er nimmt weniger als 3 Prozent des gesamten Außenhandels ein, wobei Ein- und Ausfuhr sich fast die Waage halten.

Die Entwicklung zweier Waren, die im Export Deutschlands künftighin eine große Rolle spielen sollten, muß hervorgehoben werden. Der Export von Zucker ist gegenüber dem Jahre 1850 fast gleich geblieben, er betrug in beiden Jahren wenig über 7500 Tonnen. Der Import jedoch ging auf etwa ein Viertel zurück, nämlich von 52682 auf 12701 Tonnen im Jahre 1864. Das starke Wachstum der deutschen Zuckerindustrie reduzierte die Importe erheblich bei gleichbleibenden geringen Exporten und resultierte daher zunächst in einer Schrumpfung der Außenhandelsumsätze. Aber dieser Prozeß ist nur das Vorspiel zu einer gewaltigen Expansion der Zuckerausfuhr, die bereits in den folgenden Jahren einsetzt, große Ausmaße jedoch erst ab 1876 erreicht.

Im anderen Fall ist es die Steinkohlenausfuhr, die eine bemerkenswerte Entwicklung durchmacht. Bis zum Jahre 1850 waren Ein- und Ausfuhr nicht allzu bedeutend, wobei die Ausfuhr überwog. Von 1850 bis 1864 jedoch steigt die Ausfuhr auf mehr als das Vierfache, während die Einfuhr nur um etwa die Hälfte zunimmt. Man kann allgemein sagen, daß seit 1861, wo die Ausfuhr erstmalig 2 Mill. Tonnen überstieg, Steinkohle zu einer bedeutenden deutschen Exportware nach den westeuropäischen Ländern wird.

Die Ein- und Ausfuhr von Fertigwaren weist nur eine erhebliche Veränderung auf: die gewaltig gestiegene Ausfuhr von Wollwaren. Der Wert der ausgeführten Wollgewebe und Textilien aus Wolle erreichte die für damalige Zeit beträchtliche Höhe von 205 Mill. Mark gegenüber um 49 Mill. Mark im Jahre 1850, hat sich also mehr als vervierfacht. Damit steht die Ausfuhr von Textilien aus Wolle an erster Stelle unter allen deutschen Exportartikeln, in weitem Abstand gefolgt von Seidenwaren, deren Gesamtausfuhrwert etwa 92 Mill. Mark betrug (1850 = 34 Mill. Mark). Der Rückgang in der Ausfuhr von Leinen- und Baumwollgeweben, der bei ersteren nicht relativ, sondern auch absolut vorhanden ist, wird durch die Exporte der Woll- und Seidenindustrie mehr als wettgemacht und läßt den Anteil der Textilien wiederum auf mehr als ein Drittel der Gesamtausfuhr ansteigen.

Die Ausfuhr der übrigen Fertigfabrikate weist zwei große Einzelposten auf: sogenannte „Kurze Waren“ und Bücher. Die feinen „kurzen Waren“, deren Ausfuhrwert 67 Mill. Mark beträgt, umfassen eine Vielfalt von Artikeln, angefangen von künstlichen Blumen über Parfümerien bis zu Gold- und Silberwaren. Das gemeinsame Charakteristikum aller dieser Erzeugnisse ist, daß sie der Befriedigung von Luxusbedarf dienen und überwiegend handwerkliche Produkte sind, die nur in Ausnahmefällen fabrikmäßig hergestellt werden. Der Export nach Übersee spielt hier eine wesentliche Rolle.

Die Ausfuhr von Büchern ist besonders erheblich nach Österreich gewesen, da die deutschsprachige Bevölkerung Österreichs einen ständigen großen Absatz garantiert. Daneben ist auch noch bemerkenswert, daß viele fremdsprachige Bücher auf Bestellung gedruckt und dann ausgeführt wurden. Der Grund liegt einmal in der in Deutschland vorhandenen technischen Ausrüstung, die in industriell unterentwickelten Ländern mangelte, und in den verhältnismäßig niedrigeren Druckkosten infolge geringerer Löhne, was gegenüber den westlichen Ländern von erheblicher Bedeutung war.

Bei der Einfuhr von Fertigwaren spielen nur Textilien, an erster Stelle Seidenwaren, gefolgt von Wollgeweben, eine größere Rolle. Der Rest der Fertigwareneinfuhr besteht aus einer Vielfalt von Waren, deren Mengen im einzelnen unerheblich sind und daher keine Schlüsse irgendwelcher Art zulassen.

Der deutsche Außenhandel hat, wenn man aus dieser Analyse einen zusammenfassenden Schluß ziehen kann, auch bis 1864 noch keine qualitative Umschichtung erfahren. Noch immer wird er in Ein- und Ausfuhr maßgeblich bestimmt durch die Textilindustrie und die bedeutsamen Veränderungen im Außenhandel ergeben sich nur durch Gewichtsverlagerungen zwischen den einzelnen Zweigen der Textilfabrikation in der Ein- und Ausfuhr. Die Wollindustrie ist auf die erste, die Leinenindustrie auf die letzte Stelle der Textilausfuhr gerutscht. Neben den Textilien stehen wie früher an bedeutender Stelle der Ausfuhr Erzeugnisse des Handwerks und der Hausindustrie. Soweit es die Einfuhr betrifft, zeigt sich eine Parallelentwicklung: den größten Anteil an den eingeführten Textilrohstoffen nehmen Wolle und Wollgarn ein, obwohl die Wollindustrie immer noch zu einem großen Teil auf einheimischer Rohstoffgrundlage beruht. Von den sonstigen eingeführten Rohstoffen und Halbfabrikaten ist ein beträchtlicher Teil zur Verarbeitung in Hausindustrie und Handwerk bestimmt, daneben erscheinen erstmalig in nennenswertem Umfange Rohstoffe für die chemische Industrie. Im industriellen Sektor des Außenhandels ist lediglich eine neue Ware als bedeutendes Exportgut festzustellen: Steinkohle. Durch das Aufkommen der Steinkohle als bedeutendem Ausfuhrartikel einerseits, durch den Rückgang der Ausfuhr der Rohstoffe, die agrarische Naturprodukte sind, andererseits, beginnt die ganze Ausfuhrgruppe der Rohstoffe und Halbfabrikate ein anderes Gesicht zu bekommen. Die industriellen Rohstoffe fangen an, an Bedeutung zu gewinnen und bei äußerlicher Gleichheit setzt hier in Wahrheit ein wirklicher Strukturwandel ein. Im Jahre 1864 steht diese Entwicklung erst am Anfang; sie ist noch in keiner Weise ausgeprägt.

Die einzige große, bis zu einem gewissen Grad bereits ausgereifte Wandlung ist die der Ein- und Ausfuhr von Nahrungsmitteln. Bei der überwiegenden Zahl der Lebensmittel ist Deutschland ein Importland geworden, lediglich Weizen und die hauptsächlich daraus gewonnenen Mühlenfabrikate stellen größere Ausfuhrüberschüsse. Hinzu kommt ein neuer Massen-Ausfuhrartikel, Branntwein, und die Schrumpfung, die durch das Wachstum der Zuckerindustrie in den Bezügen vom Ausland eingetreten ist. Auch hierin manifestiert sich der Prozeß der Ersetzung der früheren Exportwaren, die kaum bearbeitete Naturprodukte waren, durch den Export von Nahrungs- und Genußmitteln, die selbst wieder Ergebnis eines industriellen Produktionsprozesses sind.

Die Veränderungen gegenüber 1850 sind insgesamt, vor allem gemessen an der starken Entwicklung des deutschen Kapitalismus in dieser Zeitspanne, nicht beträchtlich. Der deutsche Außenhandel hat seine Struktur im wesentlichen beibehalten, und vorhandene Gewichtsverlagerungen gegenüber 1850 sind zum Teil auf in beiden Jahren vorhandene zeitweilige Ursachen zurückzuführen. 1850 spiegelt der scharfe, aber unterschiedliche Preisfall Strukturveränderungen vor, während es sich in Wirklichkeit nur um Auswirkungen der ersten zyklischen Krise handelt. 1864 deformierten die Kriege in Schleswig-Holstein und in Nordamerika zeitweilig die Zusammensetzung besonders der deutschen Ausfuhr, ohne sie aber dauernd beeinflussen zu können.

Das letzte „normale" Jahr des deutschen Außenhandels vor der Reichsgründung im Jahre 1871, 1869, weist folgende Zusammensetzung seiner Ein- und Ausfuhr auf:

Zusammensetzung der Ein- und Ausfuhr des Zollvereins 1869
nach Anteilsätzen der einzelnen Warenklassen

Einfuhr			Ausfuhr		
Lebensmittel und Getränke		15,0	Lebensmittel und Getränke		19,5
darunter Getreide	6,7		darunter Getreide	8,3	
Kolonialwaren		8,3	Kolonialwaren		2,8
Rohstoffe und Halbfabrikate		62,5	Rohstoffe und Halbfabrikate		32,9
darunter:			darunter:		
f. d. Leinenindustrie	4,0		f. d. Wollindustrie	5,4	
f. d. Seidenindustrie	3,5		f. d. übrige Textilindustrie	6,7	
f. d. Baumwollindustrie	8,0		Fertigwaren		44,1
f. d. Wollindustrie	13,6		darunter:		
Farbstoffe	1,8		Leinenwaren	2,3	
f. d. Textilindustrie gesamt	30,9		Seidenwaren	7,1	
Fertigwaren		13,2	Baumwollwaren	3,2	
darunter Textilien	6,9		Wollwaren	9,9	
			Textilien gesamt	22,5	
Verschiedene Waren		1,0	Verschiedene Waren		0,7
		100,0			100,0

Ein Vergleich mit der Tabelle für 1864 zeigt, daß die gewaltige Ausdehnung des Außenhandels in der zweiten Hälfte der sechziger Jahre in dem kurzen Zeitraum von fünf Jahren, seit 1864, bedeutende Veränderungen der Struktur der deutschen Ein- und Ausfuhr bewirkt hat. Am bedeutendsten sind die Verschiebungen bei den Exporten, jedoch zeigen auch die Einfuhren erhebliche Verlagerungen im Gewicht der einzelnen großen Warenklassen. Die Zusammensetzung der Einfuhr erfüllt im allgemeinen die Erwartungen, die man für ihre Entwicklung auf Grund des allgemeinen Aufschwungs des deutschen Kapitalismus haben durfte. Ein steigender Anteil der Nahrungsmitteleinfuhr wird begleitet von einem relativen Anstieg der Bezüge von Rohstoffen und Halbfabrikaten, während die Kolonialwaren eine erhebliche Schrumpfung ihres Anteils an der Gesamteinfuhr erleiden. Soweit fügen sich die Importe in den Rahmen des Bildes, das die deutsche politische und ökonomische Entwicklung dieser Periode bietet. Unerwartet in diesem Zusammenhang ist lediglich die Erhöhung des Anteils der Fertigwaren an der Einfuhr, die in einem Gegensatz zu der sprunghaften Steigerung der deutschen industriellen Produktion zu stehen scheint.

Allen Schlußfolgerungen, die man aus der deutschen Entwicklung zu ziehen geneigt war, scheint jedoch die Zusammensetzung der deutschen Ausfuhr zu widersprechen. Die Ausfuhr von Nahrungsmitteln und Getränken ist in ihrer Bedeutung für den gesamten Export nicht nur nicht gesunken, sondern seit 1864 wiederum gestiegen. Die Exporte an Rohstoffen und Halbfabrikaten aber zeigen sogar den höchsten relativen Stand seit 1828, während der Anteil der Fertigwarenausfuhr der niedrigste ist, den wir beobachten konnten. So betrachtet, scheint sich die steigende Industrialisierung Deutschlands in einem sinkenden Anteil der Fertigwaren am Export und einer verhältnismäßigen Erhöhung der Ausfuhr von Lebensmitteln, Rohstoffen und Halbfabrikaten niederzuschlagen. Eine detaillierte Untersuchung erweist eine solche Schlußfolgerung jedoch als voreilig, da sich hinter der Fassade der großen Warenklassen des Außenhandels Veränderungen verbergen, die eine Übereinstimmung der Struktur des deutschen Exports mit der gesamten ökonomischen Entwicklung herstellen.

Der Außenhandel mit Lebensmitteln zeigt steigende Ein- und Ausfuhren von Getreide. Sowohl Roggen als auch Weizen werden in bedeutenden Mengen aus- und eingeführt, wobei Roggen einen Importüberschuß von 3,1 Mill. Scheffel, Weizen einen Exportüberschuß von 5,5 Mill. Scheffel ausweist. Wie früher ist diese Erscheinung durch die geographische Lage der Hauptproduktionszentren und die Transportmöglichkeiten bedingt. Der Außenhandel mit Getreide beträgt daher ein Vielfaches des durch den deutschen Einfuhrbedarf bzw. Exportüberschuß bedingten Umfangs. Die Netto-Einfuhr von 3,1 Mill. Scheffel Roggen ergibt sich z. B. als Saldo von im Außenhandel bewegten 13,1 Mill. Scheffel, während an Weizen sogar 24,4 Mill. Scheffel über die deutschen Grenzen aus- und eingeführt wurden. Die regionale Verteilung der agrarischen Produktion einerseits, der Verbrauchszentren andererseits führt daher zu einer Aufblähung

des Getreidehandels, die im Jahre 1869 einen großen Umfang angenommen hat und weder durch echte Überschüsse oder Bedürfnisse Deutschlands, noch etwa durch Qualitätsunterschiede gerechtfertigt ist.
Dieselben geographisch bedingten Ursachen für einen verhältnismäßig großen Umfang des Außenhandels zeigen sich auch bei einigen anderen Lebensmitteln, besonders bei Fleisch und Fischen und bei Mühlenfabrikaten. Wenn man bei Fleisch und Fischen absieht von der Einfuhr an Heringen, der eine verschwindend geringe Ausfuhr gegenübersteht, so gleichen sich Aus- und Einfuhr wertmäßig beinahe ganz aus, wobei Sortimentsunterschiede nur eine untergeordnete Rolle spielen. Ebenso steht der Ausfuhr von Mühlenfabrikaten eine Einfuhr, die mehr als drei Viertel der ausgeführten Menge beträgt, gegenüber, und schließlich trifft dasselbe auch für Wein zu.
Unter den für die Ausfuhr bedeutenden Lebensmitteln taucht 1869 erstmalig nur ein neues Produkt, nämlich Butter, auf. Die Butterausfuhr stieg 1868 sprunghaft gegenüber dem Vorjahr auf das Vierfache und betrug nach einer nochmaligen geringen Steigerung 1869 rund 354000 Zentner. Die Ursache dieser plötzlichen Erhöhung liegt in dem Einschluß Schleswig-Holsteins in das deutsche Zollgebiet im Jahre 1868. Dieser Export an Butter ist neben der Ausfuhr von Branntwein, die sich auf der Höhe von 1864 hielt, die einzige deutsche Ausfuhr an Nahrungsmitteln und Getränken, die nicht durch entsprechende Einfuhren zum großen Teil ausgeglichen oder sogar überkompensiert wird.
Lediglich vom Standpunkt der deutschen Bedürfnisse aus beurteilt, würde selbst bei Berücksichtigung der Qualitäts- und Sortimentsunterschiede der Außenhandel mit Lebensmitteln und Getränken sich auf die Hälfte des im Jahre 1869 erreichten Umfangs reduzieren. Die ungewöhnliche Ausdehnung ist besonderen deutschen regionalen und Transportbedingungen geschuldet und ist eine dieser Zeit eigentümliche Erscheinung, die in späteren Jahren verschwindet. Dadurch ergibt sich aber für 1869 ein verhältnismäßig hoher Anteil der Ein- und Ausfuhr von Lebensmitteln und Getränken, der aus der Produktion und dem Verbrauch Deutschlands allein nicht erklärt werden kann. Besonders die Exportbedeutung des ostelbischen Getreides wäre unter besseren innerdeutschen Marktbedingungen bereits zu jener Zeit sehr gering gewesen, und Deutschland hätte damit auf dem Weltmarkt eine unbedeutende Rolle als Verkäufer von Lebensmitteln gespielt.
Die Menge der in das Gebiet des Zollvereins eingeführten Kolonialwaren hat sich insgesamt seit 1864 zwar etwas erhöht, bleibt aber wesentlich hinter dem Wachstum des Gesamtimports zurück. Der Konsum, auf den Kopf der Bevölkerung gerechnet, hat unter Berücksichtigung der erheblich gestiegenen Wiederausfuhr und des eingetretenen Bevölkerungszuwachses insgesamt sogar abgenommen, wenn auch die Entwicklung bei den einzelnen Artikeln unterschiedlich ist. Der Anteil der Kolonialwaren am Import hat daher vom Ende der sechziger Jahre an mit weniger als einem Zwölftel der Gesamteinfuhren eine geringe Bedeutung, während er vierzig Jahre früher noch fast ein Fünftel des Wertes der eingeführten Waren ausmachte.

Die Einfuhr von Textilrohstoffen zeigt, ausgenommen die Farbstoffe, gegenüber 1864 keine erheblichen Veränderungen der Anteilsätze, d. h. ihre Einfuhrmengen sind im allgemeinen proportional der Gesamteinfuhrmenge gestiegen und haben sich damit etwa verdoppelt.

Einfuhr von Textilrohstoffen in das deutsche Zollgebiet 1864 und 1869 (Zentner)

	Baumwolle	Baumwollgarn	Wolle	Wollgarn	Rohe Seide
1864	1018639	138429	491248	227243	24542
1869	2271870	313264	1048362	300724	42539

Der Export von Textilrohstoffen hat ebenfalls zugenommen, und zwar sowohl die Wiederausfuhr roher Baumwolle als auch der Export von Schafwolle. Während 1864 fast genau ein Viertel der importierten Baumwolle unverarbeitet in das Ausland wieder ausgeführt wurde (258497 Zentner), waren es 1869 nicht viel weniger als eine Million Zentner, genau 936397 Zentner oder 41,2 Prozent der eingeführten Menge. Ebenfalls sehr stark ist die Ausfuhr roher Schafwolle gestiegen, nämlich von 154794 Zentnern im Jahre 1864 auf 420761 Zentner 1869. Eine solche Steigerung muß zu einem bedeutenden Teil durch die Wiederausfuhr eingeführter Schafwolle verursacht worden sein, wenngleich man berücksichtigen muß, daß der Einschluß Schleswig-Holsteins und Mecklenburgs in das deutsche Zollgebiet einen erhöhten Anfall von Wolle innerhalb des Zollvereins nach sich zog. Auch die Wiederausfuhr von roher Seide ist beträchtlich gestiegen, obwohl sie im Verhältnis zur Einfuhr keine solche Bedeutung wie die Wiederausfuhr der anderen Textilrohstoffe erreicht.

Die Bewegung der Ein- und Ausfuhr von Textilrohstoffen und -halbfabrikaten zeigt, daß innerhalb dieser fünf Jahre die Baumwollspinnerei und -weberei den Rückgang, den sie seit 1861 auf Grund fehlender Rohstoffzufuhren aufzuweisen hatte, wieder gut gemacht hat, im ganzen aber nicht viel über das Anfang der sechziger Jahre erreichte Niveau hinauswuchs. Hingegen läßt sich ein mäßiges Wachstum der Wollindustrie und ein erhebliches der Seidenindustrie aus den eingeführten und ausgeführten Rohstoffmengen ablesen. Der Entwicklung der Einfuhren von Textilrohstoffen entspricht im großen und ganzen die Ausfuhr von Textilien. Während der Anteilsatz für baumwollene Waren trotz einer absoluten Steigerung der ausgeführten Quantitäten weiter zurückgeht, steigt die Menge ausgeführter Seidenfabrikate erheblich, so daß ihre relative Bedeutung im deutschen Export erhalten bleibt. Die wollverarbeitende Industrie hingegen hat ihre Produktion für die Ausfuhr nur unbedeutend erhöht und dadurch erheblich von ihrer Mitte der sechziger Jahre erreichten Exportbedeutung eingebüßt. Ein größerer Teil der deutschen Tuche ging nunmehr auf den Binnenmarkt, der infolge der raschen Industrialisierung und des steigenden bürgerlichen Wohlstandes in erhöhtem Maße aufnahmefähig für solche Produkte wurde.

Auf einen erhöhten Verbrauch qualitativ besserer Textilien weist auch die erhebliche Einfuhr von Textilwaren hin, in der Hauptsache feine wollene Waren und Seidenwaren, deren Konsumenten die begüterten Klassen waren. Eine bedeutende Erhöhung hat auch die Einfuhr von feineren Leinenwaren erfahren, die insgesamt der Ausfuhr von Leinengeweben nur noch um Weniges nachsteht. Die einst blühende Leinenausfuhr, vor wenigen Jahrzehnten noch der bedeutendste Posten im deutschen Export, ist damit für den deutschen Außenhandel praktisch bedeutungslos geworden. Den letzten Stoß gaben ihr schließlich die Handelsverträge mit Österreich, die der Leinenindustrie des böhmischen Riesengebirges und Österreichisch-Schlesiens den deutschen Markt öffneten und damit eine schrittweise Reduktion des Absatzes deutscher Leinenwaren auch im Inlande einleiteten.

Durch den Rückgang des Anteils der Textilindustrie in der Ausfuhr werden im industriellen Sektor des deutschen Außenhandels die anderen Waren, die sich bis dahin in eine Vielzahl verschiedenartiger Erzeugnisse aufgliederten, nunmehr bedeutsam. Bisher handelte es sich bei der Einfuhr von Rohstoffen und Halbfabrikaten um die Materialbedürfnisse der Leichtindustrie und des Handwerks, bei der Ausfuhr von Fertigwaren um deren Produkte. Auch die gewaltige Entfaltung des deutschen Außenhandels seit 1864 hat hierin keine grundsätzliche Änderung gebracht, jedoch brachte sie eine unverhältnismäßig starke Steigerung des Anteils der nicht aus der Textilindustrie stammenden Konsumgüter.

Zunächst muß man feststellen, daß die Einfuhr von Rohstoffen und Materialien für die Herstellung moderner Produktionsinstrumente, von Stahl und Eisen für den Bau von Maschinen und Verkehrsanlagen sowie die von Maschinen selbst äußerst gering ist. Sie beträgt zusammengenommen etwa 4 Prozent der Gesamteinfuhr und hat damit gegenüber früheren Jahren wenig an relativer Bedeutung gewonnen. Insgesamt übertrifft die Ausfuhr dieser Erzeugnisse ihre Einfuhr wertmäßig, und nur bei Roheisen und rohem Kupfer gibt es einen bedeutenderen Einfuhrüberschuß. Man wird daraus den Schluß ziehen müssen, daß die Einfuhr von Maschinen, Stahl und Eisen in dieser Periode intensivster deutscher industrieller Entwicklung keine überragende Bedeutung mehr für die Ausweitung der industriellen Produktion hatte, daß der deutsche Kapitalismus einen Stand erreicht hatte, der ihn beim Ausbau der Produktionsanlagen weitgehend unabhängig von Einfuhren machte.

Unter den Einfuhren für die fabrikmäßig betriebene Industrie ragen vor allem Rohstoffe für die chemische Industrie heraus, die in diesen Jahren in größerem Umfang eingerichtet, noch überwiegend auf der Verarbeitung ausländischer Rohstoffe beruhte. Bedeutende Mengen Pottasche, Salpeter, Petroleum und pflanzliche Öle werden importiert. Andererseits aber trägt diese Industrie noch wenig zum Export bei, nur die bereits erwähnten chemisch hergestellten Farbstoffe spielen eine Rolle.

Im übrigen wird die Ein- und Ausfuhr aber wiederum von den Erzeugnissen der Leicht- und Konsumgüterindustrie und deren Rohstoffbedürfnissen bestimmt. Allerdings sind die Mengen im allgemeinen enorm und sprunghaft gestiegen. Es scheint, als ob in dieser Zeitperiode die übrigen Zweige der Konsumgüterindustrie den Vorsprung, den ihr ältester Zweig, die Textilindustrie, bis dahin hatte, aufgeholt haben und einen gewaltigen Schritt weg vom Handwerksbetrieb zum kapitalistischen Industriebetrieb getan haben. Im Import wirkt sich diese Entwicklung in der stärkeren Orientierung auf die Verarbeitung ausländischer Rohstoffe, zum großen Teil bedingt durch die nunmehr zu schmal gewordene inländische Rohstoffbasis, aus. Im Export aber bedeutet es die Entthronung der Textilindustrie als der Exportindustrie par excellence, wovon man bis 1864 noch sprechen konnte, und das Aufrücken der Gesamtheit der Konsumgüterindustrie an ihre Stelle.

Die verschiedenartigsten Erzeugnisse der Glas-, Porzellan-, Leder- und Holzwarenindustrie werden 1869 meistens in gegenüber 1864 um ein vielfaches erhöhten Mengen ausgeführt. Mengen und Werte dieser Exporte steigen erheblich stärker als der Gesamtumfang des Exports, und sie erhalten dadurch ein viel größeres Gewicht in der Ausfuhr. Diese in einem ganz kurzen Zeitraum sich zusammendrängende Ausweitung des Exports wurde möglich durch die gleichzeitig sich gewaltig ausdehnende Einfuhr der entsprechenden Rohstoffe, besonders von rohen Häuten, Gerbmitteln, Nutzholz und einer Vielfalt der für die Konsumgüterindustrie benötigten Materialien.

Der hohe Anteil der Rohstoffe und Halbfabrikate an der Ausfuhr, der in den bisher untersuchten einzelnen Jahren der höchste ist, scheint in einem offensichtlichen Widerspruch zu der industriellen Entwicklung Deutschlands zu stehen. Aber hinter der mit früheren Jahren gleichartigen Bezeichnung verbirgt sich ein tiefgehender Wandel, der sich in den letzten beiden Jahrzehnten vollzogen hat. Es handelt sich kaum mehr um landwirtschaftliche, zur industriellen Weiterverarbeitung bestimmte Rohstoffe, die wie vordem ihren Weg direkt vom landwirtschaftlichen Produzenten zum Ausfuhrhafen nahmen. Es sind nunmehr entweder im Zwischenhandel wiederausgeführte ausländische Rohstoffe oder aber Halbfabrikate – die Richtigkeit der Bezeichnung Rohstoffe wird hier schon zweifelhaft –, die von der deutschen Industrie in das Ausland geliefert werden. Was nunmehr an deutschen Rohstoffen und Halbfabrikaten auf die ausländischen Märkte kommt, ist in den seltensten Fällen natürliches, unverändertes Erzeugnis der Landwirtschaft, sondern meistens Produkt der deutschen Industrie oder des Bergbaus. Eine überschlägige Untersuchung ergibt als Resultat, daß etwa die Hälfte der als Rohstoffe und Halbfabrikate bezeichneten Ausfuhrwaren einen industriellen Bearbeitungsprozeß durchgemacht oder ausschließlich Ergebnis eines solchen Prozesses sind, während etwa ein weiteres Drittel die ohne eine Weiterverarbeitung wieder ausgeführten ausländischen Rohstoffe ausmachen.

Im gesamten deutschen Außenhandel kommt damit der Prozeß der strukturellen Wandlung, der sich schrittweise seit Jahrzehnten vollzog, zu einem vorläufigen Abschluß. Diese Umschichtung ging vor allem in der Ausfuhr und viel weniger tiefgreifend in der Einfuhr vor sich. Ebenso entspricht die Entwicklung der

Einfuhr viel mehr dem Bild, das man von der Zusammensetzung des Außenhandels eines in der Etappe des industriellen Frühkapitalismus befindlichen Landes normalerweise erwartet: steigende Importe von Lebensmitteln, Rohstoffen und Halbfabrikaten, begleitet von sinkenden Fertigwareneinfuhren. Die Verschiebungen innerhalb der deutschen Einfuhren sind zwar auf Grund der vorliegenden Zahlen nicht kontinuierlich vor sich gegangen, sondern unterbrochen und zeitweilig von entgegengesetzten Tendenzen abgelöst worden, sie lassen sich aber nichtsdestoweniger deutlich erkennen. Zudem muß man berücksichtigen, daß das Jahr 1850 wegen der im Gefolge der zyklischen Krise für den deutschen Außenhandel besonders empfindlichen Veränderungen der Preisrelationen den Fortgang der strukturellen Wandlungen teilweise verschleiert.

Neben der steigenden Einfuhr von Lebensmitteln bei gleichzeitigem Sinken des wertmäßigen Anteils der eingeführten Kolonialwaren ist unter den Importen die bemerkenswerteste Erscheinung der Anstieg der Einfuhr von Rohstoffen und Halbfabrikaten für die Wollindustrie und für die bisher hauptsächlich mit heimischen Rohstoffen arbeitende, nicht zur Textilindustrie gehörige Konsumgüterproduktion, als Ausdruck der Umstellung von einer inländischen auf eine ausländische Rohstoffgrundlage. Zwar geht der Anteil der eingeführten Farbstoffe für die Textilindustrie als Ergebnis der Entwicklung der chemischen Fabrikation zurück und steigt andererseits die Einfuhr von Fertigwaren gering, verursacht zum Teil durch die nach 1864 in sehr bescheidenem Umfang einsetzende Einfuhr von Produktionsinstrumenten, aber alle diese Verschiebungen verändern den Gesamtcharakter der deutschen Importe im industriellen Sektor noch nicht grundsätzlich. Die Zusammensetzung der Einfuhren hat sich nicht nur im allgemeinen erwartungsgemäß entwickelt, sondern sich auch trotz der gewaltigen Expansion der Importe im Grunde genommen als viel stabiler, ja geradezu konservativ im Vergleich mit den Ausfuhren erwiesen.

Viel charakteristischer für die Eigentümlichkeiten der Entwicklung des deutschen Kapitalismus sind die strukturellen Veränderungen der Ausfuhr. Der steigende Export von Lebensmitteln, Getränken, Rohstoffen und Halbfabrikaten bei rasch fortschreitender Industrialisierung ist eine Eigentümlichkeit des deutschen Kapitalismus, die ihre Erklärung in der Entwicklung der ostelbischen Landwirtschaft, den geographischen Bedingungen Deutschlands und einer weitgehenden Ersetzung der ursprünglichen landwirtschaftlichen Produkte durch industriell erzeugte Nahrungs- und Genußmittel findet. Diese Entwicklung setzt sich auch während der siebziger Jahre noch fort, bis dann, von etwa 1880 angefangen, eine rückläufige Bewegung einsetzt. Aber dieser Prozeß charakterisiert nicht speziell den letzten Zeitabschnitt von 1864 bis 1869, sondern erstreckt sich über einen längeren Zeitraum und wird nach 1850 lediglich beschleunigt.

Das eigentliche Ergebnis dieses letzten Zeitabschnittes ist die Beseitigung der einseitig auf der Ausfuhr von Textilien beruhenden Orientierung des deutschen Fertigwarenexports. Der Anteil der Textilgewebe an den exportierten Fertigwaren betrug vordem niemals weniger als zwei Drittel, im Verlauf dieser nur fünfjährigen Zeitspanne reduziert er sich aber auf die Hälfte der Fertigwarenausfuhr. Damit wird die deutsche Ausfuhr industrieller Endprodukte aus einer vorwiegenden Ausfuhr von Textilien zu einem Export von Konsumgütern im allgemeinen, die umfassende Entwicklung der Produktion von Konsumtionsmitteln hat damit auch den Charakter der deutschen Ausfuhr gewandelt. Noch 1869 (und auch noch für eine geraume Zeit danach) ist die deutsche Ausfuhr insgesamt, nicht nur die von Fertigwaren, zu zwei Dritteln eine solche von Waren des individuellen Verbrauchs, gegenüber der die Handelswaren für den produktiven Konsum, die fast ausschließlich in der Klasse der Rohstoffe und Halbfabrikate enthalten sind, weit zurücktreten.

STATISTISCHER ANHANG

STATISTISCHE TABELLEN

Deutscher Außenhandel zwischen 1800 und 1870

Außenhandel des Deutschen Zollvereins						Außenhandel Deutschlands			
1	2	3	4	5	6	7	8	9	10
Jahr	Einfuhr	Ausfuhr	Einfuhr pro Kopf d. Bevölkerung	Ausfuhr pro Kopf d. Bevölkerung	Außenhandelsumsatz pro Kopf d. Bev.	Einfuhr	Ausfuhr	Außenhandelsumsatz	Außenhandelsumsatz pro Kopf der Bev.
	Millionen Mark		Mark	Mark	Mark	Millionen Mark			Mark
1800								730	
1820						365	395	760	30,6
1830						400	420	820	29,2
1834	318	431	13,5	18,3	31,8				
1835	334	423	14,1	18,0	32,1				
1836	385	512	15,0	19,8	34,8				
1837	409	470	15,9	18,0	33,9				
1838	461	530	17,7	20,4	38,1				
1839	458	556	17,7	21,0	38,7				
1840	502	549	19,2	20,7	39,9	550	590	1140	36,4
1841	545	568	20,4	21,3	41,7				
1842	566	489	20,1	17,4	37,5				
1843	636	490	22,2	17,1	39,3				
1844	629	526	21,6	18,3	39,9				
1845	659	534	22,5	18,3	40,8				
1846	664	512	22,5	17,4	39,9				
1847	648	518	21,9	17,5	39,4				
1848	603	483	20,4	16,2	36,6				
1849	546	514	18,3	17,3	35,6				
1850	545	522	18,3	17,4	35,7	610	630	1250	36,8
1851	557	535	18,3	18,0	36,3				
1852	589	555	19,2	18,3	37,5				
1853	612	754	19,8	24,3	44,1				
1854	807	1002	24,6	30,9	55,5				
1855	947	926	29,1	28,2	57,3				
1856	1050	956	31,8	29,1	60,9				
1857	1063	1059	32,1	31,8	63,9				
1858	965	1052	28,8	31,5	60,3				
1859	991	922	29,4	27,3	56,7				
1860	1113	1060	32,5	30,9	63,4	1160	1210	2370	65,8
1861	1206	1062	34,8	30,6	65,4				
1862	1150	1112	32,8	31,7	64,5				
1863	1136	1106	32,0	31,1	63,1				
1864	1081	1131	30,5	31,9	61,6				
1865	1221	1155	33,8	32,0	65,8				
1866	1671	1514	46,0	41,7	87,7				
1867	1917	1622	52,4	44,4	96,8				
1868	2512	2257	65,2	58,6	123,8				
1869	2559	2275	65,9	58,7	124,6	2660	2380	5040	127,9
1870	2188	1967	56,1	50,3	106,4				
1871	2875	2564	70,0	62,5	132,5				
1872						3480	2970	6450	156,4

*Struktur des deutschen Außenhandels nach Anteilsätzen der einzelnen Warenklassen**

	Einfuhr									
	1828		1837		1850		1864		1869	
Lebensmittel und Getränke		8,0		7,6		7,2		11,5		15,0
darunter Getreide	1,4		1,3		0,9		5,9		6,7	
Kolonialwaren		19,1		18,6		16,6		14,9		8,3
Rohstoffe und Halbfabrikate		49,7		58,5		65,0		60,9		62,5
darunter:										
f. d. Leinenindustrie	3,9		3,4		4,2		4,3		4,0	
f. d. Seidenindustrie	3,8		4,3		4,3		4,7		3,5	
f. d. Baumwollindustrie	10,1		12,4		15,7		6,9		8,0	
f. d. Wollindustrie	3,3		6,4		8,4		14,6		13,6	
Farbstoffe	5,4		6,5		3,5		2,6		1,8	
f. d. Textilindustrie insgesamt	26,5		33,0		36,1		33,1		30,9	
Fertigwaren		21,0		12,7		9,5		10,5		13,2
darunter Textilien	13,7		8,5		6,8		6,1		6,9	
Verschiedene Waren		2,2		2,6		1,7		2,2		1,0
		100,0		100,0		100,0		100,0		100,0

	Ausfuhr									
	1828		1837		1850		1864		1869	
Lebensmittel und Getränke		9,7		14,0		19,6		16,9		19,5
darunter Getreide	8,1		11,5		15,2		7,3		8,3	
Kolonialwaren		1,0		1,6		3,4		2,4		2,8
Rohstoffe und Halbfabrikate		31,3		27,2		29,6		26,7		32,9
darunter:										
f. d. Wollindustrie	8,0		6,3		4,0		4,6		5,4	
f. d. übrige Textilindustrie	6,8		4,9		7,6		4,8		6,7	
Fertigwaren		56,9		56,2		47,0		52,4		44,1
darunter:										
Leinenwaren	23,4		11,1		8,9		3,2		2,3	
Seidenwaren	9,9		5,9		6,4		8,0		7,1	
Baumwollwaren	4,3		7,6		5,6		4,7		3,2	
Wollwaren	12,3		15,4		9,6		18,9		9,9	
Textilien gesamt	49,9		40,0		30,5		34,8		22,5	
Verschiedene Waren		1,1		1,0		0,4		1,6		0,7
		100,0		100,0		100,0		100,0		100,0

* Für 1828 Preußen, für die anderen Jahre das jeweilige Gebiet des Deutschen Zollvereins.

ERLÄUTERUNGEN ZU DEN STATISTISCHEN DATEN

Eine umfassende Statistik des deutschen Außenhandels, die alle in das deutsche Zollgebiet eingeführten und aus ihm ausgeführten Waren verzeichnet, existiert erst seit dem Jahre 1880. Auch diese Statistik gibt insofern keinen vollständigen Aufschluß über den Außenhandel Deutschlands, als sie bis zum 15. Oktober 1888 die Häfen Hamburg und Bremen als Ausland behandelt und daher u. a. den bedeutenden Zwischenhandel der beiden Nordseehäfen nicht erfaßt. Und schließlich wird selbst nach diesem Zeitpunkt wegen verschiedener Änderungen der Warenklassifikation und des Warenverzeichnisses die deutsche Außenhandelsstatistik für Einzelvergleiche über längere Zeiträume unbrauchbar.

Ist so die deutsche Außenhandelsstatistik selbst nach 1871 nur mit zahlreichen und manchmal bedeutsamen Einschränkungen verwendbar, so sind die Vorbehalte, die man für die Zeit des Deutschen Zollvereins machen muß, noch zahlreicher und ungleich gewichtiger, während eine Statistik des Außenhandels der deutschen Einzelstaaten in der Vorperiode des Zollvereins überhaupt nicht existiert. Das ist einer der Gründe, weshalb es für die Zeit bis 1871 nur solche Werke bürgerlicher Autoren über den deutschen Außenhandel gibt, in denen ein bestimmtes Jahr untersucht und damit von vornherein auf die Untersuchung der Entwicklung verzichtet wird (Bienengräber, Rau), oder aber an Stelle einer Analyse des deutschen Außenhandels seine Bedingungen in allgemeinen Ausdrücken beschrieben werden (A. Beer).

Wenn trotzdem der Versuch unternommen wurde, unter Verwendung der vorhandenen lückenhaften und sogar manchmal fehlerhaften Unterlagen den Gang der Entwicklung des deutschen Außenhandels zwischen 1815 und 1870 zu zeichnen, so aus der Überzeugung – die während der Arbeit erhärtet wurde –, daß selbst die Auswertung der unvollkommenen Unterlagen einiges neue Licht auf diese Periode der Entwicklung des deutschen Kapitalismus werfen würde. Es handelt sich heute nicht mehr darum, die von der deutschen Außenhandelsstatistik gelieferten Daten Jahr für Jahr und Ware für Ware zu analysieren, um exakte Unterlagen für handels- oder zollpolitische Entscheidungen zu gewinnen – und daß für solche Zwecke die Zahlen meistens unbrauchbar sind, wird nicht bestritten –, sondern die selbst gestellte Aufgabe war, die charakteristischen Veränderungen, die der deutsche Außenhandel in dieser Zeit von mehr als einem halben Jahrhundert durchmachte, herauszuarbeiten. Es stellte sich auch schließlich bei der sorgfältigen Überprüfung der von der deutschen

Statistik gelieferten Zahlen an Hand einzelner bekannter Faktoren und ausländischer Statistiken heraus, daß sie die entscheidenden, auch heute noch interessanten größenmäßigen und strukturellen Entwicklungen richtig widerspiegeln, wie unbrauchbar sie auch für detaillierte Untersuchungen sein mögen.

1. Die Vorperiode des Deutschen Zollvereins (1815–1833)

Die für die Zeit vor 1815 angeführten Zahlen über den deutschen Außenhandel sind ohne Neuberechnung und Überprüfung aus den jeweils genannten Werken übernommen worden. Einmal lag eine Untersuchung außerhalb des Zeitraumes, mit dem sich diese Arbeit beschäftigte, zum anderen standen keine Quellen oder auch nur Hinweise zur Verfügung, mit Hilfe deren eine Untersuchung hätte vorgenommen werden können.

Statistische Unterlagen der deutschen Einzelstaaten, die Hinweise auf den Umfang und das Wachstum des Außenhandels geben, existieren für die Zeit von 1815 bis 1833 nur ganz vereinzelt und sind dann meistens so fehlerhaft, unvollständig und daher unbrauchbar, daß sie keine Hilfe bei einem Versuch, den Umfang des deutschen Außenhandels zu schätzen, bieten können. Eine bedingte Ausnahme von dieser Regel macht die preußische Statistik, die, wenn auch mit vielen Mängeln behaftet, zusammen mit den für die Periode durchgeführten Untersuchungen Dietericis, die auf ihr basieren, einiges Licht in ein sonst beinahe undurchdringliches Dunkel wirft.

Der Grund für das Fehlen statistischer Unterlagen jener Zeit liegt auf der Hand. Die ökonomische und, noch bedeutsamer in diesem Fall, die politische Zurückgebliebenheit und Zerrissenheit Deutschlands machten einigermaßen zuverlässige Aufzeichnungen zu einer Unmöglichkeit. Solange die Ein- und Ausfuhr von Waren durch Zollstellen im Inneren jedes Landes erfaßt wurde, solange der Schmuggel die mit dem legalen Warenaustausch erfolgreich konkurrierende Form des Handels war und ein Handel sich vielfach überhaupt nur unter Umgehung der gesetzlichen Vorschriften entwickeln konnte, solange war eine Erfassung des Warenverkehrs mit dem Ausland eine Illusion.

Die für diese Zeit gegebenen Zahlen sind daher fundierte Schätzungen, die auf der preußischen Statistik, den Angaben von Malchus und den Berechnungen und Untersuchungen von Dieterici in der Hauptsache beruhen. Zusätzlich wurden zur Verfügung stehende Unterlagen über die Entwicklung des Seeverkehrs, der Zolleinnahmen und die Preisbewegung, soweit sie den Außenhandel unmittelbar beeinflussen oder Ausdruck seiner Veränderung sind, herangezogen. Eine Zuverlässigkeit über die richtige Größenordnung hinaus können die gegebenen Zahlen daher nicht beanspruchen und mehr für diese Zeitperiode zu geben, erscheint unmöglich.

2. Die Zeit des Deutschen Zollvereins (1834–1870)

Vom Gründungsjahr des Deutschen Zollvereins existieren für den Zollvereinshandel mehr oder weniger vollständige, regelmäßige Aufzeichnungen für die

Ein- und Ausfuhr des Zollvereins. Abgesehen von den Jahren 1834 und 1835, in denen die Aufzeichnungen an den Grenzen der einzelnen Vereinsstaaten nach unterschiedlichen Gesichtspunkten erfolgten, leidet die Zollvereinsstatistik unter folgenden Hauptmängeln:

1. Sie verzeichnet lediglich ein- und ausgeführte Mengen, gibt aber keine Wertangaben.
2. Sie erfaßt nicht vollständig die ein- und ausgeführten Waren, sondern bestimmte Warenarten wurden ohne jeden Nachweis über die Grenzen transportiert.
3. Sie ist auf Grund einer äußerst groben und willkürlich zu handhabenden Klassifikation geführt, deren leitender Gesichtspunkt die Einteilung des Zolltarifs ist.
4. Sie gibt keine Anhaltspunkte über Herkunfts- und Bestimmungsländer, sondern verzeichnet lediglich die Grenzen, über die ein- oder ausgeführt wurde.
5. Sie bezieht sich auf ein sich veränderndes Zollgebiet.

Von diesen Mängeln wiegt der letztangeführte am leichtesten. Fast sieben Achtel des späteren Reichsgebiets waren von 1836 ohnehin im Zollverein vereinigt und die gebietsmäßigen Zugänge, die schrittweise erfolgten, können das Bild, zumal bei einer Pro-Kopf-Berechnung, nur unwesentlich modifizieren. Auch die bloße Registrierung der Mengen ist, an sich betrachtet, kein schwerwiegender Nachteil. Unter kapitalistischen Bedingungen ist die Zuverlässigkeit der von privaten Kapitalisten gemachten Wertdeklarationen ohnehin mehr als fragwürdig, und die Nachteile einer summarischen Bewertung werden fast vollständig kompensiert durch die damit verbundene Ausschaltung privater Betrugsmanöver.

Wesentlich ernsterer Natur sind die anderen Mängel. Es ist klar, daß keiner von ihnen nachträglich beseitigt werden kann und die Aussagekraft der Zollvereinsstatistik bleibt daher beschränkt. Es mußte deshalb selbst auf eine nur grobe Aufgliederung nach Anteilen der mit Deutschland Handel treibenden Länder verzichtet werden, zumal auch herangezogene ausländische Statistiken darüber keine einigermaßen zuverlässigen Aussagen machen. Obzwar sowohl die Unvollständigkeit als auch die grobe Klassifikation der Zollvereinsstatistik in Kauf genommen werden mußte, wurden beide insofern berücksichtigt, als Schlüsse, die an sich hätten gezogen werden können, aber durch die Primitivität der Klassifikation fraglich geworden waren, vermieden wurden und außerdem versucht wurde, bei den für Deutschland insgesamt gegebenen Zahlen den von der Zollvereinsstatistik nicht erfaßten Warenverkehr als geschätzte Größe einzubeziehen.

Den Zahlen über den Zollvereinshandel liegen für den Zeitraum von 1834 bis 1846 die Berechnungen von C. Junghanns zugrunde, während für 1850 bis 1861 die Bewertungen Otto Hübners, veröffentlicht in den jeweiligen Ausgaben des „Jahrbuch für Volkswirtschaft und Statistik“, Leipzig, und für 1864 die Bienengräbers verwendet wurden. Für die fehlenden Jahre von 1847 bis 1849, 1862/63 und 1865 bis 1870 wurden die Außenhandelsumsätze auf Grund der Commerzial-Nachweisungen des Deutschen Zollvereins und unter Berücksichtigung von eingetretenen Preisveränderungen neu berechnet. Dort, wo auf frühere Berechnungen zurückgegriffen wurde, wurden sie nochmals an Hand der Zollvereinsstatistik und einer späteren offiziellen Veröffentlichung (s. u.) überprüft. Die Möglichkeit der Korrekturen beschränkte sich jedoch auf offensichtliche Irrtümer, Rechenfehler und sonstige Unrichtigkeiten. Wenn sonst verschiedentlich Zweifel an der Richtigkeit ermittelter Werte einzelner Positionen auftauchten, wurden Richtigstellungen nur insoweit vorgenommen, als einwandfrei nicht nur die Berechtigung solcher Zweifel, sondern auch die Art und Weise der vorzunehmenden Korrektur festgestellt werden konnte. Ein anderes Vorgehen hätte vielleicht alte Fehler beseitigt, aber neue an ihrer Stelle verursacht. Bei dem gesamten Zuschnitt der Zollvereinsstatistik ist z. B. heute nicht mehr zu ermitteln, ob die verwendeten Preise tatsächlich die Durchschnittspreise der ein- und ausgeführten Waren sind, da eine Vielfalt von Artikeln und Qualitäten jeweils in einer Position zusammengefaßt sind. Die empirisch bekannte Zusammensetzung der Waren, die unter der zusammenfassenden Bezeichnung einer Tarifposition behandelt wurden, ist seinerzeit dem Preisansatz zugrunde gelegt worden, der bei den Berechnungen verwendet wurde. Dabei mußte man unterstellen, daß selbst dann, wenn dieser zugrunde gelegte Preis von dem handelsüblichen erheblich abwich, diese Abweichung durch das relative Gewicht der unter einer Bezeichnung zusammengefaßten Waren gerechtfertigt ist. Heute ohne tatsächliche Sachkenntnis daran herumzukorrigieren, würde die Sache nicht besser, sondern in der Gesamtheit nur schlimmer machen.

Außer den genannten Veröffentlichungen und der offiziellen Zollvereinsstatistik wurde die in „Statistisches Jahrbuch für das Deutsche Reich“, Berlin 1907, zweiter Teil, als Anhang zur Tabelle 4, S. 458 ff., enthaltene Übersicht über die ein- und ausgeführten Mengen der wichtigsten Waren seit dem Jahre 1836 verwendet. Wo im Text Mengenvergleiche gegeben werden, sind sie immer auf Grund dieses Anhangs zusammengestellt worden, sofern die betreffenden Waren darin enthalten sind. Herangezogen wurde ferner noch die von Dieterici veröffentlichte Berechnung für die Jahre 1837 bis 1841.

Die für den Außenhandel des Zollvereins angeführten Totalwerte der einzelnen Jahre sind daher immer nur im Sinne des statistisch erfaßten Zollvereinshandels zu verstehen; ein Versuch, die Werte der von der Zollvereinsstatistik nicht erfaßten Ein- und Ausfuhren hinzu zu schätzen, wurde dabei nicht gemacht.

Die für den Außenhandel Deutschlands dekadenweise gegebenen Zahlen stellen Schätzungen dar. Die meisten deutschen Gebiete, die nicht dem Zollverein angehörten, besaßen keine umfassende und fortlaufende Statistik des Außenhandels. Dies trifft sogar für Hamburg und Bremen zu, während man in Mecklenburg von einer Statistik überhaupt kaum sprechen kann. Den Ausgangspunkt der Schätzungen bildete naturgemäß der Zollvereinshandel, gegenüber dem

der reine Außenhandel der übrigen Gebiete, abgesehen vom Zwischenhandel der Hansestädte, verschwindend gering ist. Darüber hinaus wurden hauptsächlich die von Heinrich Rau über den Außenhandel der deutschen Länder gemachten Angaben, das Werk A. Soetbeers und ausländische statistische Unterlagen benützt.
Die für 1872 im Statistischen Anhang gegebene Zahl ist ebenfalls eine Schätzung. Bekanntlich sind die Einfuhrzahlen des Deutschen Reiches für 1872 bis 1879 einigermaßen zuverlässig und kranken lediglich an dem Mangel der zu globalen Bewertung, die zu Ungenauigkeiten führen muß. Dies ist jedoch eine Schwäche der deutschen Außenhandelsstatistik, die weit über diese Zeit hinausreicht, die aber die Aussagekraft der Zahlen für das Gesamtvolumen nicht erheblich beeinträchtigt.
Anders ist die Situation für die Exportzahlen. Sie sind irreführend, weil die Ausfuhr an den Übergangsstellen nicht vollständig erfaßt wurde und den Zahlen daher nur ein Teil der ausgeführten Waren zugrunde liegt. Es konnten jedoch für eine Schätzung die kritischen Arbeiten von Laspeyre und Soetbeer benutzt werden, im besonderen die detaillierte Untersuchung des letzteren Autors für 1873[80]. Auf dieser Grundlage war es bei nochmaliger Überprüfung der von den beiden Genannten benutzten Unterlagen möglich, Zahlen für 1872 zu geben, bei denen die Grenzen für einen möglichen Irrtum nicht allzu weit sind.

3. Einige Bemerkungen zu den Zahlen Mulhalls

Der einzige ernste Versuch, für die Zeit von 1870 die Entwicklung des deutschen Außenhandels in Zahlen darzustellen, stammt von dem englischen Statistiker Mulhall. Die in der internationalen Literatur gemachten Angaben über den deutschen Außenhandel basieren fast ausnahmslos auf seinen Berechnungen. Zum Vergleich werden die Zahlen Mulhalls den in dieser Arbeit verwendeten gegenübergestellt:

Der deutsche Außenhandel 1815–1870

<table>
<tr><th></th><th colspan="4">Nach Mulhall</th><th colspan="2">Neu berechnet</th></tr>
<tr><th></th><th colspan="2">Mill. £ Sterling</th><th colspan="2">Mill. Mark</th><th colspan="2">Mill. Mark</th></tr>
<tr><th></th><th>Einfuhr</th><th>Ausfuhr</th><th>Einfuhr</th><th>Ausfuhr</th><th>Einfuhr</th><th>Ausfuhr</th></tr>
<tr><td>1820</td><td colspan="2">40</td><td colspan="2">817</td><td colspan="2">760</td></tr>
<tr><td>1822</td><td>19,5</td><td>20,7</td><td>398</td><td>423</td><td></td><td></td></tr>
<tr><td>1830</td><td colspan="2">46</td><td colspan="2">940</td><td colspan="2">820</td></tr>
<tr><td>1840</td><td>25</td><td>27</td><td>511</td><td>552</td><td>550</td><td>590</td></tr>
<tr><td>1850</td><td>34</td><td>36</td><td>695</td><td>735</td><td>610</td><td>630</td></tr>
<tr><td>1860</td><td colspan="2">130</td><td colspan="2">2665</td><td colspan="2">2370</td></tr>
<tr><td>1870</td><td colspan="2">212</td><td colspan="2">4331</td><td colspan="2">4380</td></tr>
</table>

[80] Vgl.: „Deutsches Handelsblatt", 1875, Nr. 18–21; 1880, Nr. 24, 25; 1877, Nr. 1. „Annalen des Deutschen Reiches", 1875, Nr. V, S. 731 ff.

Wie ersichtlich, sind die Abweichungen in einzelnen Fällen beträchtlich, wobei sich ein völlig unterschiedliches Bild der Entwicklung des deutschen Außenhandels ergibt. Nach den Zahlen Mulhalls wäre z. B. die Ausweitung des deutschen Außenhandels zwischen 1830 und 1840 äußerst gering gewesen, während zwischen 1840 und 1850 eine rasche Entwicklung eingesetzt hätte. Im allgemeinen ergibt sich nach den Zahlen Mulhalls eine fortlaufende Steigerung, deren Tempo sich in den späteren Jahrzehnten erhöht.

Wie angreifbar die Zahlen der deutschen Statistik auch in verschiedenster Hinsicht sein mögen, so geben sie doch die allgemeine Bewegung des Außenhandels richtig wieder. Darüber hinaus läßt sich an einigen Beispielen klar zeigen, daß die Berechnungen Mulhalls falsch sind.

Zwischen 1830 und 1840 erhöht sich nach seinen Berechnungen der deutsche Außenhandel insgesamt von 940 auf 1063 Mill. Mark, d. h. also um nur 13 Prozent. Die Bewertung des erfaßten Warenverkehrs des Zollvereins allein ergibt für 1840 eine Summe von 1051 Mill. Mark, also etwa so viel wie die Mulhallsche Berechnung für Deutschland in seiner Gesamtheit; während der Außenhandel des Zollvereins 1836 bis 1840 allein um 17 Prozent zunahm, berechnet Mulhall eine Zunahme von 13 Prozent für das gesamte Jahrzehnt. Wenn man diese beiden Zahlen in Übereinstimmung bringen wollte, käme man zu der Annahme, daß Deutschlands Außenhandel zwischen 1830 und 1835 rückläufig gewesen sei, um danach in die Höhe zu schnellen, eine Annahme, für die es keinerlei Begründung gibt. Außerdem würde die Anerkennung der Mulhallschen Zahl für 1840 bedeuten, den Außenhandel des Deutschen Zollvereins mit dem Deutschlands zu identifizieren, d. h. anzunehmen, daß es keinen Warenverkehr zwischen Hannover, Oldenburg, Braunschweig, Mecklenburg, Holstein und den Hansestädten auf der einen, und dem Ausland auf der anderen Seite gab.

Nach Mulhall stieg zwischen 1840 und 1850 Ein- und Ausfuhr fast gleichmäßig. Schon eine flüchtige Untersuchung der Mengen zeigt, daß diese Annahme falsch ist, daß die Einfuhr mengenmäßig ungleich stärker gestiegen ist als die Ausfuhr. Hinzu kommt, daß in dieser Periode infolge der schwachen Position des deutschen Kapitalismus am Weltmarkt die Exportpreise der meisten deutschen Ausfuhrwaren noch stärker absanken als die Preise im allgemeinen. Unter Berücksichtigung des Preisfalls auf dem Weltmarkt zwischen 1840 und 1850 hätte sich, um die von Mulhall berechnete Erhöhung des Wertes der deutschen Ein- und Ausfuhren von 35 Prozent Wirklichkeit werden zu lassen, das mengenmäßige Volumen um mehr als 60 Prozent vergrößern müssen, was in keiner Weise der Fall war.

Es scheint, als ob Mulhall hier das Opfer einer einseitigen Orientierung auf den deutschen Handel mit Großbritannien geworden ist. Wenn man von der Erhöhung des Exports der für den deutsch-englischen Handel typischen deutschen Ausfuhrwaren, wie Weizen, Holz usw. ausgeht, könnte man leicht zu ähnlichen Ergebnissen kommen. Jedoch ist die Verallgemeinerung dieser Entwicklung ungerechtfertigt und muß zu falschen Resultaten führen.

Außer der Schätzung Mulhalls existiert noch eine Pro-Kopf-Berechnung des deutschen Außenhandels seit 1850, die von Ernst Wagemann in seiner 1928 erschienenen „Konjunkturlehre“ im Anhang veröffentlicht wurde. Wagemann hat hier, nach oft geübtem Brauch, einfach die von Hübner und Bienengräber für die Jahre 1850 bis 1859, 1861 und 1864 berechneten Zahlen einschließlich der Fehler ohne Quellenangabe abgeschrieben.

Bezüglich der Berechnungen für die anderen Jahre bis 1870 war trotz Bemühungen die Quelle bzw. Berechnungsgrundlage nicht festzustellen. Im übrigen weichen die nunmehrigen Berechnungen des erfaßten Zollvereinshandels für die sechziger Jahre, ausgenommen 1860, nur unwesentlich von Wagemanns Zahlen ab, so daß diese als auf Grund der offiziellen Zollvereinsstatistik berechnet angenommen werden können; sie werden jedoch von Wagemann fälschlich als deutsche Außenhandelszahlen bezeichnet.

LITERATURVERZEICHNIS

1 *Marx, Karl,* Das Kapital. Berlin, Bd. I 1955; Bd. II 1955; Bd. III 1956.
2 *Marx, Karl,* Theorien über den Mehrwert. Stuttgart 1905–1910.
3 *Marx, Karl,* Rede über die Frage des Freihandels (Anhang zu „Das Elend der Philosophie"). Berlin 1952.
4 *Engels, Friedrich,* Über die Gewaltstheorie. Gewalt und Ökonomie bei der Herstellung des neuen deutschen Reiches. Berlin 1952.
5 *Engels, Friedrich,* Deutsche Zustände. Berlin 1952.
6 *Marx, Karl, Engels, Friedrich,* Revolution und Konterrevolution in Deutschland. Berlin 1953.
7 *Marx, Karl, Engels, Friedrich,* Ausgewählte Schriften. Berlin 1953.
8 *Marx, Karl, Engels, Friedrich,* Briefwechsel. Berlin 1950.
9 *Marx-Engels-Lenin-Stalin,* Zur Deutschen Geschichte. Berlin 1953/54, Bd. I und II.
10 *Lenin, W. I.,* Aus „Zur Charakteristik des ökonomischen Romantismus".
11 *Lenin, W. I.,* „Notiz zur Frage der Theorie der Märkte".
12 *Lenin, W. I.,* Aus „Nochmals zur Frage der Theorie der Realisierung".
13 *Lenin, W. I.,* Aus „Die Entwicklung des Kapitalismus in Rußland". Sämtlich enthalten in: *Marx, Karl,* Das Kapital. Berlin 1955, Bd. II.
14 *Stalin, J. W.,* Gesammelte Werke. Berlin 1950, Bd. II.
15 *Luxemburg, Rosa,* Die Akkumulation des Kapitals. Berlin 1913.
16 *Mehring, Franz,* Zur Deutschen Geschichte. Prag 1933.
17 *Mehring, Franz,* Geschichte der deutschen Sozialdemokratie. Stuttgart 1909.
18 *Tokmalajew, S. F.,* Handelskapital und Handelsprofit. Berlin 1952.
19 *Kuczynski, J.,* Die Geschichte der Lage der Arbeiter in Deutschland. Berlin 1954.
20 *Kuczynski, J.,* Studien zur Geschichte der Weltwirtschaft. Berlin 1952.
21 *Kuczynski-Wittkowski,* Die deutsch-russischen Handelsbeziehungen in den letzten 150 Jahren. Berlin 1947.
22 *Beck, Ludwig,* Die Geschichte des Eisens, Vierte Abteilung, Das XIX. Jahrhundert von 1801 bis 1860. Braunschweig 1899.
23 *Beer, A.,* Geschichte des Welthandels im neunzehnten Jahrhundert. Wien 1884.
24 *Bienengräber, A.,* Statistik des Verkehrs und Verbrauchs im Zollverein für die Jahre 1842–1864.
25 *Brinkmann, C.,* Die preußische Handelspolitik vor dem Zollverein und der Wiederaufbau vor hundert Jahren. Berlin und Leipzig 1922.
26 *Dieterici, C. F. W.,* Der Volkswohlstand im preußischen Staat. Berlin, Posen und Bromberg 1846.
27 *Dieterici, C. F. W.,* Statistische Übersicht der wichtigsten Gegenstände des Verkehrs und Verbrauchs im preußischen Staat und im Deutschen Zollverbande. Berlin, Posen und Bromberg 1838–1857.
28 *Dieterici, C. F. W.,* Handbuch der Statistik des preußischen Staats. Berlin 1861.
29 *Falke, J.,* Geschichte des deutschen Handels. Leipzig 1859.
30 *Ferber, C. W.,* Beiträge zur Kenntnis des gewerblichen und kommerziellen Zustandes der preußischen Monarchie. Berlin 1829.
31 *Ferber, C. W.,* Neue Beiträge zur Kenntnis des gewerblichen und kommerziellen Zustandes der preußischen Monarchie. Berlin 1832.

[32] *H. v. Festenberg-Packisch,* Geschichte des Zollvereins mit besonderer Berücksichtigung der staatlichen Entwicklung Deutschlands. Leipzig 1869.
[33] *Hoeniger, R.,* Die Kontinentalsperre und ihre Einwirkungen auf Deutschland. Berlin 1905.
[34] *Junghanns, C.,* Der Fortschritt des Zollvereins. Leipzig 1848.
[35] *Klüber,* Akten des Wiener Kongresses. Erlangen 1817.
[36] *Levi, Leone,* History of British Commerce. London 1888.
[37] *v. Malchus, C. A.,* Statistik und Staatenkunde. Stuttgart und Tübingen 1826.
[38] *May, R. E.,* Die Wirtschaft in Vergangenheit, Gegenwart und Zukunft. Berlin – Berlin 1901.
[39] *Mulhall, Michael, G.,* The Dictionary of Statistics. London 1892.
[40] *Neuhaus, G.,* Deutsche Wirtschaftsgeschichte vom 19. Jahrhundert. Kempten und München 1907.
[41] *Rau, Heinrich,* Vergleichende Statistik des Handels der deutschen Staaten. Wien 1863.
[42] *Ricardo, David,* The Works and Correspondence of. Cambridge 1953.
[43] *v. Waltershausen, A. Sartorius,* Deutsche Wirtschaftsgeschichte 1815–1914. Jena 1923.
[44] *v. Waltershausen, A. Sartorius,* Die Entstehung der Weltwirtschaft. Jena 1931.
[45] *Soetbeer, A.,* Über Hamburgs Handel. Hamburg 1840–1846.
[46] *Sombart, W.,* Die deutsche Volkswirtschaft im neunzehnten Jahrhundert. Berlin 1921.
[47] *v. Viebahn, G. W.,* Statistik des zollvereinten und nördlichen Deutschland. Berlin 1858 bis 1868.
[48] *Wagemann, E.,* Einführung in die Konjunkturlehre. Leipzig 1929.
[49] *Weber, W.,* Der deutsche Zollverein. Leipzig 1869.
[50] *Worms, Emile,* Histoire du Zollverein. Paris 1874.
[51] *v. Zedlitz,* Die Staatskräfte der preußischen Monarchie unter Friedrich Wilhelm III. Berlin 1828, Bd. I.
[52] *Zimmermann, A.,* Geschichte der preußisch-deutschen Handelspolitik. Oldenburg und Leipzig 1892.
[53] Große Sowjetenzyklopädie. Der Außenhandel. Berlin 1953.
[54] Handwörterbuch der Staatswissenschaften. Jena 1926, 4. Aufl.
v. d. Leyen, A., Eisenbahnen im Ausland.
Lexis-Rathgen, Handelspolitik.
[55] Handwörterbuch der Staatswissenschaften. Jena 1909–1911, 3. Aufl.
Sommerlad, Theo, Zollverein.
[56] *Hübner, Otto,* Jahrbuch für Volkswirtschaft und Statistik. Leipzig 1852ff.
[57] Jahrbuch für Gesetzgebung, Verwaltung und Volkswirtschaft im Deutschen Reich. Jahrg. 1902.
Eckert, Christian, Zur Vorgeschichte des Deutschen Zollvereins.
[58] Encyclopaedia Britannica. 14th Edition. London 1929–1932, Bd. 22, Stichwort Trade.
[59] Statistisches Handbuch für das Deutsche Reich. Berlin 1907.
[60] Commerzial-Nachweisungen des Deutschen Zollvereins 1836–1871.
[61] Statistical Tables relating to Foreign Countries. London 1855–1870, Teil I–XII.
[62] Statistical Abstract for the Principal Foreign Countries. London 1874.
[63] Annual Statement of the Trade and Navigation of the United Kingdom with Foreign Countries and British Possessions. London 1855–1872.
[64] Deutsches Handelsblatt. Jahrgang 1875, Nr. 18–21; Jahrgang 1880, Nr. 24 und 25; Jahrgang 1877, Nr. 1.
[65] Annalen des Deutschen Reiches. Jahrgang 1875, Nr. V, S. 731ff.
[66] Statistisches Handbuch für den preußischen Staat. Berlin 1903, Bd. IV.
[67] Sonderhefte des Instituts für Konjunkturforschung. Die Großhandelspreise in Deutschland von 1792 bis 1934. Berlin 1935, Nr. 37.

FSC
www.fsc.org
MIX
Papier | Fördert
gute Waldnutzung
FSC® C083411

Kolibri 360 GmbH
Ferdinand-Jühlke-Straße 7
99095 Erfurt, Deutschland
produktsicherheit@kolibri360.de